Kalin Terzijski   Wahnsinn

Herausgegeben und aus dem Bulgarischen übertragen
von Viktoria Dimitrova Popova

ink
press

Die Übersetzerin dankt der Schweizer Kulturstiftung Pro Helvetia für die
Unterstützung der Arbeit an diesem Buch.
This book was translated with the support of the National Book Centre,
the National Palace of Culture, Sofia, Bulgaria.
Diese Publikation wurde vom National Book Centre in Bulgarien gefördert.
Der Verlag bedankt sich hierfür.

Roman

Eines Nachts, in einer visionären Meditation, sagte Avalokitesvara, der Erhörer und Beantworter des Gebets, zu mir: „Du bist ermächtigt, die Leute zu ermahnen und daran zu erinnern, dass sie unbeschränkt frei sind."
Jack Kerouac, Gammler, Zen und hohe Berge

Schwarzes Blut

Von allem Geschriebenen
liebe ich nur Das,
was Einer mit seinem Blute schreibt.
Friedrich Nietzsche, Also sprach Zarathustra

Im Spätherbst 1999, ich war schon drei Jahre an der Klinik, passierte es.

Ich hatte stetig zugenommen, meine Bewegungen waren schwunglos und träge geworden, meine Zukunft schien nichts als einen grauen und unerfreulichen Dämmerzustand bereitzuhalten. Allmählich kam ich ins mittlere Alter. Ich begriff langsam, dass mir sowohl Glück als auch Reichtum und Ruhm versagt bleiben würden, und andererseits konnte ich – in meiner Anstellung als Psychiater – kaum darauf hoffen, ein Mensch mit reinem Gewissen und ein Heiliger des Alltags zu werden, was ich übrigens am liebsten gewollt hätte. Doch auch damit sah es schlecht aus.

Ich würde einfach durchs trostlose Leben weiterziehen, geleitet von einer stumpfen, selbstbewussten Verzweiflung – wie die meisten Menschen auf dieser Welt, die leben, weil ihnen sonst nichts einfällt. Das wurde mir jeden Tag klarer. Und mein Herz begann immer dumpfer, immer langsamer und träger zu schlagen, denn so schlagen die Herzen, denen es an Fantasie und frohem Mut fehlt.

Dann kam Iv in die Klinik. Oder war sie schon vorher da gewesen? Ich weiß es nicht mehr. Da nahm ich sie jedenfalls wahr. Sie trat eine Stelle als klinische Psychologin an. Sie war klein, mit leuchtend orangem Haar, mit orange gefärbten

Augenbrauen, mit zwanzig Ohrringen, mit dreißig Ringen, mit hundert Halsketten. Und mit gelben Augen noch dazu. Sie hatte etwas von einer Hündin, will heißen – sie war schön. Jeder Mann weiß, dass Hündinnen verführerisch sind. Nicht im abgeschmackten, derben Sinn – weibliche Hunde haben einfach etwas ausgesprochen Weibliches an sich. So war das ...

Iv war hübsch. Sie hatte feine und wie ein kleiner mongolischer Reiterbogen geschwungene Lippen, einen muskulösen und schlanken Körper und gelbe Augen. Schaust du ihre Augen an, überkommt dich die Vorstellung, wie sie nach hinten rollen, wenn du mit der Hand darüberstreichst, und das Weiß aufleuchtet. Ich verliebte mich in sie.

Damals war ich verheiratet und führte ein kleines, braves Leben, fernab von großen Gefühlen und heftigen Erschütterungen. Und die Liebe schlug ein. Bum.

Nachmittags, wenn ich mich auf den Heimweg machte, lauerte ich ihr auf, passte sie ab, tat alles Mögliche, damit unsere Wege zusammenfielen, damit wir länger zusammenbleiben konnten.

Eines Tages fasste ich mir ein Herz. Ich beschloss, sie anzusprechen. Aber nicht wie bisher – oberflächlich und unverbindlich –, sondern tief und ernst. Sie nach Hause zu begleiten, zu ihrer Wohnung, zu ihrem leeren Apartment, das auf sie wartete, um ihr von meiner Liebe zu erzählen.

Ich beschloss, ihr eine Liebeserklärung zu machen.

Das wühlte mich schrecklich auf. Ich war kein junger Mann mehr, eher ein erdenschwerer und erschöpfter Mensch am Ende seiner Jugend. Ein Greis am Ende meiner Jugend. Ich hoffte, dass die Jugend bald vorbei sein würde, um wieder jung in der Reife zu sein. Ein junger reifer Mensch. Ich war müde. Ein trauriger und langweiliger Arzt.

Richtig mulmig wurde mir beim Gedanken, dass ich verheiratet war. Es war absurd. Ein bieder anmutender, etwas befremdlicher Arzt, der seine jugendlichen Locken vor etlichen Jahren abgeschnitten hat und nur mehr schwerfällig durch eine farblose Welt schreitet, macht einer orangehaarigen Hiparin[1] eine Liebeserklärung – wie sollte das denn gehen? Ich hatte keine Ahnung.

An jenem Tag sollte ich – ohne zu wissen, was genau ich da tat – mein Leben auf den Kopf stellen. Oder – wusste ich es doch? Welcher Teil von mir war es denn, der es wusste? Etwa der, der unser geheimer, innerer Gebieter ist und unsere heroischen, gefährlichen und absolut unerwarteten Entscheidungen fällt? ... Mag sein.

Am Morgen dieses Tages hatte ich einen der Pfleger aus der geschlossenen Männerstation beauftragt, mir Fleisch zu besorgen. In jener Zeit kam das häufig vor. Die Ärzte beteiligten sich an einer Art primitivem Warenhandel. Ich bestellte eine Keule vom Kalb, das der Pfleger vor wenigen Tagen geschlachtet hatte. Das Kalb hatte hundertfünfzig Kilo gewogen, also wog seine Keule etwa dreißig.

Der Pfleger Načo brachte die Keule in einem riesigen schwarzen Plastiksack. Er deponierte ihn in meinem Sprechzimmer. Ich bezahlte. Ich brauchte das Fleisch. Zu Hause wuchs meine dreijährige Tochter auf und benötigte Proteine. Das Jahr war von Armut gezeichnet und jede Art von Nahrung willkommen. Ich wollte nichts, als meine Pflicht erfüllen.

---

1 Hipar – Bezeichnung für einen Jugendlichen in einer der subkulturellen Gruppierungen, die sich in den 1980er-Jahren im Streben nach Freiheit und Zugang zur westlichen Kultur in Bulgarien formiert haben. Die Bezeichnung „Hipar" verweist auch auf den Begriff des amerikanischen „Hipsters" der 1960er-Jahre (wie auch des „Beatniks" u. Ä.). (Anm. d. Ü.)

Blutrünstig wie ein Urmensch bestellte Papa in seinem weißen Kittel totes Fleisch. Ich musste meiner Kleinen die nötigen Proteine besorgen. Blutiges Fleisch. Wohl oder übel.

Und tatsächlich war die Keule im schwarzen Sack blutig. Es war lächerlich. Ich dachte darüber nach, wie idiotisch die primitive Versorgung der eigenen Familie mit dieser Art Beute doch war. Begriff aber indessen, dass praktische Menschen genau so vorgingen. Jene pragmatischen Schweine, die ich verachtete, da ich ihnen allmählich ähnlich wurde. Von Tag zu Tag ähnlicher.

Die Keule im Sack lag in der Ecke meines Sprechzimmers. Ich stimmte mich darauf ein – an diesem Abend, an diesem frühen Abend, an diesem stürmischen Nachmittag –, Iv meine Liebe zu gestehen. Ich war nervös.

Der Arbeitstag verging im Nu. Ich spürte ihn kaum. Wer kennt das nicht? Wartet man höchst aufgeregt auf etwas, gibt man sich mit allerhand Bagatellen ab, um nicht daran zu denken, und siehe da – die Zeit ist verflogen. Mir ist es auch schon passiert, dass ich – in Belanglosigkeiten vertieft – zu den wichtigsten Ereignissen meines Lebens zu spät kam. Kaum beginnt der Tag, ist er auch schon um.

Ich machte mich auf und nahm den Sack mit. Dann stieg ich in den Bus, in den schmuddeligen Dienstbus, in dem ich – auf diesen Moment wartete ich sehnlichst – neben Iv sitzen würde. Und sie stieg ein, und ich setzte mich neben sie, schwieg eine Weile, räusperte mich, meine Stimme fing an, im Rachen zu scheuern, ich setzte noch einmal an, sie lächelte, schließlich begann ich zu erzählen, redete beherzter drauflos und schaffte es, ihr zu erklären, was genau mein Vorschlag für sie war. Sie ermutigte mich sogar mit ein paar heiteren Worten. Und dann schwiegen wir. Ich hatte sie überredet, mit mir etwas trinken zu gehen, sobald wir die Stadt erreichen würden.

Bis Sofia schaute ich aus dem Fenster. Im Sumpf hinter Gniljane watete ein Reiher durchs Wasser. Er war triefnass. Wir schwiegen.

Als wir in Sofia ausstiegen, wurde ich hippelig, ich verfiel in eine seltsame nervöse Erregung. Ich war wie ein junger Hund, der um seinen großen, gut aussehenden Herrn herumspringt, welcher soeben aus dem Ausland zurückgekehrt ist. Ich hob den Sack mit der dreißig Kilo schweren Keule auf, der vom Blut, das aus ihr gesickert war, quietschte, ich tänzelte um Iv herum, ich lachte.

Der Sack war ungeheuer schwer, das spürte ich aber irgendwie nicht. Ich warf ihn einmal über die eine, dann wieder über die andere Schulter, zündete mir eine Zigarette an, erzählte Geschichten, zeigte auf Schilder und wies den Weg. Wir wussten nicht, wohin, doch Iv sah voraus, dass ich es mit diesem schweren Sack nicht weit schaffen würde, und führte mich in irgendein zwielichtiges Lokal gleich hinter Lǎvov Most.

Dort setzten wir uns und tranken eineinhalb Stunden lang. Wir tranken viel und hastig – wahrscheinlich spürten wir beide jene gewaltige Beschleunigung, die das Leben aufnimmt, wenn es plötzlich auf einen namenlosen Abgrund zurast. Wir tranken und lachten, hatten aber Angst.

Zwei Stunden später waren wir völlig betrunken. Ich fiel zweimal vom Stuhl, als ich mich mit aller Kraft nach hinten lehnte, mich schüttelte vor einem Lachen, das sich im Laufe der Jahre meiner aufgezwungenen Ernsthaftigkeit in der Brust angestaut hatte.

Ich hatte mich überwunden. Ich war gealtert und hatte mich gleichzeitig verjüngt. Mir war nach Weinen zumute, mir war nach Lachen zumute, ich lachte und weinte. Vom vielen Alkohol stolperte mein Herz wie das Herz eines weinerlichen Greises, aber auch wie das eines verliebten, heiteren Jungen. Ich erzählte belanglose Geschichten, summte meine Lieblingslieder, zündete Iv ihre Zigaretten an, sie kniff ihre gelben Augen halb zu, unsere Blicke trafen sich, zufällig und vielsagend.

Schließlich schauten wir einander in die Augen – sie in meine braunen Augen, ich in ihre braunen Augen. Ihre aber schimmerten gelb und grün und waren gesprenkelt. Es war offenbar unnötig, ihr mit Worten zu erklären, was ich fühlte und was ich mir von nun an wünschte.

Sie nahm meine Hand und führte mich zu sich nach Hause. Und ich, irgendwie ganz mechanisch und ohne darüber nachzudenken, packte den schwarzen Sack mit der Keule und schleppte ihn hinter uns her.

Und so kamen wir in ihrer Wohnung an, verteilten unsere Kleider überall in ihrer weiblichen, sauberen Heimstatt und tranken Wein aus Flaschen, fielen nackt auf die glänzenden Fliesen im Bad, glitten mit unseren feuchten Körpern über die nassen Küchenfliesen und lagen still in der Finsternis. Alles schwebte und wand sich, während unser Leben aufgehört hatte zu fließen.

Dann tranken wir erneut, erschrocken von der Ausdruckskraft unserer Körper und Wünsche – als wären unsere Körper Erwachsene und wüssten, was sie wollten und was sie taten, während wir Kinder waren, die sie nur allzu verlegen beobachteten. Wir tranken Rotwein aus Flaschen und fragten uns, wie wir unser Handeln am kommenden Tag erklären würden. Uns selbst und auch den anderen.

Ich geriet außer mir. Nackt und vom Dämon des Wankelmütigen gepackt, von der Wut des von der Komplexität des Lebens Verwirrten, versetzte ich der Wand plötzlich einen Faustschlag. Das gefiel mir. Wie ein starker, schweißüberströmter Boxer richtete ich mich auf und begann mit den Fäusten gegen die Wand zu hämmern. Prustend ließ ich meinen Zorn an der Wand aus. Ich schlug auf die Welt ein, die von mir verlangte, dass ich starb. Als ein biederer, langweiliger Arzt, bar aller Liebe und Freude.

„Hey, du versaust meine Wand!", rief mir Iv besorgt und von einer unbändigen Freude ergriffen zu.

Doch ich hörte sie nicht. Ich hatte nicht bemerkt, dass von meiner rechten Faust Blutspuren auf der Wand zurückblieben. Am Ende spritzte das Blut, und die weiße Wand sah schaurig aus. Wie nach einem dunklen Sommerregen aus Blut.

Ich hörte auf zu hämmern. Dann setzte ich mich hin.

Iv nahm sich meiner Hand an. Sie sah entsetzlich aus – verrenkt und blau, gesprenkelt mit grellroten Flecken aus feuchtem Blut. Etwa eine halbe Stunde lang verband Iv meine gebrochene und zermalmte Hand mit irgendwelchen Verbänden und Gazen.

„Sieht echt übel aus!", murmelte Iv von Zeit zu Zeit.

„Ha!", antwortete ich und starrte zufrieden auf den Boden. Ich war ein gewiefter Bandit mit einer gebrochenen Hand, bereit, dem Leben einen gewaltigen Streich zu spielen. Zuerst aber schlägt er die Augen nieder und fragt sich, wie dieser Streich genau aussehen soll. Ich schnaubte, lachte und trank, wobei ich die Flasche mit meiner freien linken Hand aufhob. Schließlich versiegte das Blut, wir begannen uns wieder auf dem Boden zu wälzen, und die Blutstropfen verteilten sich über unsere Körper.

Am Morgen darauf war ich völlig am Boden zerstört. Iv und ich tauschten Blicke wie Leute, die bis eben noch vollkommen zivilisiert gewesen sind, unversehens aber die Kontrolle verloren und einen lebenden Menschen aufgefressen haben. Ich musste zu meiner Familie zurückkehren. Meine Hand war geschwollen wie ein mit schwarzem Blut gefüllter Ballon. Neben der Tür lehnte der riesige Sack mit der blutigen Keule. Wäre ich ein pathetischer Hohlkopf gewesen, hätte ich gesagt, das sei die Leiche meines bisherigen Lebens. Und in der Tat – ich war ein pathetischer Hohlkopf. Von heute an werde ich nicht mehr der langweilige, graue Arzt sein. Von heute an werde ich wie ein rasender und aussätziger, gefallener und zitternder Engel leben. Wie ein verzweifelter und vielleicht auch glücklicher Mensch. Nun aber – sagte ich mir – mache ich mich auf den Weg und nehme dieses Fleisch mit, denn ich muss es meiner kleinen Tochter bringen. Sie braucht nämlich Proteine.

Ich hob den schwarzen Sack, durch dessen feine Risse dunkles Blut sickerte. Ich hob ihn mit der linken Hand. Aus meiner rechten Hand rann ebenfalls dunkles Blut. Sowohl die Tropfen aus der Hand als auch jene aus dem Sack fielen auf den Boden, und einige von ihnen mischten sich.

Ich küsste Iv, trat aus ihrer morgendlichen Wohnung und machte mich auf den Weg nach Hause, erfüllt von seltsamen, gemischten Gefühlen.

Wie viele Wege wohl

*Ich liebe es, verbotene Meere zu besegeln
und an barbarischen Küsten zu landen.*
Herman Melville, Moby Dick

Als ich an diesem Morgen Ivs Haus verließ, ringelte sich wie eine zähe, gereizte Schlange eine Sorge in meinem Herzen. Die Sorge fragte: „Na, Junge, stehst du es auch durch, dein neues Leben?"

Eine ähnliche Sorge hatte schon drei Jahre zuvor an mir genagt, als ich mich an einem vergleichbaren Morgen auf den Weg zur Arbeit machte, an meinem ersten Arbeitstag. Oder zumindest hatte ich gehofft, es würde mein erster werden …

Ich war auf dem Weg in die psychiatrische Klinik „Sveti Ivan Rilski".

Sie ist der einzige Ort in der Umgebung von Sofia, an dem man einen Menschen wie mich – ohne einflussreiche Verwandte und ohne bemerkenswerte Ambitionen – einstellen würde. Einen jungen Arzt, wie eine neugeborene Ratte – geeignet einzig als kleinere Zwischenmahlzeit für jenen Python in der Ecke, den manche das Leben nennen.

Nun, also …

Ich schritt schnell aus, denn ich wusste, dass ich diese berüchtigte Psychiatrie erreichen musste, noch bevor die Visite begann und ehe die Ärzte in Richtung ihrer Sprechzimmer auseinanderstoben. Ich hatte bereits eine Vorstellung von psychiatrischen Anstalten und hoffte inständig und fieberhaft, ich würde, wenn ich die Klinik tatsächlich betrat, nicht verzagen und in jenen lächerlichen Zustand eines Rekruten verfallen, der seinen schmalen Hals hin und her reckt, dessen Ohren rot leuchten, der sich leise räuspert und nicht weiß, wohin mit seinen Händen. Ich wollte nicht in Verlegenheit geraten.

Ich schritt zur Bushaltestelle und war aufgewühlt. Geht man vorwärts, schaut man unwillkürlich zurück. Stürzt man sich mit weit geöffneten Augen in die unbekannte Finsternis eines neuen Lebens, schaut das ganze hilfsbereite Herz zurück. Es sucht nach Trost. Dahinten gibt es aber keinen Trost.

Ich erreichte die Bushaltestelle und stieg in den ersten Bus. Ich starrte auf die vorbeigleitende Bilderkette, als würde ich mir einen Film über mein bisheriges Leben ansehen. Doch eigentlich sah ich mir keinen Film an – ich dachte an ganz andere Dinge. An die Zukunft – vielleicht? Wie immens und vage sie doch war, es war unmöglich, an sie zu denken. Welcher Fisch kann sich das ganze Meer vorstellen?

Da passierte ich schon die Kreuzung beim Park, dann fuhr der Bus ins Zentrum, ich stieg in die Straßenbahn um, und die quietschte los, die schmierigen Straßen von Sofia entlang. Ich war unterwegs und hatte Angst.

Ich glaubte an die Sorglosigkeit als die größte Wonne der Welt; daran, dass, wenn sie vorbei wäre, das Leben so grob und hässlich werden würde wie ein alter besoffener Mann, der dich frühmorgens mit Fußtritten weckt.

Von mystischer Ruhelosigkeit ergriffen, glaubte ich, dass ich mich sogleich ins Meer stürzen würde, in diese Arbeit, und zwar als ich selbst, um da erst wieder aufzutauchen, wenn ich nicht mehr ich selbst wäre. Nicht mehr ich wäre. Dass ich erst aufgeben würde, wenn ich kein junger Mann mehr, sondern nur mehr irgendein mir selbst fremder Greis sein würde.

Ich dachte darüber nach, warum ich Psychiater werden wollte. Ja, vor allem darüber.

Darüber hatte ich schon sehr lange nachgedacht.

Warum nur wollte ich Psychiater werden? ...

Es war Herbst, ich war ein Erstsemester, leicht wie ein gefallenes Blatt – unbeschwert ließ ich mich vom Wind herumwirbeln. Ich war oft heiter und immerzu erstaunt. Ich streifte umher und lernte jeden Tag dazu. Ich wusste nicht, was genau ich da lernte: Tagein, tagaus rannte ich von den Sektionssälen in die weiträumigen physiologischen Laboratorien, wo es von enthaupteten Fröschen wimmelte; von den unterirdischen Leichenhallen zu den unterhimmlischen Geburtsstationen; starrte durch ein monströses Mikroskop auf Feinschnitte kleiner Hirne von Greisen, die an Schlaganfällen gestorben, und auf Feinschnitte der Pimmel kleiner Jungen, die bei Verkehrsunfällen umgekommen waren. Und murmelte auf Lateinisch Akkusative und Dative vor mich hin.

Wissen jeder Art berauschte mich. Es war perfekt.

Und also spazierte ich gerade – umgeben von den kräftigen Hunden, die zwischen den mit blutigen Verbänden gefüllten Containern hin und her liefen – am alten, gelblichen Gebäude der Neurologie und Psychiatrie vorbei, ganz hinten im Hof der gigantischen Medizinakademie, die einer Stadt glich. Ich stimmte mich auf einen Umtrunk mit meinen Freunden im „Loch" ein – dem berüchtigten Lokal direkt vor dem medizinisch-biologischen Institut ...

Da erblickte ich etwas – einen kleinen Zettel mit einer Anzeige: „Der Psychiatriezirkel nimmt seine Arbeit auf, Anmeldungen unter ..."

Und bum, explodierte in meinem jungen, übermutigen Kopf ein Wunsch. Sofort überkam mich die Lust, loszulaufen, diesen Zirkel ausfindig zu machen und mich einzuschreiben, mir alle Feinheiten der Psychiatrie anzueignen und ein rätselhafter, neuer Freud zu werden. Gleich stellte ich mir vor, welche Vorteile die Teilnahme an so einem Zirkel mit sich bringen würde. Lieber Himmel, was gibt es denn Exzentrischeres als die Psychiatrie? Das Exzentrische zog mich an wie der Pol die Polarforscher. Mächtig.

Eitelkeit. Eitelkeit. Eitelkeit.

Damals trug ich Kleider, die ich aus dem Schrank meines Vaters stibitzt hatte – ein enges Jackett mit breitem Revers, ein grelles, tailliertes Hemd mit einem riesigen Kragen, eine glänzende Krawatte mit indischen Motiven, von denen manch zartbesaiteten Frauen übel wurde. Sowie – backsteinrote Lederschuhe mit viereckigen Spitzen und eine Glockenhose.

Die zwei Jahre als Grenzschützer beim Militär hatten meinen Körper kräftig und muskulös werden lassen. Ich hatte langes Haar, das sich von meinem Kopf ringelte, und entsprechend lange Koteletten. Ich sah aus wie ein charmanter Idiot von 1972.

Ich hätte gerne wie Jim Morrison, wie Frank Zappa, wie George Harrison ausgesehen. Oder wie jeder, der im Herbst 1968 in London herumhing – elegant und unbeschwert – und nicht das Geringste mit dem deprimierenden, sozialistischen Provinzialismus von Sofia zu tun hatte.

Mindestens fünfzig Prozent meiner Mitstudenten trugen immer noch Hosen aus Waschseide, ähnlich Pluderhosen! Wie Dorfscheichs, die sich in die Hosen geschissen hatten. Sie versuchten, wie Mafiosi auszusehen. Und sahen aus wie Trottel.

Nun also …

Ich war ein waschechter kleiner Snob. Ein selbstverliebter zwanzigjähriger Bengel, der sich zu etwas ganz Besonderem stilisieren wollte. Der, aufgeblasen wie ein Pfau, nichts anderes tun wollte, als seine Nase in den Himmel zu recken. Die Rolle des Psychiaters war wie gemacht für diesen Zweck.

Sagt selbst, welcher junge Mann will das nicht?

Mag schon sein, nicht jeder, ich aber wollte genau das.

Manchmal dachte ich Folgendes: Schön und interessant sein zu wollen, das kann doch nicht gut sein. Das ist bloß teuflische Eitelkeit. Wie wichtig kann denn das schon sein? Ist denn nicht das Leben der Millionen, die nicht schön sind, deren Leben auch nicht schön ist, viel wichtiger? Dann aber packte mich die Wut: Wofür soll man denn dann leben, Herrgott, wenn alles hässlich, mittelmäßig und grau ist? Ergeben denn jene Millionen unschöner Leben irgendeinen Sinn? Nein, keinen! So brodelte es in mir. Ich will ein schönes Leben, für das es sich zu leben lohnt!

Interessant – ich wusste nicht genau, wessen Bewunderung ich mir für meine Eigenart wünschte. Es war mir lieber, das Objekt, auf das ich einwirkte, nicht zu kennen. Gleich einem Rockstar auf der Bühne, der, wegen der starken Scheinwerfer, das Publikum nicht sehen kann. Und sich einfach nur vorstellt, was für wunderbare Menschen dort im Dunkeln stehen. So etwa ging es mir damals. Ich wünschte mir anonyme Bewunderung. Wenn ich darüber nachdenke – die der Frauen, natürlich. Immer diese Frauen. Aber auch die der Männer. Meine Präpotenz sollte die Männer direkt in ihre Schranken weisen.

Ich war ein Mythomane. Der Mythos von der Psychiatrie war der imposanteste.

Wie lächerlich! Für keinen normalen Menschen hatte die Psychiatrie irgendetwas Mythisches an sich. Für alle Nichtmediziner waren die Psychiater einfach nur verrückt. Für mein nach Mythen und Vergöttlichung gierendes Herz hingegen steckte in der Psychiatrie einiges an Romantik …

Ich stellte mir den Psychiater als eine rätselhafte Halbgottheit aus den unheimlichen Irrenhäusern vor, die von Legenden nur so wimmelten und von keinem Uneingeweihten je betreten worden waren. Und denkt man darüber nach, so waren die Psychiater in der Tat die letzten Abenteurer, die sich in unbekannte Territorien vorwagten.

Ich wollte wie sie sein.

… Du meine Güte. Ich malte mir aus, wie viele entzückte und bewundernde weibliche Blicke ich dank der Psychiatrie einheimsen könnte. Ich stellte mir vor, wie man mir verblüfft zusehen und ich alle meine Posen jeder und jedem unterjubeln würde.

Wie ich mit einer Zigarette über dem Ohr herumlaufen und eine rosafarbene Brille tragen würde. Wie ich mit einem gelben und einem blauen Schuh zur Arbeit gehen würde. Wie ich nachts in meinem Sprechzimmer Mozart hören würde, nackt auf dem Schreibtisch stehend und mit einem trockenen Martini in der Hand. Wie die Krankenschwester ohne Unterwäsche durch mein Sprechzimmer stolzieren würde. Eigentlich kam mir das – die Krankenschwester ohne Unterwäsche – ziemlich banal vor. Möglicherweise würde meine Krankenschwester ganz im Gegenteil zehn Paar Schlüpfer tragen. Oder etwas in der Art.

Ich dachte an alle psychisch verwirrten und hypersexualisierten, schönen Neurotikerinnen und war aufgeregt – wie ein kleines Kind. Und war ich etwa kein kleines Kind?

In den ersten Tagen im Psychiatriezirkel führte ich spannende Gespräche mit einem zwar jungen, aber mit der Psychiatrie bereits vertrauten Arzt.

„Doktor Roev, was meinst du, würdest du auch Hautarzt werden wollen?", frage ich ihn.

„Hm, vergiss es! Ein ganzes Leben lang Akne und Warzen behandeln – niemals!", sagt er und stülpt seine Lippen verächtlich vor.

„Mmh ja! Na, eigentlich wollte ich mich schon immer statt mit dem Fleisch, statt mit dem Stofflichen, mit der Seele befassen, ich meine, nur allzu wenige von den gewöhnlichen Ärzten (und ich sagte ‚gewöhnlichen', ohne darüber nachzudenken) interessieren sich … für die Seele. So ist es doch, oder? Alles im Menschen ist in ihren Augen bloß Fleisch. Das nervt mich total!"

„Genau!", sagt Doktor Roev und rümpft die Nase. „Das sind Schlächter und nicht mehr."

„Und doch, wenn man darüber nachdenkt, stammt auch die Seele vom Fleisch ab … vom Gehirn. Wir sind ja schließlich keine Philosophen, wir befassen uns mit dem Materiellen …"

„Ja, ja, schon, aber wie die Schlächter sind wir nicht …", lächelt Doktor Roev wissend.

„Und was meinst du denn dazu – ‚Psychiater' zu sagen, das ist doch eine Sache für sich, oder? Das ist schon was anderes, als von einem ‚Internisten' zu sprechen?"

„Ganz was anderes! Die Psychiatrie ist voller Sex", lächelt Doktor Roev zufrieden.

„Glaubst du, es macht Eindruck auf die Frauen, wenn man ihnen sagt, man sei Psychiater?", frage ich, voll ungesunder und eitler Erregung.

„Oho! Und wie!", schaut mich Doktor Roev glotzäugig vor Selbstgefälligkeit an und lächelt glücklich.

Auch ich lächle. Ich fühle mich, als wäre ich etwas Besonderes. Ein eitler junger Mann.

Zugleich aber war die Erklärung, dass ich aus Eitelkeit Psychiater werden wollte, allzu simpel. Ich hatte furchtbare Angst vor dem Wahnsinn.

Man kommt leicht auf den Gedanken, der Wahnsinn würde einem gerade dann Angst einjagen, wenn man als Psychiater täglich mit ihm konfrontiert ist. Doch nein. Bei mir zumindest war das nicht so. Ich hatte mich von klein auf vor dem Wahnsinn gefürchtet.

Ich erinnere mich, wie ich – noch ganz jung – auf meinem kleinen Bett lag, an die Wand starrte und, von Grauen erfüllt, in der Erwartung verharrte, Stimmen zu hören. Wer weiß, woher diese Angst kam, die sich in meiner überspannten Fantasie einnistete. In einer Seele aber, die auf Angst eingestellt ist, sprießt das Grauen aus dem kleinsten Samen. Womöglich hatte ich da und dort etwas über akustische Halluzinationen aufgeschnappt oder gelesen. Und mein lechzender, ja gar nach dem Grauen gierender Kopf hatte aus diesem kleinen Samenkorn eine giftige Pflanze werden lassen.

Das passierte jede Nacht. Es war wirklich äußerst eigenartig – ich *hörte keine Stimmen*, die mich mit Grauen erfüllten, sondern die Tatsache, dass ich Stimmen *zu hören beginnen* würde, erfüllte mich mit Grauen. Mehr noch – das Grauen bestand darin, *dass ich sie nicht hörte*.

Ich glaubte, dass ich mich beruhigen würde, wenn ich sie denn *endlich* zu hören bekäme.

Und noch etwas. Verrückte Menschen erkannten mich als Ihresgleichen – mich, den vom Gedanken an den Wahnsinn Entsetzten. Und hängten sich an mich wie die Kletten. Ich wusste, dass einigen meiner Kollegen dasselbe passierte. Ich hegte sogar den Verdacht, dass gerade das die echten Psychiater von denjenigen unterschied, die gezwungen waren, in der Psychiatrie zu arbeiten.

Dieses Kletten-Verhalten der Verrückten.

Ich wusste, die Psychiater sind Menschen, die von der Angst vor dem Wahnsinnigwerden besessen sind. Und war das nicht auch so? Nicht wenige meiner Kollegen hatten Spuren an den Handgelenken oder solche von den Versuchen, sich aufzuhängen, am Hals; wo doch Selbstmordversuche zweifelsohne zu den eindeutigsten Anzeichen eines seelischen Ungleichgewichts und grausamer Zweifel an der eigenen Normalität gehören.

Der Schuster wird Schuster, weil er befürchtet, unter Umständen sein Leben lang barfuß gehen zu müssen, wenn er nicht Schuster werden würde. Davon bin ich überzeugt. Er wird Schuster, um seine eigenen Schuhe anfertigen zu können. Ha, ha! Man wird Psychiater, um sich selbst Haloperidol zu verschreiben.

Wer ist denn nicht verrückt? Diese Frage beschäftigte mich meine ganze Jugend hindurch. Und immer mehr drängte sich mir eine seltsame Antwort auf: Geboren worden zu sein und zu wissen, dass du sterben wirst, sowie, dass du nichts dagegen tun kannst, und dennoch weiterzuleben, das ist offensichtlich Wahnsinn!

Welcher Mensch ist denn nicht verrückt, solange er lebt?

Aber auch das war nicht die ganze Wahrheit über meine Leidenschaft für die Psychiatrie. Zu sagen, dass ich Psychiater werden wollte, um mich selbst heilen und meinen Zweifeln etwas entgegensetzen zu können, wäre allzu simpel. Das Grundsätzlichste war vielleicht …

Ja.

Mein Christentum.

Seit frühester Jugend wollte ich Opfer werden. Und schaut man genau hin, so steckt auch darin einiges an Eitelkeit. Ich wollte ein Märtyrer werden und der Selbstaufopferung frönen, ein Mensch, der in jeder Sekunde beflissen die eigene Seele rettet. Ich wollte Alëša Karamazov oder Albert Schweitzer sein.

Ich wollte mich selbst erniedrigen und fertigmachen. Zu den am meisten Gepeinigten und Schwächsten gehen. Mit ihnen sein und meinen Stolz zertreten. Ich wollte zur Ruhe kommen. Mich versöhnen. Das war irgendwie lächerlich – *rasend* wollte ich mich versöhnen. Was für eine irre Kombination – Raserei und Versöhnung! Ich raste in meinem Wunsch nach Versöhnung. Und das auf der grellen Folie meiner jugendlichen Eitelkeit.

Eitelkeit, Eitelkeit, Eitelkeit.

Ich wollte ein Märtyrer und Heiliger sein; die Psychiatrie war das naheliegende Instrument für diesen Zweck.

Und so …

Wohl gerade deswegen – geleitet von Eitelkeit, von der Angst vor dem Wahnsinnigwerden und vom Streben nach christlichem Märtyrertum, nach Erhabenheit durch Versöhnung und, warum auch nicht, nach der wahren Erlösung (dafür betete ich ohne Unterlass) – saugte ich mich allmählich und immer tiefer in der gigantischen Psychiatrie fest.

Ich erinnere mich: Ich war siebzehn Jahre alt und strebte bereits qualvoll *die heldenhafte Erlösung* an.

An einem Winterabend saßen wir, drei Bengel aus dem Bezirk Dianabad – Felix, Borko und ich – , zusammen und tranken Bier in einem Lokal auf der Asphaltinsel am Boulevard „Velčova Zavera". Es war ein verschneiter Abend. Der Schnee war noch ganz weiß, und die Autoreifen zerfurchten ihn zu matschigen Streifen. Wir tranken und rauchten, verstiegen uns zu irgendwelchen universellen Weisheiten, kicherten über die besonders versauten Schweinereien, die wir uns ausdachten. Und gingen nicht heim, obwohl es spät war.

Plötzlich betrat ein alter Mann die kleine Bar. Er war schwarz und braun verwittert, und sein Bart glich grauem Gestein. Es ging dem Alten sehr schlecht. Ein vom Saufen wahnsinnig gewordener Greis.

Er war barfuß.

Sprich – er hatte irgendwelche lausigen Lumpen um seine Füße gewickelt, voller Matsch und spitzer Steinchen. Ohne sie hätte er weniger gefroren.

Grauen ergriff mich. Dann – Entzücken. Dieses Bild – der frierende, kraftlose Alte – war unwahrscheinlich verlockend für mich. Es verleitete mich dazu, mich hineinzustürzen und zu helfen. Meinen instinktiven Ekel zu überwinden.

In diesem Schnee würde der Alte sehr wahrscheinlich erfrieren. Zumindest ging das durch meinen von wilden Fantasien bevölkerten Kopf – ich malte mir aus, wie der Alte an der nächsten Kreuzung umfiel und starb. Der romantische Wahn in mir erwachte, und ich stieß Borko und Felix an und drängte sie: „Lasst uns ihm helfen, Freunde, lasst uns doch helfen!"

Sie zögerten kein bisschen. Als Erstes bestellten wir viel Alkohol und Tee. Dann machten wir uns an die Wiederbelebung des Alten. Als er warm und langsam heiter wurde, eilte ich nahezu im Laufschritt, erregt und errötet, nach Hause – einige Kilometer vom Lokal entfernt – und nahm ein paar recht anständige Lederschuhe mit. Wieder zurück, schaffte ich es nur mit Mühe, sie dem Alten mit seinen steifen schwarzen Füßen anzuziehen. Er verzog seinen Mund unter dem bauschigen Bart zu einem Grinsen und schnaufte vor sich hin.

Als wir ihn dann mit Schuhen und vom Cognac angeheitert dasitzen sahen, begannen wir darüber nachzudenken, wo wir ihn diese Nacht unterbringen sollten. Ich zitterte vor Aufregung. Ich spürte, dass ich ihn zu mir nach Hause mitnehmen wollte. Zu meinen Eltern. Damit er allem trotzte: ihrem wohlanständigen Abscheu vor Bettlern und Armen, meinem eigenen Ekel – spießbürgerlich und erbärmlich –, allen Vorurteilen! Um mich selbst gegen die ganze scheußliche und widerwärtige Gesellschaft aufzulehnen, die die Leute barfuß auf die Straße hinauswarf! Ich war begeistert.

Und natürlich ging es schief. Meine Eltern nahmen den Alten nicht auf. Beim Anblick der eitrigen Geschwüre an seinen Füßen rümpfte meine Mutter entsetzt die Nase. Mein Vater – ein schmerzhaft gutmütiger Mensch – quälte sich lange im Versuch, mir zu erklären, dass es sich nicht gehörte, *so einen Menschen* bei uns schlafen zu lassen. Der Greis ging in die verschneite Nacht hinaus. Ich stellte ihn mir vor, wie er durch den flauschigen Schnee schritt, während seine Füße Eiterpfützen zurückließen.

Die ganze Nacht weinte ich und betete. Ich war glücklich damit, so grausam zu leiden. Darunter zu leiden, es nicht geschafft zu haben, dem armen Menschen zu helfen.

Ich war ein raffinierter Masochist.

Ich genoss sogar den Schmerz *der Tatsache, dass ich es nicht geschafft hatte, ihm zu helfen.*

Nun war ich unterwegs in die Klinik. Während ich, in meine rastlosen Gedanken vertieft, vor mich hin starrte, fuhr die Straßenbahn los, hielt an, ruckelte und seufzte.

Plötzlich kreischte sie entsetzlich und rüttelte.

Ich erschrak und schaute hinaus. Der Triebwagen bewegte sich langsam, aber wie toll quer über den Boulevard „Maria Luiza". Den ehemaligen „Georgi Dimitrov" – den Boulevard der Prostituierten und pockennarbigen Zigeuner-Zuhälter. Er fegte alles weg, was sich ihm in den Weg stellte, entgleist und mit seinen scharfen Rädern über die Pflastersteine zischend. Von Zeit zu Zeit trug er mit Krach und Donner das eine oder andere Auto davon.

Ein ungutes Gefühl glomm in mir auf. Noch nie war ich abergläubisch gewesen. Jetzt aber erfüllte mich eine schwarze und mystische Angst, dass mein Eintritt ins Erwachsenenalter, ohne überhaupt begonnen zu haben, hier sein Ende nehmen würde. Mit dem Tod. Dann aber kreischte die Straßenbahn noch zweimal und kam zum Stehen. Sie hatte dreißig Meter zurückgelegt. Und alles auf dem Boulevard abgeräumt.

Hastig und fiebrig stieg ich aus der schief stehenden Straßenbahn aus. Dasselbe hatten, wie es schien, ein Dutzend Passagiere bereits vor mir getan. Ich war in Gedanken versunken und wirklich wie betäubt. Ich kam mir wie in einem Traum vor. Mechanisch und mit ausgreifenden Schritten ging ich den verbleibenden Weg zum Bahnhof zu Fuß. Ich kaufte mir ein Ticket, stieg in einen kleinen, schummrigen Zug und legte die zwanzig Kilometer erstarrt und benebelt zurück. Mein Denkvermögen hatte ausgesetzt. Mein Kopf war wie ein vereistes Aquarium, in dem da und dort eingefrorene, kleine rote und goldene Fische aufleuchteten. Meine Erinnerungen. Diese kleinen Fische waren farbige und nichtssagende Erinnerungen an meine Jugend. Sie bedeuteten nichts, weil sie zu bunt waren. Während ich, wie die entgleiste Straßenbahn, in einen viel ernsteren, schwarz-weißen und finsteren Lebensabschnitt eintrat. Ciao, meine geliebte Jugend.

Ich war unterwegs und hinderte mich selbst daran, an etwas Konkretes zu denken. Ich wusste, dass, worüber auch immer ich nachdenken würde, es unwesentlich wäre im Verhältnis zum großen, neuen Leben. Also konzentrierte ich mich auf meinen zu einer Kugel zusammengerollten Magen. Von Zeit zu Zeit kicherte ich leise über mich selbst. Hey, du alter Soldat, was sitzt du so stramm wie ein Hase, schweigst beharrlich und glotzt das Nichts da draußen an?, sagte ich mir in Gedanken und musste erneut lachen. Und war wieder fiebrig und aufgewühlt. Ciao, meine geliebte Jugend. Lebewohl.

Ich war neugierig auf die Klinik.

Die Klinik

Am Ende des Mittelalters verschwindet die Lepra aus dem Abendland.
Am Rande der Gemeinden, vor den Stadttoren öffnen sich gleichsam große
Uferflächen, die das Böse nicht mehr heimsucht, die es aber steril und für lange
Zeit unbewohnbar zurückgelassen hat. Über Jahrhunderte hinweg gehören
diese Flächen nicht zur menschlichen Welt.
Michel Foucault, Wahnsinn und Gesellschaft.
Eine Geschichte des Wahns im Zeitalter der Vernunft

Sollte ich die psychiatrische Klinik beschreiben, so würde ich sie einfach als einen weitläufigen und traurigen Ort beschreiben. Ich werde davon absehen, auf ihre Unheimlichkeit einzugehen. Ich werde es unterlassen, jene diffusen und furchterregenden Assoziationen wiederzugeben, die der Kopf eines Menschen gebiert, wenn er sie zum ersten Mal sieht. Er sieht sie und spürt einen kalten Schauer über seinen Rücken laufen.

Um die Klinik fließt ein Fluss – langsam und unheimlich. Das ist der Iskăr. Für den oberflächlichen und lebensfrohen Betrachter ist der Iskăr einfach ein großer und dreckiger Fluss. Er soll das auch für mich sein. Auch die Klinik soll für mich einfach eine große und arme Klinik sein. Ich wende mich ihr unbefangen und unvoreingenommen zu.

Erbaut wurde sie auf den Überresten eines alten Klosters. Dessen riesiges Hofgelände sich in einem weiten Bogen den Iskăr entlang erstreckte, sodass der Fluss es von zwei Seiten umschloss. Auf der dritten Seite erhoben sich die ersten Halden von Stara Planina – ein Haufen rötlicher und hässlicher Felsen, trocken und wie von radioaktiver Strahlung verbrannt, bewachsen von einer anfälligen und kränklichen

Pflanzendecke. Auf der vierten Seite des Hofs (und dieser hatte die Größe von einem Dutzend Fußballfeldern) breitete sich ein Gefilde mit kleinen Gärten und verwahrlosten Bauernhöfen aus.

In diesem riesigen Hof standen mindestens zehn Baracken, lang und einstöckig, erbaut aus Metallträgern und leichten Platten. Sie erinnerten ganz und gar an *jene herrlichen Baracken* der Schul- und Studenten-Brigaden aus den Zeiten des Sozialismus. In jeder Baracke gab es drei oder vier große Zimmer und ein paar kleinere. Offensichtlich wurden die sozialistischen Baracken nach ein und demselben Plan gebaut. Die kleinen Zimmer – für Sekretäre des Komsomols[2], Sanitäter und alle möglichen Aufseher, die großen – für Brigadiers, Einsatzkomsomolzen, politische Häftlinge und Verrückte. Eine lustige Zeit war das, der Sozialismus, wenn man so darüber nachdenkt.

Drei der Baracken waren Krankenstationen, die restlichen verwahrloste Landwirtschaftsgebäude, vollgestellt mit allerlei Gerümpel und alten Maschinen; einige dieser Maschinen waren völlig absurd. Durch die trüben und grün angelaufenen Fensterscheiben einer der Baracken war eine riesige Besenmaschine zu sehen, in einer anderen stand eine marode, mit der aus ihr herausragenden Mechanik furchterregende Stacheldrahtmaschine. Sie alle rosteten vor sich hin und warteten darauf, von Archäologen zukünftiger, besserer Zeiten entdeckt zu werden.

Diese Maschinen waren in den Fünfziger- und Sechziger-, ja gar bis in die Achtzigerjahre hinein, vor allem aber in den

---

2 Komsomol – populäre Abkürzung zur Benennung des „kommunistischen Jugendverbands" in der ehemaligen Sowjetunion und in Bulgarien. Dessen Mitglieder waren in der Regel zwischen 14 und 28 Jahre alt; wie für alle untergeordneten Glieder üblich, befolgten sie die Prinzipien der kommunistischen Partei und entwickelten sie weiter. (Anm. d. Ü.)

frühesten Jahren der Klinik (man hatte sie Ende der Vierziger-
jahre gegründet) von den Kranken im Rahmen ihrer *Arbeits-
therapien* bedient worden.

In der Mitte des riesigen Hofgeländes erhob sich, bestrebt,
den Krähen und Hunden Angst einzujagen, der imposante
Bau mit den Akutstationen. Im Gegensatz zu den Baracken,
die vernachlässigt, jedoch heimelig wirkten, machte dieses
feuchte, bröckelnde Gebäude einen vollends deprimierenden
Eindruck. Es sah aus wie ein Hybrid aus einem venezianischen
Gefängnis und einer Kaserne aus den Zeiten der Weltkriege.
Vor allen Fenstern waren schwere und nicht zu missdeutende
Gitter angebracht. Die Gitterstäbe waren mindestens so dick
wie die Daumen eines sehr kräftigen Mannes.

Die Mauern dieser *Bastille* trugen unendlich viele Farb-
schichten, die abblätterten und vor sich hin gammelten. Damit
sah das Gebäude aus, als litte es an einer schlimmen Haut-
krankheit. Ein Hauch kranker Kälte wehte daher. Und so roch
es auch, krank und unbehaglich, von Weitem schon.

Alle diese Gebäude waren Neubauten. Sprich – aus der
Zeit, nachdem das Kloster enteignet und das Land der Klinik
zur Verfügung gestellt worden war. Das große Gebäude mit
den Akutstationen war unmittelbar nach dem Krieg erbaut
worden. Es gemahnte selbst an einen Krieg. Die Baracken
waren neuer. Vielleicht sahen sie menschlicher aus, weil sie aus
einer Zeit stammten, in der man sich an den Weltkrieg nicht
mehr so deutlich erinnerte.

Abgesehen von diesen Gebäuden gab es am Ende des
Geländes, auf der Seite der Felsen von Stara Planina, einige
ziemlich alte Klosterbauten. Sie waren etwa hundertjährig
und verströmten einen wohltuenden Edelmut. Da und dort
erhoben sich die eine oder andere Säule mit einem aus Stein
gemeißelten Kapitell oder ein hübscher Bogengang und gaben
diesen alten Häusern ein durchaus freundliches und mensch-

liches Aussehen. Sie beherbergten die gerontopsychiatrische Station. Und bildeten einen kleinen, gesonderten Innenhof, getrennt vom riesigen Hauptgelände, eine kleine Welt für sich. Mit ihren Pantoffeln schlurften hier friedlich ausgeblichene und stille demente Omas herum.

Daneben stand noch ein zweistöckiges und durchaus freundliches weißes Haus; darin residierte die Administration; dort war auch das Sprechzimmer des Direktors.

Das war's. Wie ihr selbst seht, gab's in dieser ganzen Klinik nichts Unheimliches. Oder vielleicht – nur wenig Unheimliches. Wer weiß, warum ich damit angefangen habe – mit dem Unheimlichen. Vielleicht, weil schon mein erster Eindruck von der Klinik unheimlich war. Vielleicht war ich voreingenommen. Wobei – durch den riesigen, sauberen und schönen Park mit den Akazien und den Buchen, an den Baracken vorbei und besonders ums stattliche Gebäude der Akutstationen, wehte unmissverständlich und kalt der Hauch des Wahnsinns. Ich spürte ihn. Alle spürten ihn.

Das war die Klinik. Ich lasse sie da stehen und ihre abgründige Ruhe bewahren, die nur gelegentlich von dem einen oder anderen hohen, einsamen Schrei einer Schizophrenen gestört wird.

Ich betrat das „Weiße Haus". Und spürte sogleich, dass sich die Bedeutung dieses Hauses in seiner Bezeichnung niederschlug. Darin befanden sich das Sprechzimmer des Direktors Doktor G. und die Administration.

Die Administration einer großen psychiatrischen Klinik ist ein Thema, dem man mindestens zwei weitere Romane widmen könnte. Ein unangenehmes Thema. Diese hier bestand aus etwa zwanzig Beamtinnen mannigfaltigen Kalibers. Zwanzig Kanonen der Ordnung gegen den Wahnsinn. Die – schon als ich eintrat, kam es mir so vor – ihr eigenes Chaos schufen und es wie eine Kuh melkten. Aus meiner bescheidenen Erfahrung wusste ich, dass Verwaltungsstellen allerorts selbstbezogen und gefährlich sind, Wesen, die sich eine eigene Welt, ihren eigenen Mikrokosmos schaffen, in dem sie sich fortpflanzen und auch reichhaltig Nahrung finden. Die ganze restliche Welt kreist einsam und verwirrt um die jeweilige in sich abgeschlossene, hermetische, alles in sich aufsaugende Administration.

Die Klink hatte also ihren eigenen administrativen Kosmos, der, wie eine grüne Insel aus Ordnern, über dem blubbernden Sumpf des Wahnsinns schwebte. Und in der Mitte dieser Insel lag das Sprechzimmer von Doktor G. Bum.

Ich trat auf Zehenspitzen hinein. Oder auf Fersen. Ich war nervös und aufgeregt. Ich war bereit, mich sowohl mit jedem zu prügeln als auch jeden zu umarmen. Habt ihr schon mal ein Kind gesehen, das die Reaktion der Erwachsenen abwartet, um dann entsprechend in Lachen oder Tränen auszubrechen? Hätte mich Doktor G. warm und herzlich empfangen, dann – ich war sicher – wäre ich geschmolzen und in liebesdienerischem Winseln vor ihm erzittert. Wäre er aber nicht umgänglich gewesen – ich hätte wie ein böser Köter geknurrt. Und gebissen. Mich selbst, natürlich. In meine Zunge. In meine Eigenliebe.

Doktor G. saß mit dem Rücken zur Tür. Er war weder herzlich noch unfreundlich. Er starrte. Er spielte ein Computerspiel und schnaubte leise vor sich hin.

„Guten Tag!", knarrte ich hinter seinem Rücken.

„Guten Tag, treten Sie ein!", sagte der Arzt sehr höflich und wandte sich erst dann, weder rasch noch langsam, zu mir um.

„Ich bin Doktor Terzijski", sagte ich und verspürte eine enorme Erleichterung, eine schmachvolle Erleichterung. Als wäre ich ein kleiner Junge, der im Laufe einer Prüfung eine Pollution erlebt. Lange hatte ich darüber nachgedacht, wie es sein würde, wenn ich die Worte „Doktor Terzijski" ernsthaft aussprüche. Es kam gut. Mir wurde sogar fröhlich zumute, und ich war belustigt vom Unsinn meiner Worte. Na, war ich denn nicht in der Tat ein kleiner Junge? Wen belogen wir da, Doktor G. und ich? Wir belogen uns selbst, höchstwahrscheinlich. Ich spürte, dass der Doktor bereit war fürs Doktorspiel. Er war groß und imposant, mit einer Brille gleich einem Teleskop im Bundesstaat Montana, das auf die Tiefen des Alls gerichtet war. Eigentlich waren seine Augen ganz gewöhnlich, kurzsichtige und von den dicken Gläsern vergrößerte Augen.

„Was führt Sie denn zu uns, Doktor Terzijski?", fragte Doktor G. erneut sehr höflich, und diesmal durchschaute ich seine Höflichkeit – er witzelte doch tatsächlich sanft und liebevoll mit mir. Er spielte mit diesem „Doktor Terzijski" wie mit einer Murmel. Lässig.

„Ich möchte bei Ihnen arbeiten, wenn es möglich ist, wenn Sie freie Stellen haben. Eine Ihrer Angestellten hat mir gesagt, dass Sie freie Stellen haben."

„Wer soll denn diese meine Angestellte sein?", fuhr der Doktor leicht auf. Trotz meiner Unerfahrenheit spürte ich, dass jeder Versuch, in die Bastion einzudringen, sie zu betreten oder auch nur einen Blick ins Innere dieser Klinik-Bastion werfen zu wollen, auf großes Misstrauen stieß.

„Na ja …", stockte ich. Ich spürte, dass ich mich in irgend-welche Ränke hineinbegab, in für den Moment harmlose Intrigen. Hätte ich ihren Namen preisgegeben, so hätte ich meine Bekannte, die mir wirklich gesagt hatte, dass es Stellen gab, bloßgestellt. Sie wäre von Doktor G. als eine Verräterin der Klinikgeheimnisse erkannt worden. Die Klinik musste im Dunkeln bleiben. Keiner sollte wissen, ob es dort freie Stellen gab. Ob da überhaupt jemand arbeitete, ob dort lebendige Menschen lebten, woher sie gekommen waren und wie … oder ob sie sich nicht etwa wie Schimmelpilze vor Ort selbst gezeugt hatten. Ich spürte, dass jedes Lüften des Vorhangs, der diese Einrichtung, diese Institution verbarg, Doktor G. äußerst unangenehm war.

„Spielt keine Rolle, es hat dir jemand gesagt …", grum-melte Doktor G. mit einer Spur Unzufriedenheit in der Stimme. Als wollte er sagen: „Ach, was soll's, wir sind ja keine Spione und Paranoiker! Bei uns ist alles transparent! Trotzdem ist es sehr schlecht, wenn jemand die freien Stellen der Klinik verrät!"

„Ja, man hat mir gesagt, dass es bei Ihnen eine freie Stelle für einen Arzt gibt, und also bin ich gekommen …", sagte ich oder ließ ich vielmehr beiläufig fallen. Und während er freund-lich über meinen Blödsinn lächelte, musterte ich mit einem Blick sein Sprechzimmer. Es glich der Kajüte vom Kapitän eines Schiffes, das irgendwo auf Grund gelaufen war und fest-steckte. Auf irgendeiner stillen Sandbank. Zum Beispiel in einer Windung der Wolga. Es gab ziemlich viele Ikonen.

„Nun gut, Doktor ... Terzijski, so war's doch, oder?", sagte Doktor G. inzwischen gütig. Offenbar hatte er beschlossen, dass ich ungefährlich war und es keinen Grund gab, streng mit mir zu sein. Vielleicht wurde ich ihm sogar sympathisch. Ich spürte es für einen kurzen Augenblick. „Wer also schickt dich denn nun her, Doktor Terzijski?"

„H-m-m-m, wie meinen Sie das?"

„Ich meine – jeder kommt irgendwoher! Irgendwer schickt ihn! Du kommst nicht von der Straße, oder?", regte sich der Doktor ein wenig auf.

„Ich habe einige Jahre lang am Psychiatriezirkel teilgenommen", gab ich zurück und machte mir bitter bewusst, dass diese Frage, „Wer schickt dich?", ganz einfach übersetzt werden konnte als „Wer ist dein Gewährsmann?". „Zudem habe ich bis ganz vor Kurzem als Krankenpfleger im Spital am Vierten Kilometer gearbeitet. Außerdem ..." – ich schob ihm mein Diplom hinüber. Mein Diplom mit den dreißig Sechsern, den fünf Fünfern und dem einen Vierer.[3] Ich hielt es für eine glänzende Waffe. Doktor G. zuckte zurück und stieß ein zorniges Lachen aus.

„Was schiebst du mir denn dieses Diplom zu, Doktor Terzijski?" Er war über meine kindliche Eilfertigkeit etwas verärgert.

„Nun", wurde ich verlegen und packte mein Diplom sofort wieder weg. In der banalen Welt der Beziehungen und Demütigungen glänzte meine Waffe eines Kindes allzu albern. In der Welt der Erwachsenen.

„Doktor Terzijski, gerade ist keine Stelle frei", sagte Doktor G. gewichtig und irgendwie müde. „Aber ich werde dich nehmen ... für eine Art Probezeit. Im Dienst als ‚Krankenpfleger'. Das

---

3 In Bulgarien ist Sechs die beste, Eins die schlechteste Note. (Anm. d. Ü.)

bedeutet nicht, dass du hier nur hinter jemandem herdackelst, nein – du wirst deine Arbeit als Krankenpfleger machen, Junge. Bald wird auch eine Stelle für einen Arzt frei werden."

„Vielen Dank!", sagte ich und atmete auf. Das war sogar besser. Hätte er mir ohne Weiteres viel gegeben, mich als Arzt eingestellt, hätte ich mich wie ein Schuldner gefühlt. Es war mir nur allzu verhasst, mich wie ein Schuldner zu fühlen.

„Und nun, Doktor Terzijski, geh und schau dir die Klinik an! Und lerne das Personal kennen", sagte Doktor G., und unser erstes Gespräch war beendet.

Die Schiffsbesatzung

Und hier werde ich mein ganzes Leben lang arbeiten? Das fragte ich mich in diesen Tagen. Ehe ich's mich versah, waren drei Monate vergangen. Klar stellte mich Doktor G. nicht ohne Weiteres ein. Zuerst arbeitete ich eine Zeit lang auf Probe als Krankenpfleger.[4] Ich war ein bärtiger junger Mann, großspurig und gedemütigt. Ein Mann mit den Schultern eines Stiers und dem Lohn eines unbekümmerten jungen Mädchens. Irgendwie kam ich über die Runden. Dank der beträchtlichen Erfahrung, die ich in der Krebsklinik und an anderen unerfreulichen Orten gesammelt hatte.

Inzwischen arbeitete ich als Arzt, und man konnte meinen weißen Kittel mal in der Ecke des Parks zwischen den grauen Baracken sehen, mal im rot-grün-blauen Gedränge der Morgenmäntel – auf dem Weg zur Küche, wo die Patienten und Pfleger, deren Münder und Zigaretten in der Januarkälte qualmten, die Mahlzeiten für die Stationen abholten.

Die Klinik war mein Acker, auf dem große, zerzauste Kohlköpfe wuchsen – die Köpfe meiner Patienten. Ich goss sie mit Haloperidol und versuchte dem, was ich tat, einen Sinn zu geben. Ich las. Ich las ziemlich viel und wurde immer konfuser. Allerdings konfus auf jene selbstbewusste Art und Weise, die bezeichnend ist für die Verwirrung des jungen, leichtlebigen Mannes. Da steht er – er hat sich in der frostigen Nacht verirrt, vor ihm das wölfische weiße Feld, hinter ihm nichts als die öden Hügel, über ihm die weißen und einsamen Sterne. Seine Verwirrung stört ihn jedoch nicht im Geringsten. Zufrieden

---

4 Im Bulgarischen gibt es keine maskuline Form der Berufsbezeichnung Krankenschwester. Der Protagonist ist also als Krankenschwester angestellt. (Anm. d. Ü.)

steckt er seine Hände tief in die Taschen, zündet eine Zigarette an und macht sich auf den Weg. Energisch und selbstbewusst schreitet er vorwärts – auf seinen gesunden Beinen, mit seinen gesunden Gedanken und seiner gesunden Seele. Vorwärts, seiner gesunden Nase nach. So ging es auch mir. Ich las und strebte meiner Vollendung zu, während die Monate vergingen. Ich war zufrieden. Sah ich mich um, so wirkten auch die, mit denen ich arbeitete, zufrieden. Zumindest sahen sie so aus. In der Klinik wimmelte es von jungen und ambitionierten Ärzten – ein Teil des Personals.

„Personal" war – wie so viele andere Wörter – dank des abgeschmackten sozialistischen Jargons ein klägliches Schimpfwort geworden. In der Klink jedoch war das Wort „Personal" genau richtig am Platz. Hier kam ihm eine ganz andere – schöne – Bedeutung zu. Das Personal – das war so etwas wie die Besatzung. Die Besatzung des Schiffs der Verrückten. Des *Narrenschiffs* – so wie es von den mittelalterlichen Meistern beschrieben wird. Des Schiffs der Verrückten, gemalt von Hieronymus Bosch und besungen von „Jethro Tull".

Im Gegensatz aber zum klassischen Narrenschiff, das keinen Kapitän hat, hatte dieses einen.

Über ihn zu schreiben ist keine einfache Aufgabe – sein Kapitän war Doktor G., dieser düstere und ein wenig eigenbrötlerische Arzt, dabei aber gebildet und in all seiner Bildung Furcht einflößend. Von der Sorte jener, die sich nur allzu gut darin verstehen, zu zeigen, was sie hinter ihren dicken Brillengläsern und zwischen ihren feisten Ohren haben, und die Menschen schwer zu beeindrucken. So schwer, dass diese erstarren und verblüfft mit der Zunge schnalzen. „Ai, wie viel der nur weiß, dieser Doktor G.! Und wie weise der ist! Ai, ai, ai!"

Das Personal, das Doktor G. unter sich hatte, trug ihn wie einen majestätischen Mandarin in einer feierlichen (oder vielmehr werktäglichen) Prozession. Durch einen alltäglichen Karneval, in dessen Verlauf literweise Chlorazin, tonnenweise Fluperin, zentnerweise Parkisan und Gallonen von Haloperidol konsumiert wurden.

Die Ärzte, dazu noch zwei oder drei Psychologen, zwei Sozialarbeiterinnen und eine Apothekerin, stellten das höhere Personal dar.

Viele der Ärzte waren tatsächlich jung. Um die dreißig. Natürlich nicht alle. Die Stationsleiter waren ehrbare Frauen und Männer um die fünfzig, gelassen und zuversichtlich.

Einzig mein Freund Sami, mit dem ich mich schon am dritten Tag anfreundete, ein Armenier und schlauer persischer Kater, war nicht älter als sechsunddreißig. Er leitete die Altersabteilung der Frauenstation, und zwar ziemlich unbeirrbar.

Eigentlich waren auch die älteren Ärzte der Klinik irgendwie jung.

Ich beobachtete sie und begriff immer noch nicht, dass der Wahnsinn ein Jungbrunnen war. Der Mensch altert offensichtlich dann, wenn er sich in der Normalität spiegelt, wenn er in normale Spiegel sieht. Schaut er in Zerrspiegel, lacht er und bleibt jung. Und kann gar nicht erwachsen werden, er bleibt Kind, bleibt infantil. In der normalen Außenwelt prasseln die Ansprüche der normalen Menschen und der normalen Situationen wie Kieselsteine auf die polierte Hülle eines Menschen, und so wird er – nach und nach – narbig und abgenutzt. Wohingegen in der Klinik die Umgebung weich ist. Keiner verlangt von dir, besonders normal zu sein. Und so streifst du pausbackig und lächelnd durch die Alleen. Natürlich nur, wenn du keine schwarze Boshaftigkeit in deiner Brust trägst.

Ja. Schwarze Boshaftigkeit.

Einige trugen sie in sich, einige von den Ärzten, von den Pflegern und den Krankenschwestern. Sie alterten rasch. Sie sahen in dieser heiteren und bizarren Umgebung widersinnig giftig aus. Wie zum Beispiel der Pfleger Načo. Er war ein finsterer und kaltblütiger Mann, dazu Schope[5] und Zerberus. Er trank zügellos und aggressiv. Seine blauen Augen wurden von einem roten Lidrand und dem schmalen weißen Streifen seiner gelblichen Sklera eingerahmt. Und so glich er einem wild gewordenen, französischen Offizier von 1789, einem bösen Schopen-Jakobiner mit zwei Kokarden im oberen Teil des Gesichts, über dem gelblichen, wie ein Hund zerzausten Schnurrbart. Er war einer von denen, die dem Personal ein Furcht einflößendes Aussehen verliehen. Dank ihm und noch etwa einem Dutzend anderer – alte Schwestern, harte und maliziöse Pfleger – hatte die Klinik ihren Ruf als Ort erlangt, den als Patient zu betreten gefährlich war. Aber auch als Arzt. Diese alten Personalangehörigen mit ihrem wölfisch anmutenden Äußeren sorgten dafür, dass die jungen Ärzte stets ein wenig unbedeutend wirkten. Gleich flatternden Elfen in einem dunklen Wald.

Es gab etwa zehn junge Ärzte, allesamt von jener seltsamen Sorte Mensch, deren Charakter etwas Schmerzhaftes und Schrulliges, aber auch Liebenswürdiges und Feinfühliges zu eigen ist. Und sie dazu bringt, auf große Karrieren als Chirurgen oder Kardiologie-Professoren zu verzichten und sich in die neblige und wunderliche Psychiatrie zu stürzen.

Natürlich entwickelten auch sie, sobald sie drin waren, – jeder auf seine Art und Weise – verschiedene spezifische Züge. Manche wurden sogar ehrgeizig. Andere menschenscheue Okkultisten, dritte pedantische Verwalter. Durch die

---

5 Schope (m.), Schopin (f.) – Einwohner des westlichen Bulgarien, bes. des Gebiets um Sofia. (Anm. d. Ü.)

Monate und Jahre wandelten sich die Ärzte und eigneten sich diesen oder jenen Habitus an. Im Kern aber, so schien es, waltete stets jene eigentümliche und oft schmerzhafte Empfindsamkeit, die einen offenbar in die Psychiatrie treibt.

Die Krankenschwestern in der Klinik waren alt und hart. Über sie könnte ich ein eigenes Buch schreiben, über ihre Brillen, über ihr graues Haar, über die Brücken in ihren Kiefern, über ihre versoffenen Männer, über ihre mutigen Herzen, über ihre Intrigen, über ihre Kleinlichkeit, über ihre Größe. Über ihr heiliges und ständiges Knabbern von Sonnenblumenkernen. Über ihr Käffchentrinken.

Die Pfleger konnte man in zwei Kategorien einteilen. Die einen glichen ehemaligen Häftlingen. Die anderen – nicht. Es gab auch einige Frauen unter ihnen. Sie waren friedfertige, graue, abgerackerte und offensichtlich furchtsame Frauen. Irgendetwas an ihnen erinnerte an scheue weibliche Rebhühner. Ich bewegte mich in ihrer Mitte und nahm sie oft gar nicht wahr. Sie wichen zurück ins Zwielicht der Korridore. Jede von ihnen prägte sich meine Gestalt ein, ich mir die ihren hingegen nicht. Lag der Grund dafür vielleicht in der verfluchten Hierarchie?

Herrgott! Jetzt, da ich über diese zwanzig Frauen nachdenke, sage ich mir: Wie kannst du bloß, ohne mit der Wimper zu zucken, an ihnen vorbeigehen und sie als unbedeutende Menschen beschreiben?

Na wie schon? Ich war jung und schenkte einzig den Regungen meines Kopfes Beachtung. Er war mein einziges und kleines Meer, auf dem das Narrenschiff segelte, dessen Besatzung das Personal war.

Das Personal zählte 119 Menschen.

„Da, schau sie dir an, wie sie durch den Hof streifen", sagte ich zu irgendeinem neuen Arzt, der sich in der Folge als ein echt anständiger Typ und Musiker erweisen sollte und der kurz nach mir in die Klinik eintrat. Ich musste ihn herumführen, so wie man mich zuvor herumgeführt hatte. Ihn mit der Klinik und den Patienten bekannt machen.

„Wie viele Personen befinden sich gerade in der Klinik?", fragte der junge Arzt, und ich sah ihn mit jener Liebe an, mit der wir die Kinder und die Dummen ansehen. Mit herablassender Wertschätzung. Ich empfand Dankbarkeit, weil ich ihn als minderes Wesen, als Blattlaus betrachten konnte. Er war mir sympathisch und teuer, weil ich mich vor ihm aufblasen konnte. Ich konnte derart mit meiner Erfahrung protzen, dass ich mich geradezu schämte. Andererseits hatte ich es satt, immer der Jüngste und Unerfahrenste zu sein. Immer der Kleinste und Erbärmlichste zu sein ist auf die Dauer langweilig und macht das Leben allzu bitter. Bis vor Kurzem warst du in der eigenen Welt der Älteste, du warst der Altmeister unter den Studenten und den jungen Bohemiens. Um plötzlich ein kleiner Junge unter den Ärzten zu werden. Das ist ekelhaft. Es hat mir schon immer gefallen, alt und erfahren zu sein. Diesen Anschein habe ich mir mein Leben lang gegeben.

„Wie viele Personen? Hmmm, wie soll ich das sagen? Es waren auch schon mehr. Dem Verzeichnis nach sind gerade zweihundert da. Hundertachtundneunzig. Gemeint sind diejenigen, die in der Klinik in Behandlung sind. Mit dem Tagesambulatorium kommen noch etwa hundert dazu. Früher aber … früher waren es mindestens dreihundert. Es gab Zeiten, das hat man mir natürlich erzählt" – ich räusperte mich, weil ich spürte, dass ich es mit dem Aufblasen übertrieb –, „man hat mir erzählt, dass es Zeiten gegeben hat mit fünfhundert Patienten … Es waren wohl kaum fünfhundert, aber vierhundert waren es bestimmt. Da hätten die Betten in den Gängen gestanden."

„Aha, und das Tagesambulatorium – was soll ich mir darunter genau vorstellen?"

„Das ist so was wie … ach, ich lass jetzt die ganzen Begriffe – sie kommen einfach tagsüber zur Untersuchung, du prüfst ihren Zustand, und dann gehen sie wieder heim. Du änderst die Therapie nur, wenn's nötig ist …"

„Alles klar! Sonst was, abgesehen von den Medikamenten? So was wie Psychotherapie oder Kunsttherapie oder irgendwelche anderen Arten von Therapie?", fragte der junge Arzt wütend. Er war offensichtlich ein Rebell und Antikonformist. Es ärgerte ihn, dass in der Klinik alles (wie er auch vermutet hatte) aufs Pillenschmeißen hinauslief.

„Gibt es, es gibt Versuche. Es sind ziemlich viele Versuche gemacht worden, aber schau, Kumpel", sagte ich gewichtig und mit gezierter Müdigkeit, „das ist alles reine Fiktion, Quatsch, Unsinn. Hier geht's um Schizophrene, Kumpel", sagte ich mit jenem Überdruss eines alten Hasen, des vom Übermaß der eigenen Erfahrung Erschöpften.

„Na, bei Schizophrenie, wirkt denn da Psychotherapie überhaupt? Die Verhaltenstherapie sollte doch ein Stück weit helfen?" Der junge Arzt schluckte enttäuscht, er bemühte sich, sehr belesen zu wirken. Er ist noch ein kleiner Junge, sagte ich mir. Auf seinem schmalen und langen Gesicht wächst ein schütterer Bart, wie bei einem Zicklein.

„Da geht's um Theorie. Die Praxis schaut leider ganz anders aus. Schon wahr, die Theorie ist eine gute Basis. Eine gute Basis. Aber bloß eine Basis. Schau dir den da mal an!" Ich zeigte auf einen stillen und ganz durchsichtigen Patienten aus der Rehabilitation, der die Hose seines Trainingsanzugs bis zur Brust hochgezogen hatte und demütig einen Fuß vor den anderen setzte. „Schau ihn dir an! Siehst du, wie friedlich und brav er ist? So ist er dank der Medikamente. Ohne die Medikamente hat er jede Menge Unfug angestellt, ich bin mir nicht ganz sicher, ich muss in den Akten nachschauen, aber ich glaube, er war's, der seine Großmutter getötet hat. Verstehst du, worum es hier geht?"

„Aha", seufzte der junge Arzt unzufrieden. „Aber kennst du sie denn nicht alle beim Namen, kennt ihr sie denn nicht alle?", fragte er mich, und in seiner Stimme lag ein ganzer Schwall Empörung, ja Verachtung. „Was sind denn das für Ärzte, die die Namen und die Geschichten ihrer Patienten nicht kennen?", schien er sagen zu wollen.

„Spinnst du?", entgegnete ich schroff. Ich bekam Lust, ihm eins über seinen flaumbewachsenen Burschennacken zu ziehen. Gerne hätte ich ihn „Rekrut" genannt, in Erinnerung an die gute alte Kaserne, in der die Hierarchien klar waren. „Wie soll das gehen, alle zweihundert zu kennen? Ich kenne sie mehr oder weniger", sagte ich, und mein Magen zog sich in einem Anflug von Scham zusammen. Mir fiel ein, dass auch ich während meines ersten Rundgangs alle älteren Semester der schweren Teilnahmslosigkeit gegenüber den Kranken beschuldigt hatte. Voller Zorn hatte ich sie wegen dieser Haltung gegenüber den Kranken beschuldigt, als wären Letztere eine Herde seltsamer, halbheiliger Kühe.

„Schon gut, wie sieht's denn mit ihren Erkrankungen aus, ich meine, welche Erkrankungen gibt's da vor allem?", fragte der junge Arzt und war ruppig wie ein Mensch, der mit einem halbseidenen Verkäufer redet, der versucht, ihm faulige Kartoffeln anzudrehen. Es fehlte nicht viel, und der junge Arzt hätte mich angeschrien: „Ich will deine beschissene Klinik nicht!"

„Uff, vor allem Schizophrenie. Paranoide Schizophrenie. Mit chronisch rezidivem Verlauf. Und natürlich – jede Menge Manien. Besonders im Frühling gibt's viele Manien. Die Manie, du weißt, hast ja einiges an Psychiatrie gelesen, so hoffe ich, die Manie kommt häufig im Frühling vor. Die Depression – im Herbst. Da sind auch solche mit organischen Störungen. Du weißt schon – organische Persönlichkeitsstörungen. Nach Verletzungen, nach Schlaganfällen ... und so weiter."

„Alles klar. Und die Stationen? Wie sind die Stationen?"

„Wie meinst du das, wie die sind?", ließ ich nonchalant fallen und meinen Blick auf zwei Patienten ruhen. Sie beobachteten uns, die jungen Ärzte, und tuschelten. So standen wir da, zwei Paare an den beiden Polen des großen Platzes. Sie waren auf der Seite vom Iskăr, wir auf der Seite von Stara Planina. Wir sprachen über sie, sie sprachen über uns. Mir kam in den Sinn, dass der eine der beiden Kranken mehr Erfahrung in der Klinik hatte und dem anderen, weniger Erfahrenen dasselbe erklärte wie ich dem jungen Arzt. Bloß das diametral Entgegengesetzte.

„Es gibt also sechs Stationen, soweit ich verstanden habe. Was sind das für Stationen?"

„Uff, ja. Es gibt sechs." Ich war es leid, weitere Erklärungen abgeben zu müssen, nachdem mir diese *Symmetrie* der Klinik und überhaupt der Welt durch den Kopf gegangen war. „Es gibt zwei Akutstationen: die Akutstation für Männer und die Akutstation für Frauen. Da treten die Neuankömmlinge ein. Es ist eine geschlossene Abteilung, die Türen lassen sich nur mit einem Pfleger öffnen. Schau, die Gitter dort drüben. Na ja, das wirkt schon ein bisschen wie ein Gefängnis, aber da ist nichts zu machen. Hier treten viele Kranke mit Aggressionsschüben ein – sehr rastlos. Die akuten Zustände erfordern, wie du weißt, Isolation. Stell dir jemanden mit einer schweren katatonischen Erregung vor … Ich hatte mal einen Patienten, der am Bett fixiert war …"

„Fixiert? Wie fixiert?" Die Neugier des jungen Arztes war ungesund, er schluckte schwer. Er hatte Mitleid, und er fragte nach.

„Also. Fixiert ist das andere Wort für gefesselt. Ein Euphemismus. Die Psychiatrie ist voller Euphemismen, wenn man darüber nachdenkt. Wir sagen auch nie gefesselt, wir sagen nie Elektroschock …"

„Aha! Werden denn Elektroschocks verabreicht?" Das barmherzige Interesse des jungen Doktors erreichte seinen Kulminationspunkt. Er schluckte nervös.

„Na klar werden die verabreicht. Und nicht mal selten. Sechs oder acht die Woche. Apropos – sehr effizient. Sehr! Ganz im Ernst. Dort, wo keine Medikamente helfen, leistet der Elektroschock ganze Arbeit. Im Ernst. Nicht Elektroschock", stieß ich mit einem Lachen hervor, „man nennt das ‚Elektrokonvulsionstherapie'. Alles klar?"

„Was? Ist das nicht inhuman?", murmelte der junge Doktor und schluckte erneut vor Empörung. Er war voller humanistischer Anteilnahme.

„Unsinn!", sagte ich mit einem weiteren Lachen, denn ich hatte bereits ein paar Elektroschocks verabreicht und war stolz darauf. „Daran ist nichts inhuman. Es werden einfach zwei bis drei Stunden aus dem Gedächtnis gelöscht. Und die Resultate sind sehr gut. Es gibt bestimmte Maßgaben für Schocks. Bei gewissen Zuständen sind sie einfach das Beste."

„Bei welchen zum Beispiel?", fragte der Jüngere argwöhnisch nach.

„Altersdemenz mit Verweigerung der Nahrungsaufnahme. Schwere, durch Medikamente nicht beeinflussbare Depressionen. Ach, lies sie dir einfach durch, es gibt fünf oder sechs

Maßgaben. Oder acht – ich weiß es nicht mehr. Wenn alle zusammenkommen, werden Schocks angeordnet. So ..."

„Klar. Und was gibt es für andere Stationen, sagst du?"

„Es gibt zwei Altersstationen. Demenzen. Arteriosklerotische Demenzen, Alzheimer, präsenile Demenzen, eigentlich gilt der Alzheimer als präsenile Demenz, Altersdepression ... Früher war die Altersstation Männer für Alkoholiker und Drogensüchtige – nun gibt's in dieser Klinik keine Alkoholiker und Narkomanen mehr ... Abgesehen von den Ärzten, ha-ha. Es gibt auch zwei Rehabilitationsstationen. Für Männer und für Frauen. Dort sind vorwiegend Defekte untergebracht. Hm. Defekte – du weißt schon? Solche wie schizophrener Persönlichkeitsdefekt." Ich prustete vor Widerwillen, mich zu erklären; einfach lächerlich – wie ein Kind einem anderen Kind.

„Dort sind die Patienten brav. Ruhige Menschen. Sie gehen, wohin sie wollen. Vor allem aber in Theresas Bar. Die dort drüben beim Iskär", ich sah den jungen Arzt an. Er war still geworden. „Hast du noch weitere Fragen, oder können wir ein Bier trinken gehen, in der Geschlossenen Männer gibt's kühles Bier. Das gibt es nicht immer. Aber heute."

„Na, viel hab ich nicht verstanden, aber alles zu seiner Zeit. Eigentlich wollte ich etwas darüber erfahren" – er versank einen Moment lang in Gedanken –, „wie die Menschen so sind, wie die Menschen hier in der Klinik so sind."

„Oooh", sagte ich gedehnt, „eine sehr komplizierte Frage. Es sind traurige Menschen, glaube ich. Eigentlich – fröhliche Traurige. Allerlei. Das lässt sich nicht zusammenfassen. Was zählt, ist, dass du sie nicht für unheilbar hältst. Alle gehen vom Gedanken aus, dass sie nicht zu retten sind. Sie sind es aber. Sie sind im Gegenteil sogar ziemlich gerettet, wenn man genau hinsieht", sagte ich und betrachtete wieder die zwei Patienten, die am anderen Ende des Klinikhofs spazieren gingen. Sie beobachteten einen Hund und sprachen mit ihm. Der Hof war voll von kleinen, hübschen Welpen. Die Kranken unterhielten sich mit ihnen.

„Ja, schon", ließ der junge Doktor seinen Blick auf den beiden ruhen. „Schau nur, wie sie lachen, was für göttliche Vögel sie sind."

„Verfall nicht in unnötige Rührseligkeit", sagte ich trocken und kam mir wieder ganz alt und beschlagen vor. „Sie sind wirklich ganz gewöhnliche Menschen. Will sagen – sie sind keine wunderlichen psychisch Kranken, aus denen du heilige Kühe machen musst. Sondern ganz gewöhnliche Menschen. Auch böse Menschen, zum Teil. Ja – es gibt ziemlich viele böse Kranke. Und auch recht viele gute. Was weiß ich. Womöglich sind sie wie die gesunden. Wer gut war, bleibt gut. Ich weiß nicht. So viel dazu – komm, gehen wir zur Männerstation!"

„In Ordnung!", sagte der junge Doktor, und wir setzten uns in Bewegung. Unsere weißen Kittel flatterten, als wären sie die Segel kleiner, leerer Schiffe.

Während wir so gingen, versank ich in Gedanken. Gott, wie jung ich bin und wie alt ich mich gebe. Einfach lächerlich. Wie gern wäre ich ein Helfer und Retter, und zwar sofort. Ich habe keine Lust, zu lernen und zu dienen. Nur zu gern würde ich sofort Lehrer, Weiser, ja vielleicht direkt Heiliger werden. Ein Arzt und Heiler. Muss mich aber dahinschleppen und mich vor irgendwelchen Milchbärten aufplustern, denen es genauso geht. Um gemeinsam enttäuscht vor Entrüstung über die eigene Jugend zu schlucken. Rekruten! Alles blöde Rekruten. Ich schaue den Patienten zu und empfinde nichts Besonderes für sie. Seltsam und ein wenig Angst einflößend sind sie für mich. In mir fühle ich nichts als ein trauriges Nichtverstehen. Wahrscheinlich ist das normal. Wie dem auch sei.

„Lass uns ein Bier trinken gehen", wiederholte ich und klopfte dem jungen Arzt auf den hageren Rücken. Er lachte lässig.

Die alte Dichterin

Gewöhnte ich mich allmählich an den Wahnsinn? Und hatte ich ihn überhaupt erkannt, wusste ich, wo er war? Dort, wo er logischerweise zu erwarten war, oder dort, wo ihn noch keiner gesucht hatte?

Und überhaupt – gab es das, Wahnsinn?

Die psychiatrische Klinik war eine Insel, ein Sumpf, ein Friedhof und ein paradiesischer Garten. Ich fuhr morgens hin, wobei ich das ganze dröhnende und tobende Sofia durchquerte.

Ich wusste nicht, was genau ich in dieser gigantischen Klinik suchte.

Ich weiß, dass es logisch war, den Wahnsinn in den Köpfen der verrückten Menschen zu suchen, die sich damals in meiner Vorstellung in neue Kategorien zu sortieren begannen. Kategorien, die für Patienten bestimmt waren. Damit gab es „Menschen von draußen" und „Menschen von drinnen". Gesunde und Patienten.

Es war logisch, den Wahnsinn in den Ordnern mit den Tausenden von vollgeschriebenen Blättern zu suchen – staubig und hoffnungslos, verstaut in Schränken von 1987 und 1978. Hier hatte man ihn mithilfe Tausender leerer und banaler psychiatrischer Begriffe beschrieben, zwischen denen sich aber oft eine erschütternde Trauer, Entsetzen und alle möglichen unheimlichen Geschichten zeigten. Hier konnte ich diesen Dreckskerl suchen.

Und doch begriff ich immer mehr, dass er dort nicht steckte. Er war da und war nicht da. Die verrückten Menschen lebten einfach ein anderes Leben. Und dieses war nicht schlechter als meines, verdammt. Außerdem ging mir mit jedem neuen Tag auch eine geradezu beißende Gesetzmäßigkeit auf – dass nämlich die anderen Ärzte und ich die Rolle von Clowns spielten, die die Verrückten unterhielten.

Wir stiegen jeden Morgen aus dem Bus, aus dem schmuddeligen, abgewetzten Dienstbus mit den ausgefransten und herabhängenden Polsterungen, wir stiegen aus und machten uns auf, in die offenen Arme unserer Verrückten, und sie warteten auf uns – entweder bedrückt oder widersinnig aufgekratzt; sowieso waren wir aber stets bereit, unsere Rollen einzunehmen – sie zu unterhalten. Sie stachelten uns an: fragten nach Zigaretten, klagten wegen irgendeiner Lappalie, brüllten ohne Grund los – und wir, wir schienen nur darauf zu warten, junge enthusiastische Ärzte, wie wir waren.

Das alles war Theater. Zumindest kam es mir ziemlich theatralisch vor.

Die meisten Ärzte sprachen mit den psychisch Kranken, wie man mit ungezogenen Kindern spricht. Und das war bei näherer Betrachtung ziemlich gedankenlos. Dennoch steckte in dieser Umgangsweise auch etwas Erhabenes.

Wir alle waren Priester des Wahnsinns.

Wir belehrten, erzogen, fuchtelten mit den Armen, verteilten Stotinki[6] und Zigaretten, regelten den Verkehr der fröhlichen Irren. Es war wie ein Ritual, das vormittags stattfand.

Eile, Eile, Eile.

So hatte ich zu leben begonnen, weil ich ein junger Arzt war. So fühlte ich mich. Wie ein gesunder, ehrgeiziger junger Arzt. Ich wollte sie mir gerne, nur zu gern, aneignen, diese durchaus interessante, alltägliche Pose eines jungen, aktiven, ehrgeizigen Arztes. Ich rannte und eilte. Meine Arme knackten in den Gelenken, und die muskulösen Beine griffen weit aus,

---

6 Eine *Stotinka* ist ein Hundertstel eines *Lev.* Lev (numerischer Plural: *Leva,* „einfacher" Plural: *Levove)* ist die seit 1881 verwendete Währungseinheit in Bulgarien. (Anm. d. Ü.)

der Bart war frisch gestutzt, die Wangen rasiert, ich war gut aussehend und hatte anständige Ambitionen ... Ich betrat die Stationen und brauste im Laufschritt durch die Gänge. Mein Kittel flatterte hinter mir her wie der Umhang eines Tempelritters, eines Reiters ohne Pferd mit einer Neigung zur Fettleibigkeit. Ich rauchte eine Zigarette im Sprechzimmer ganz hinten auf der Akuten Männer, dann trank ich einen Kaffee und berichtigte irgendwelche Dekurse[7] auf der Rehabilitation Männer. Ich fegte mit dem Saum meines Kittels über die verlausten Betten der Kranken in den vergessenen und stillsten Baracken, hielt die Hände sterbender Greise auf der Altersstation Männer. Trank einen Schluck Cognac und aß dazu eine Praline im Sprechzimmer von Doktor Karastojanova, flog dann eilends durch die Allee mit den Akazien und fragte mich, wie es denn sein konnte, dass an den zehn Zentimeter langen Trieben der Akazien keine Streifen von meinem Umhang hängen blieben. Mein Herz hämmerte, und ich freute mich, weil ich mir sagte: Korpulent zu sein, einen erhöhten Puls und Hypertonie zu haben, das bekommt dem erwachsenen und erfahrenen Psychiater ganz gut, das verleiht ihm erst das rechte Gewicht. Damit er wie ein Segelboot wird, das bis oben hin mit Olivenöl und Psychiatriebüchern beladen ist. Ich absolvierte eine Schicht, dann wieder eine Schicht und noch eine Schicht. Ich eilte ich eilte ich eilte.

Wohin, war mir nicht klar. Der Wahnsinn um mich herum verlangte diese Eile nicht. Ich eilte ganz unabhängig von ihm. Er war wie die Landschaft, ich wie der Schnellzug, der durch sie hindurchfuhr. Hielt ich überhaupt gelegentlich inne und dachte über diese wunderlichen und lieben *Friedlinge*, über diese entspannten plappernden Irren nach, die mir mit ihren Blicken folgten, wie ich keck durch die Alleen lief? Ich machte

---

7 Dekurs – Teil der Krankheitsdokumentation. (Anm. d. A.)

mir null Gedanken, ich dachte nicht ans Anhalten. Ich eilte, um mehr Epikrisen zu schreiben, ich eilte, um mehr Bücher zu lesen, da ich mich spezialisierte (ich hatte eine Bewerbungsprüfung zur Spezialisierung bestanden), ich eilte, um mehr psychiatrische Untersuchungen vorzunehmen. Seltsam – eine psychiatrische Untersuchung wird vorgenommen, indem man lange und langsam, in Ruhe mit dem Patienten spricht. Ich aber eilte. Es schien, als wären die meisten jungen Ärzte genau wie ich. Die Verrückten beobachteten sie mit einem Lächeln. Die alten Ärzte – ebenso. Waren die alten Ärzte und die Verrückten etwa zu einem Wesen verschmolzen? Einem großen Wels, der in der Flusshöhle unter der Klinik lebte? Keine Ahnung. Ich war gerade in Eile.

An diesem Morgen eilte ich zur Visite auf der Altersstation Frauen. Ich arbeitete auf der Altersstation Frauen. Bei Doktor Sami.

Dem alten Armenier, einem russischen Armenier, so alt wie ich, eigentlich ein junger und hübscher Mann, ein Kater – langgliedrig und gebräunt wie ein persischer Fürst, der in Gefangenschaft zwischen seinen Teppichen lebte. Er war mein Vorgesetzter, und wir verstanden uns bestens. Ich eilte, und er sah mir mit seinen großen, faulen Augen und einem Hauch von Geringschätzung zu. Er war mir ein guter Freund, glaube ich. Manchmal tranken wir nach der Arbeit zusammen, er als russischer Zögling Wodka, ich als kosmopolitisches Schwein Bier.

Und so stürmte ich in Eile und im Laufschritt, wie üblich in diesen Tagen und Monaten, in die Station, klickte die Tür mit meiner Diensttürklinke[8] auf und warf mir im Gehen den Kittel über. Diesmal war meine Eile völlig gerechtfertigt, denn an

---

8   In den Psychiatrien gibt es keine Türklinken, also trägt jedes Personalmitglied seine Diensttürklinke bei sich und öffnet damit die Türen. Wer sie vergisst, bleibt draußen. Oder noch schlimmer, drinnen. (Anm. d. A.)

diesem Tag standen zwei oder drei Elektroschocks auf dem Programm. Mindestens einen davon würde ich vornehmen, und deshalb war ich aufgeregt. So als wäre ich ein junger Henker, dem zum ersten Mal die Ehre zufiel, einen Kopf abzuhacken.

Diese Assoziation – das Kopfabhacken – stimmt, wenn ich so darüber nachdenke, nicht ganz, denn ich hatte gesehen, dass mithilfe der übel beleumdeten Elektroschocks fast unheilbar Kranke wie durch ein Wunder wieder ganz gesund wurden. Besonders depressive Omas. Solche, die plötzlich, am tiefsten Punkt ihrer Altersdepression, die Nahrungsaufnahme verweigerten, ganz zu sprechen aufhörten und innerhalb einer Woche an ihrer verfluchten Altersdepression starben – aufgrund der Dehydratation und des Zusammenbruchs des Immunsystems. Und siehe da – die Schocks konnten ihnen tatsächlich das Leben retten. Die Medikamente manchmal, aber die Schocks fast immer. Wundertätige Schocks! Deswegen war ich also wirklich in Eile und in einer wunderbaren, überdrehten Stimmung. Gleich würde ich durch ein oder zwei kleine, verkrustete weiße Köpfchen hundert Volt jagen, und sie würden aufstehen und von Neuem zu leben beginnen. Solange Gott will.

Also schritt ich energisch durch den kurzen Gang Richtung Ärztezimmer; atmete den schweren Uringeruch ein, den Geruch nach verwesendem Fleisch, Kot und Babygenitalien, da und dort nach Tod und überall nach Alter. Und plötzlich stand Oma Ina vor mir. Sie war Dichterin. Sie hatte Aphasie. Sprich, dieser Teil ihres Gehirns, der für die Herstellung der Sprache zuständig war, war kaputt. Sie konnte einen Satz weder bilden noch aussprechen. Sie war vielleicht achtzig. Hätte ich in ihrer Akte nachgesehen, hätte ich mehr über sie erfahren.

Doch ich war in Eile. Ich mochte sie und wollte mich irgendwann einmal gerne mit ihr unterhalten. Also selbst sprechen, während sie – blauäugig, mit klarem Blick und dem Schalk im Babygesicht – schwieg und mich schlau anlächelte. Ja, Oma Ina lächelte ausgesprochen schlau. Wäre ich nicht so in Eile gewesen, hätte ich womöglich ein wenig über sie nachgedacht. Über die erotischen Gedanken, die – kein Wunder bei diesem schlauen Lächeln – wie irre kleine Fische durch ihr von unnötigen Hemmungen befreites Gehirn tauchten. Ihr Gehirn war von der überflüssigen Rinde erlöst und zeichnete nun eine süße Freude auf ihr Gesicht, wie ein frisch geschälter Apfel, man hätte meinen können, sie sei ein junges Mädchen. Wenn denn ihr Haar nicht kurz und weiß gewesen wäre, ihr Gesicht faltig wie ein Dörrapfel und ihre Beine wie die eines kälteempfindlichen Spatzen. Und wenn sie nur ein bisschen hätte sprechen können. Das konnte sie aber nicht.

Ich schenkte ihr ein breites Lächeln. Sie mir auch. Sie reichte mir die Hand, ich streckte ihr meine eher mechanisch entgegen. Ich war in Eile und versuchte an ihr vorbeizukommen, während ich meine Hand aus ihrer herauszog. Als ich meine Hand von ihrer Handfläche löste, hatte ich allerdings ein unangenehmes Gefühl – etwas Klebriges und, wenn auch nur gefühlt, Übelriechendes lag in meiner Hand. Es war nicht einmal nötig, es anzusehen. Ich wusste, es konnte nur eines sein. Oma Ina schenkte mir im Zeichen ihrer tiefen, von den Vorurteilen der überflüssigen Gehirnrinde befreiten Liebe ihr Kostbarstes. Ihre Scheiße. Eine archetypische Liebe. In den Legenden der primitiven Völker ist die Scheiße eine Kostbarkeit. So wie für die Kinder. Gold und Scheiße sind für das befreite Unterbewusste ein und dasselbe. Ha-ha. Hallo Freud, was sagst du dazu? Ich brach in Lachen aus, während ich mich, gedankenverloren über das Waschbecken gebeugt, wusch. Was sagst du zu dieser wunderbaren, psychoanalytischen Parabel über die Symbole, na, Freud? – lachte ich mein bärtiges Gesicht im Spiegel an. Ich sah wie ein selbstzufriedener, junger Freud aus. Jetzt aber – mit den Scheißeresten in der Hand – nicht mehr gar so selbstzufrieden. Das, dachte ich, ist der Lohn für meine Eile. Komm mal auf den Boden, du Stück Scheiße, sagte ich mir lächelnd und ging zu Sami. Ich erzählte ihm von Oma Ina, er hörte mir zu. Dann nickte er. Und seufzte weise.

Ich ging über das Klinikgelände. Allmählich gefiel es mir, dort herumzugehen. Welche Unendlichkeit der blaue Himmel über dieser Klinik offenbarte! Wahrscheinlich sah mein einfältiges Gehirn die Gitter und war, ohne den Zusammenhang zu begreifen, von der Freiheit der himmlischen Unendlichkeit begeistert. Du musst Gitter sehen, verdammt, um dich über den Himmel zu freuen, sagte ich mir und schritt voran. In diesen Tagen war ich ziemlich zufrieden mit mir. Die Psychiatrie kam mir wie ein vergleichsweise seichtes Gewässer vor. Perfekt, um darin zu waten und dabei meine schwarze Hose nur bis zu den Knien nass zu machen.

So etwas ist mir einmal auch beim Grenzschutz passiert – die praktisch gleichzeitige Empfindung von Allmacht und Erbärmlichkeit. Einmal, bei der Grenzpolizei, da kontrollierte ich die Papiere einer enormen Autokolonne – es waren nicht weniger als drei Kilometer zusammengekommen an jenem Tag. Jugoslawien stand unter Embargo, und alle schlauen Bulgaren beeilten sich, alles, was überflüssig, aus Plastik und schäbig war, den Serben zu verkaufen. Gerät ein Mensch aus Armut in Panik, dann beginnt er, so scheint mir, allerhand unnötigen Plastikmüll zu kaufen – als wäre es ein Ritual. Und so kauften die Serben massenhaft bulgarische Waschkübel und Handtücher, Ventilatoren und vielleicht auch Vibratoren.

Man schrieb das Jahr 1990. Damals war ich zwanzig Jahre alt und von den zwei Jahren Grenzdienst ziemlich muskulös, stämmig und männlich geworden, ich fühlte mich zäh, hart und gefährlich – mir kam es sogar vor, als wären meine hündischen Eckzähne größer und schärfer geworden. Ein Raubtier.

Durch und durch – ein Furcht einflößender Soldat, wer's glaubt.

Und so kontrollierte ich die Papiere der drei Kilometer langen Autoschlange. Ich spannte meine Nacken- und Rückenmuskeln an, plusterte mich auf und benahm mich derart ernst und gefährlich, dass ich mir von Zeit zu Zeit ungewollt selbst zulächelte. Und zu mir sagte: „Na, na, na, immer mit der Ruhe!" Im Allgemeinen aber fühlte ich mich wie ein gravitätischer und Furcht einflößender Soldat und Grenzwächter, der sich derjenigen, die er überprüft, erbarmt, weil er nicht nur furchtbar stark, sondern auch noch edelmütig ist.

Und plötzlich, wie ich die verschiedenen Stempel in den Pässen überprüfte und meine Brauen bis zum Schnurrbart verzog, hielt mich etwas auf. In einem der Autos erblickte ich ein kleines, zartes Gesicht, das mich unverwandt durch die Scheibe ansah. Ich hielt einen Augenblick inne, ich stierte. Es war ein dreijähriges Mädchen. Ich spürte, wie ein noch stärkerer Strom an Kraft und Selbstvertrauen durch mich floss. Ich hatte das Gefühl, als sähe mich das Mädchen voller Bewunderung an. Ich näherte mich dem Auto vermeintlich lässig, um die Eltern zu überprüfen. Plötzlich hob das Kind seine Hand und zeigte auf mich.

„Papa!", rief es, und in seiner Stimme war ein seltsames Staunen. Seine Stimme klang ziemlich weise. „Papa, Papa", rief das Mädchen nochmals. „Schau! Schau, Papa, ein Kind-Soldat!"

Ich spürte, wie mein militärischer Stolz und meine ganze Erhabenheit in meine Unterhose rutschten und gleich einer kleinen, ängstlichen Echse dort herauskrochen. Ich duckte mich und ging an diesem Wagen vorüber, ohne ihn zu überprüfen. Danach rauchte ich den ganzen Nachmittag, um mein Selbstwertgefühl ein wenig aufzubessern. „Immerhin ", sagte ich mir, „werde ich, indem ich mehr rauche, vielleicht rasch altern und bald kein Kind-Soldat mehr sein."

Nun also fühlte ich mich wie ein Kind-Psychiater. Stolz spazierte ich die linke Allee der Klink entlang und suchte Doktor G., den Chefarzt. Diesen großen Sensenmann und Trinker kleiner Wodkas, der darauf bestand, über alles, was in jedem einzelnen Moment in der Klinik vor sich ging, unterrichtet zu werden. Ich musste ihn finden und berichten, was ich während meines Dienstes tat, was ich überhaupt in meinem Leben tat, was in der Klinik passierte, was in der Welt überhaupt passierte – und mir seine in diesen Belangen absolut vernünftigen Ratschläge anhören.

Doktor G. lebte Tag und Nacht und unerbittlich in der Klinik. An den Samstagen streifte er durch den Park und beschnitt mit der Gartenschere die Triebe der Bäume, an den Sonntagen mähte er, an den Montagen widmete er sich der Gestaltung kleiner Gärten, an den Dienstagen reparierte er den Rasenmäher und so weiter, jeden Tag der Woche. Er war ein Mensch, der seinen Arbeitsplatz als sein Zuhause begriff. Also ging er in seinem Heim umher wie ein echter Landwirt. Wie ein echter fürsorglicher kleiner Feudalherr – aus den guten alten patriarchalen Zeiten. Wäre die Klinik ein Leprosorium[9] gewesen, hätte er an jeder Ecke einen Korb für abgefallenes Fleisch hingestellt. Damit sein Garten sauber bleibt.

Nachdem ich die zwanzig Meter bis zur Biegung der Allee, ganz am Ende des Parks, gegangen war, sah ich Doktor G. selbst – in einer Triumphpose – mit seinem großen Bauch, nackt bis zu den Hüften, vor seinem Rasenmäher, der bereitstand. Sein Rasenmäher war verhältnismäßig neu, benzinbetrieben und so laut wie dreihundert Teufel, eingesperrt auf der geschlossenen Männerstation.

---

9 Heim für Leprakranke. (Anm. d. A.)

Doktor G. stocherte an ihm herum, aber im Stehen, so wie Leute mit Bäuchen hantieren – er ging nicht gern in die Knie und beugte sich nicht gern. Als ich mich auf etwa zehn Meter näherte, hob er den Kopf und blickte mich durch seine Brillengläser an. Er verstand sich sehr gut darin, durch diese Brillengläser zu schauen – oh ja! Als schaute er mich durch die Glaswände *meines Aquariums* an, in dem ich die weiße Ratte war und er ein erwachsener Mann, den die *Liederlichkeit* der Ratten nervte.

„Doktor Terzijski, kommst du zum Mähen?", fragte Doktor G. mit jenem Spott, der sehr sympathisch war, solange er sich nicht in rohen Tadel verwandelte, in irgendeine Art präventiver Kündigungsandrohung.

Doktor G. verstand sich gut darin, über die Menschen zu herrschen, indem er Späße machte. Jedem Diener ist es angenehm, einen Spaßvogel und Witzbold als Herrn zu haben. Der Herr vergnügt sich, macht Späße, und dem Diener ist derart wohl in seiner kleinen, verängstigten Seele, dass er sich fast in die Hose macht vor Wonne. So lassen die kleinen Hündchen beim Einschmeicheln ihr Wasser, beim kriecherischen Genuss, wenn sie die großen umschmeicheln. Sie *machen Pipi* im Spiel mit den ausgewachsenen und starken Kötern. Ich fühlte mich für einen Moment genauso, ärgerte mich über mich selbst und hob stolz den Kopf. Wieder sollte ich zum Kind-Soldaten gemacht werden. Inzwischen war ich aber nicht mehr ganz so klein.

„Ich komme, um Ihnen zu berichten …, was in der Klinik los ist", sagte ich leidenschaftslos und sachlich. Ich musste zeigen, wie reif ich war.

„Was könnte denn in der Klinik schon los sein?" Doktor G. schmunzelte. Er hatte viele Jahre lang an diesem Schmunzeln gearbeitet, das sah man. Dieses Schmunzeln war so alt wie der Iskăr. Es war ein Schmunzeln, das allen sagen wollte: „Ai, ai, ai, was tut ihr nur so geschäftig, was treibt ihr euch wie kopflose Fliegen herum und … was wisst ihr schon? Na … was weiß ich denn schon? Aber ihr, ihr … uff, was wisst ihr schon? Gleich werde ich euch alle feuern, Halunkenpack …", das sagte *dieses Schmunzeln*.

„Na ja … in der Klinik ist grundsätzlich alles in Ordnung. Auf der Geschlossenen Männer habe ich einen Patienten aufgenommen …"

„Was für einen Patienten?", fragte Doktor G. mit echtem Interesse. Wenn es um tatsächliche Arbeit ging, gab er das Schmunzeln auf. Es war für die Kinder. Die Arbeit war für die Erwachsenen.

„Einen Patienten mit Schizophrenie. Wie üblich."

„Warte jetzt mal, was soll denn das ‚Wie üblich'? Was sagst du denn da, Kalin? Was kann dieser Patient denn sonst haben? Mir scheint, du hast was gegen die Schizophreniekranken …?"

„Ach was! Nein, natürlich nicht! Ich sage nur, dass ich einen Patienten mit Schizophrenie aufgenommen habe, und nicht, dass ich etwas dagegen habe, nur sind die Defekte (Defekt nennt man in der Psychiatrie einen Kranken mit schizophrener Persönlichkeitsstörung) etwas gar häufig geworden …", ich runzelte die Stirn, weil ich spürte, dass ich gleich beginnen würde, irgendwelche auswendig gelernten Dinge zu reden, die mich einfach nicht interessierten, sondern nur ihn. Und es hätte dann den Anschein, als wäre ich gegenteiliger Meinung. Und ich würde mich auf eine Diskussion über etwas einlassen, das überflüssig ist; ich spürte sogar, dass ich mich aufregen würde, ohne überhaupt zu wissen, warum.

Sprich, er hatte mich auf sein Territorium gelockt. Für ihn war die Tatsache, dass sich die Klinik langsam, aber sicher in ein Heim für irreversibel geschädigte Schizophrene verwandelte, ein großes Problem. Für mich nicht. Er aber wollte mir seine Sichtweise aufzwacken, um ein bisschen diskutieren zu können. Und am Ende natürlich recht zu behalten.

„Was wollt ihr eigentlich, hä?", erregte sich Doktor G. „Nur irgendwelche auserlesenen Neurotiker aufnehmen, um mit ihnen *tiefenpsychologische Therapien* durchzuführen, hi-hi-hi-hi-hi! Ich lache mich tot! Wollt ihr etwa nur noch die Models von Ženi Kalkandžieva[10] aufnehmen, was, Doktor Terzijski?"

„Nicht doch!", wandte ich verlegen ein. Und wurde noch verlegener, weil ich merkte, dass ich von diesem derben Spott zu nichts anderem Lust bekam, als wie beim Militär zu antworten: Gar nicht!

„Ihr wollt doch nicht etwa durch diesen prachtvollen Park schlendern, in nächster Nähe zum majestätischen Fluss Iskăr …", ereiferte sich Doktor G. in seinem Spott noch mehr. „Herumschlendern, wie die Adligen … und eine KG[11] pro Tag schreiben wie die Psychiater aus Hollywood! Ich schau auch Filme! Und selbst dort, Doktor Terzijski, kümmern sich die Psychiater um die Schizophrenen! Ja, ja, Doktor Terzijski. Auch da, in eurem schönen Amerika, putzt man ihnen die Ärsche ab! Ihr wollt hier wie die Pfauen herumstolzieren. Und, wenn möglich, nur die Models von Ženi Kalkandžieva als Patientinnen aufnehmen … ha-ha-ha, hi-hi-hi, he-he-he!", schüttelte sich Doktor G. scheinbar vor Lachen und setzte noch einen drauf, indem er auf seine Schenkel klopfte. Dann richtete er sich auf und sagte ernst:

„Ihr werdet alle aufnehmen und mir nichts vorjammern. Überall auf der Welt kümmern sich die Psychiatrien um die Kranken. Schizophrene, Clochards, Obdachlose – das sind unsere Patienten. Macht euch nicht vor, dass sich die Dinge

---

10 Evgenija Kalkandžieva-Manova – Miss Bulgarien 1995, Sechste im Wettbewerb um den Titel Miss World, Inhaberin einer Modelagentur. (Anm. d. Ü.)
11 Krankengeschichte (Anm. d. A.)

ändern werden. Seid ihr hier, werdet ihr genau diese Schizophrenen pflegen und ihnen dienen. Also. Wie geht's ihm denn,
dem Neuankömmling?", sagte nun ganz ruhig Doktor G. Er
war wirklich großartig, wenn er die Clownerie gegen eine dramatische, ruhige Ernsthaftigkeit eintauschte.

„Na ja, ganz gut!", sagte ich friedlich, weil ich was von Dra-
matik verstand. Ich wusste, dass die Psychiatrie ein Theater
war. Und auch das Leben ein Theater ist. Spielst du gut,
glaubt man dir vielleicht. Und es könnte etwas Weises dabei
herauskommen.

„Bla, bla, bla, was du nicht sagst – hahaha!", schmunzelte
Doktor G. wieder. „Gut gehe es ihm! So was kann mir nur
mein dreijähriger Sohn erzählen. Nein, auch der würde was
Sinnigeres von sich geben! Nun denn, sieh zu, dass du deine
fünf Sinne zusammenkriegst."

Und Doktor G. begann wieder an seinem Rasenmäher
herumzustochern, womit er mir zeigen wollte, dass ich aufgehört hatte, wichtig zu sein. Dann aber hob er den Kopf, schob
mit dem Finger das dicke Gestell seiner Brille hoch und sagte
beiläufig:

„Willst du jetzt ein bisschen mähen, denn ich hab oben im
Sprechzimmer gleich was zu erledigen?"

„Ach!" Ich wurde sehr verlegen, doch an die Stelle der
Befangenheit traten sogleich Stolz und ein angenehmes
Gefühl. Das Mähen war jene heilige Tätigkeit, die nur er
ausüben durfte – der Oberpriester des Wahnsinns. Der Haupt-
schamane und Raucher erbettelter Fluppen. Erlaubte Doktor G. jemandem, mit seinem Rasenmäher zu mähen, war das
so etwas wie *höchste Gunst und unglaubliches Vertrauen*.

„Was ‚Ach!'?" Er sah mich prüfend an.

„Na ja – ich will!", sagte ich und fühlte mich genau wie ein
Kind-Psychiater. Mit Löckchen hinter den Ohren und im
Winde flatterndem Kittel, mit dem gleich wie dreihundert

Teufel brummenden Rasenmäher über die Wiesen hinter Schmetterlingen her. Dreihundert Teufel auf Haloperidol!

„Da, mähe!", sagte Doktor G. zufrieden. Und schaute mich feierlich an.

„Gut!", sagte ich.

Nach einer halben Stunde, in der ich mehr oder weniger gelernt hatte, mit der jaulenden Maschine umzugehen, dröhnend und holpernd wie ein Schubkarren voll besoffener Kater, blieb ich stehen, stellte den Motor ab und rollte meine aufgekrempelten Ärmel herunter. Ich hielt inne und labte mich an der frisch gemähten Wiese. Ich hatte mindestens ein Drittel der linken Hälfte des Geländes gemäht. Wiewohl das Klinikgelände gigantisch war. Es entsprach ganz und gar Doktor G.s Maß. Und doch hatte ich einen Teil gemäht, der in einem Verhältnis dazu stand. Ein Drittel war gar nicht wenig. Ich hob die mit hellblauem Benzin halb volle Flasche auf. In der Zweiliterflasche war noch etwa ein Liter. Das würde für eine weitere solche Mäh-Runde reichen. Dann hätte ich zwei Drittel von der linken Hälfte des Gutshofs gemäht gehabt. Und sieh da, ich hätte auf diesem gigantischen Gelände eine kaum geringere Spur als Doktor G. selbst hinterlassen!

Aber das war eine lächerliche Illusion, über die ich lachen musste. Doktor G. mähte jeden Sommer den ganzen Hof. Außerdem beschnitt er alle Bäume. Stutzte alle Hecken. Besserte alle Zäune aus. Nahm alle Kranken auf. Verteilte alle Nahrungsmittel, Gelder und Medikamente. Und das machte er schon *ich weiß nicht wie viele Jahre lang!* Ja! Die Psychiatrie verlangte Beharrlichkeit. Und eine teuflische Beständigkeit.

Ich machte mich auf, das Essen freizugeben. Das bedeutete, mir die Kessel, die für das Mittagessen bereitstanden, anzusehen, aufmerksam zu prüfen, ob die Köchinnen nicht an Olivenöl für die Kranken gespart hatten, ob Zucker für den Joghurt da war und ob die Speisen überhaupt essbar waren.

Zudem bestand Doktor G. darauf, dass die jungen Ärzte sich vom Essen der Kranken ernährten. Mir war das willkommen. Meine dramatische Seele mit ihrem Hang zu hysterischem Märtyrertum freute sich über solch eine Gelegenheit.

Ich ging in die Küche und gab das Essen kurzerhand frei. Ich eilte, weil ich Lust hatte, gleich wieder mit dem Rasenmäher loszuklappern. Dieses Mähen hat etwas Meditatives an sich. Doch da war auch noch etwas anderes, das mich auf die Wiese zog.

Als ich die Küche verließ und draußen durch das hohe nicht gemähte Gras direkt zum schon gemähten linken Teil des Hofs schritt, nahm meine Unruhe zu. Ich fing sogar an zu laufen. Ein diffuser Gedanke nagte an mir.

Als ich mich dem Rasenmäher auf fünfzig Meter genähert hatte, hielt ich kurz inne. Noch bevor ich begreifen konnte, was genau ich da sah, ergriff mich das starke Gefühl, dass etwas nicht in Ordnung war. Ganz und gar nicht in Ordnung war. Neben dem Rasenmäher standen zwei Gestalten. Beziehungsweise – saßen. Und waren auch gar nicht so nah beim Rasenmäher. Mein beunruhigtes Gehirn hatte sie wahrgenommen – als stünden sie direkt neben dem Rasenmäher. Während sie aber eigentlich einfach herumsaßen. Fünf Meter vom kostbaren, heiligen Rasenmäher entfernt. Sie saßen einfach so da. Ein Mann und eine Frau. Friedlich und hellgrau, mit gelben Krankenmänteln – offenbar Patienten einer der Rehabilitationsstationen. Und mit einer blauen Flasche in der Hand. Und fröhlich qualmenden Zigaretten. In den Händen. Sie hielten die Flasche hoch und sahen sie sich an. Der Mann hob sie und wollte trinken.

„Aaaa", schrie ich, so laut ich konnte. „Halt!"

Und stürzte kopfüber voran, wie schon seit Kindesalter nicht mehr. Entsetzt und mit donnerndem Herzen. Während ich rannte, tosten und heulten in meinem Kopf Benzinflammen. Ich hatte schon mehrmals gesehen, wie ein mit Benzin übergossenes Gewebe bei starkem Wind brannte.

Ich lief, und ein starker frischer Wind ließ meinen Kittel flattern.

„Gib die Flasche her!" Ich griff nach der Flasche mit dem hellblauen Inhalt und knickte vor Müdigkeit ein. Aber nur einseitig. Ich fing mich schnell und richtete mich kerzengerade auf; ich war der ernste Arzt, der für Ordnung sorgen musste. „Was macht ihr hier? Sofort zurück auf die Stationen!", rief ich streng, so wie man mit Kindern schimpft. Das Herz klopfte mir im Hals, doch ich fühlte mich so erleichtert, dass mir schwindlig wurde. Es war klar – eine Sekunde, und die Zigaretten in Kombination mit Benzin und Wind hätten zwei wunderbare nachmittägliche Fackeln abgegeben. Zum Vergnügen der beiden Elstern, die um die vergoldete Statue einer nackten Frau in der Mitte der Wiese hüpften. Die nackte Frau hätte diesen zwei tanzenden, irren Fackeln zugesehen und sich nicht gerührt. Ja – ich verspürte eine gewaltige Erleichterung.

„Los, geht essen!", sagte ich ruhig. „Ab auf die Stationen mit euch!"

„Hm!" Hinter meinem Rücken schnaufte jemand schmunzelnd.

„Ah, Doktor G.!", drehte ich mich um und breitete die Arme aus, während ich als Entschuldigung und vor Verlegenheit mit meinem ganzen zitternden Körper lächelte.

„Macht nichts!", sagte Doktor G. „In den ersten zehn Jahren ist mir das oft passiert. Hm", schmunzelte er. „Ich glaube, Benzin brennt so nicht ... von einer Zigarette ..."

Er packte seinen heiligen Rasenmäher und stieß ihn langsam und entspannt in Richtung Garage. Ich dackelte wie ein junger Hund hinter ihm her, dann fiel mir ein, dass ich keinen Grund hatte, ihm zu folgen, machte kehrt und trabte los zur Geschlossenen Männerstation, wo ich *Krankenessen* zu Mittag essen würde.

„Aber ganz sicher bin ich mir nicht …", beendete er seinen Satz, derweil er mit seinem großen, majestätischen Bauch hinter der Ecke seiner Festung verschwand.

Von Worten und Menschen

Unsere Freude an der großen Dichtung ist
teils doch die Freude, Worten zu lauschen,
die nicht für uns bestimmt sind.
T. S. Eliot

Ich arbeitete pausenlos in der Klinik. An den Wochenenden fragte ich mich, wie meine Familie und mein Leben glücklich werden könnten; aber mein bescheidenes Gehirn war nicht fähig, sich auszudenken, wie das Familienglück ohne Geld möglich sein sollte.

Wir, die jungen Leute in Bulgarien, waren vergiftet. Wir hatten deutliche Erinnerungen an eine andere Zeit, in der man uns ein herrliches Leben versprochen hatte. Die ganze Welt unserer frühen Jugend schien unablässig im Aufstieg begriffen zu sein. Alles war Aufstieg.

Dann aber brach der permanente Aufstieg jäh in sich zusammen. Unmöglich, glücklich zu sein, wenn man nicht ein Zen-Buddhist aus Stahl, ja aus Platin war, der sich in seligem Gleichmut an der abscheulichen Welt ergötzte, die ihn umgab.

Ich verdiente 17 Dollar pro Monat.

Ich stand um fünf auf, arbeitete inmitten eines wilden Haufens Irrer und Normaler, die vom Mangel an auch nur der geringsten Spur von Sinn und Gerechtigkeit wild geworden waren. Auch ich war wütend, seelenlos, verwirrt, erbittert.

Und eines Tages tauchte Iv auf.

Dadurch kam mein Leben wieder in Fluss. Immer wieder trafen wir uns – heimlich am Tag, heimlich in manchen Nächten, in denen ich Dienst hatte oder vorgab, Dienst zu haben.

Wir spazierten durch die Alleen der Klinik, gingen aneinander vorbei, hielten wie zufällig an, zitterten vor Erregung und schwiegen. Dann trennten wir uns, tauchten in den Wahnsinn ein und trafen uns wieder. Die Monate vergingen.

Iv und ich waren Geliebte. Sagte ich das schon? Ich werde es immer wieder sagen. Weil so viele Wörter in unserer Sprache einen wüsten und unschönen Sinn angenommen haben. Weil man sie jetzt benutzt, um hässliche Dinge zu beschreiben. Wörter wie „Geliebter", „Verrückter", „Leidenschaft", „Hölle" und „Seele" haben einen merkwürdigen und unangenehmen Beigeschmack bekommen. Wegen all der dreckigen Münder, dreckigen Seelen, dreckigen Höllen in den Köpfen meiner Zeitgenossen.

Iv und ich liebten einander, waren aber nicht *gadžeta*[12]. Gott, was für ein abscheuliches und entwürdigendes türkisches Wort, das zu allem Überfluss auch noch überall verwendet wurde. *Gadžeta* waren eine Ministerin und der Mann, mit dem sie zusammenlebte, ohne mit ihm verheiratet zu sein; gadžeta waren das Mädchen und der Junge, die unter unserem Fenster vorbeispazierten und einander auf dem Weg ins Café zärtlich anstießen; genauso wie die zwei Rezidivisten aus dem Gefängnis von Varna, die sich gegenseitig Schrotkugeln in die Penisse implantiert hatten.

Wir aber nicht.

Und doch war es auch lächerlich, uns als Freunde zu bezeichnen. Ich war ja verheiratet, sie eine Frau, die in eine fremde Ehe einbrach. Das war nichts Freundschaftliches. Wir waren so sehr Freunde wie Nero und Messalina.

---

12 Gadže (гаджe) – dient in der Sprache der Roma – Romani – ursprünglich zur Bezeichnung eines Menschen, der nicht zur Ethnie der Roma gehört; bezeichnet in Bulgarien bis heute: Partner/in in einer Liebesbeziehung. (Anm. d. Ü.)

Es war lächerlich, uns anders als Geliebte zu nennen. Aber „Geliebte" war ein Schimpfwort. Es war ein schmuddeliges und schmieriges Wort.

Wahrscheinlich ist „Geliebter" kein hässliches Wort in der bulgarischen Sprache gewesen, bis sich diese Patina von List, Lüsternheit, Gier, Intrigantentum und was weiß ich noch allem darauf abgelagert hat.

Ich werde das ganze ekelerregende Bild, die ganze abgeschmackte *Karikatur* beschreiben, in die dieses Wort verwandelt wurde: „Geliebte".

Von wem wurde das Wort „Geliebte" denn in ein Schimpfwort verwandelt?

Ich sag's euch: von den kleinen, bis zur Winzigkeit kleinlich gewordenen Bourgeois; von den misstrauischen, argwöhnischen Spießern; von den Tölpeln im Staatsdienst des sozialistischen Schweinestalls; von den Intriganten und Giftspritzen im Zentrum von Sofia, den von kleinlicher Besitzgier Besessenen, die bis zum Hals in moralischen Vorurteilen stehen. Von all jenen, die in permanenter, selbstgefälliger, besitzgieriger Schweinerei leben …

Ja. Von ihnen. Eigentlich will ich, um nicht feindselig zu erscheinen, sagen: von ihnen, den normalen Menschen meiner Zeit.

Am Wort „Geliebte" hatten sich (wie ein beleibter Mann nach dem Geschlechtsverkehr) alle möglichen fetten und abgeschlafften Nacktschnecken sauber gerieben. Ehebrecher und Lustmolche hatten es ausgesprochen, während sie ihre öligen, prallen, bürgerlichen Brieftaschen betasteten – bereit zu bezahlen …

Ekelhaft …

… ausgesprochen hatten es die mit Körperflüssigkeiten und stinkenden Ausdünstungen vollgeschmierten Münder von allen möglichen Teilzeitprostituierten, die als ehrliche Frauen galten, weil sie teure Kleider trugen …

... etliche überhebliche Moralisten, die alle Verliebten verurteilten, während sie zu Hause eine Sammlung von Bildern mit toten, nackten Kindern, die Unschuld an sich, aufbewahrten ... pah!

Das Wort war beschmutzt. So wollte ich es nicht haben für meine Iv.

Folgendes stellte ich mir vor, wenn jemand „Geliebte" sagte:

... Die Geliebte ist eine Frau, die Familien zerstört, die ihren verführerischen, massigen Hintern vor erröteten, dummen Männergesichtern hin und her schwingt ...

... Sie hat eine große Warze neben der feisten Nase und trägt eine Boa aus Straußenfedern um den Hals.

... Sie ist drall, rot und selbstzufrieden. Sie riecht wie eine brünstige weibliche Nutria, nach Fisch und nach Genitalien ...

... und nach einem obszönen, vulgären Parfüm (aber teuer, ein Geschenk von ihrem Geliebten!).

... Sie ist Beamtin in irgendeiner Institution, zum Beispiel bei DSO-„Installationen"[13], sie ist die Tochter eines Partisanen und einer Straßenbahnführerin, sie ist die Frucht der widergesetzlichen Liebe des Sozialismus selbst. Sie hat acht kriminelle Abtreibungen hinter sich sowie eintausendfünfhundert Nagelverlängerungen. Für sie gehören sowohl die Abtreibung als auch die Nagelverlängerung und die Ewige Totale Pediküre zu ihrem Status als Geliebte.

... Sie ist eine Intrigantin und trägt in ihrer Tasche die Visitenkarten von mindestens drei Wahrsagerinnen-Kaffeesatzleserinnen, mit denen sie sich über ihre Liebes... ha! Da ist das Wort: „Liebesaffären" ...berät. Affären!

Oh, Grauen!

13 DSO – Държавно Стопанско Обединение (Dyrjavno Stopansko Obedinenie), zu Dt. etwa: staatliche Betriebsvereinigung. (Anm. d. Ü.)

Das alles hatte mit meiner orangehaarigen Iv nichts zu tun. Sie war eine ungestüme und ein wenig verrückte Hiparin.

Wie sollen wir ihn nennen?

Manche sind auf das, was sie wissen, stolz,
gegen das, was sie nicht wissen, hoffärtig.
J. W. Goethe

„Bist du traurig, Doktor Sote, bist du fröhlich, was bist du?", fragte ich mich, während ich meinen Kollegen ansah, den Mazedonier mit seiner kantigen Hakennase, die unter dem krausen Haar hervorstach.

Doktor Sote sah aus wie ein afghanischer Windhund mit Hakennase, der so mancherlei Rennen gegen andere Windhunde gewinnen wird. In Zukunft. Die große und bucklige Nase, das ganz schmale, dalmatische Gesicht, das lange, krause Haar, er selbst – hager wie ein großer, langer Holzspan. Ein sympathischer Arzt. Und sehr ambitioniert. Jung, ziemlich jung – kaum älter als ich. Einer von denen, die mir von Grund auf, im Innersten und mit ihrem ganzen Wesen Angst machten. Sie waren fähig, die Psychiatrie in Scholastik zu verwandeln und mit ihr, wie mit einem besonders stacheligen Morgenstern, zu jonglieren. Elegant feilten sie ihre Sätze und statteten jeden mit mindestens vier modernen Begriffen aus. Sie sprachen einen eindrucksvoll gewundenen psychiatrischen Jargon. Wörter wie „Paradigma", „Diskurs", „Dichotomie" oder „irrelevant" waren für sie wie Hunde für einen alten Jäger. Der zu faul ist, um seine Pantoffeln selbst aus der Garderobe zu holen.

Alle Ärzte können einigermaßen Latein oder mindestens jenes Latein, das man in der Medizin verwendet. Allerdings benutzten Ärzte wie Doktor Sote nicht einfach lateinische Fachbegriffe. Seine Poesie war von raffinierter Kompliziertheit. Er konnte seinen Gang aufs Klo ankündigen als „regulären Besuch eines Zentrums für Miktion und andere körperliche Bedürfnisse, aufgrund einer psychischen Notwendigkeit, infolge einer Blasendeprivation". Oder etwas in der Art. Oft trieb er mich mit dieser verkomplizierten Sprache zur Weißglut. Die Psychiatrie überhaupt trieb mich mit ihrer verkomplizierten Sprache zur Weißglut. Doktor Sote war einfach einer von den Tausenden Märtyrern, die dieses Geflecht aus eigenartigen Redewendungen – die nur einem kleinen Teil der Höchsteingeweihten verständlich waren – verwendeten, weil er zu den Eingeweihten gehören wollte. Das gab ihm das Gefühl zugehörig und berufen zu sein, zugelassen zum geheimen und ominösen Kreis, zur unheilvollen, geheimen Gesellschaft der Psychiater. Dank dieser Schwüre fühlte er sich integriert. Deshalb faselte er in diesem komplizierten psychiatrischen Jargon. Ich verstand ihn. Das war sein Schrei gegen die Einsamkeit. Er wollte von den Psychiatern akzeptiert werden und sprach so unverständlich wie sie. Jeder schwache Mensch will sich mithilfe einer Mauer aus bedrohlicher Unverständlichkeit von der Welt abgrenzen. Damit glichen die Psychiater in meinen Augen jenen kleinen, ganz harmlosen Schlänglein, die mit ihrem Farbmuster die hochgiftige Korallenschlange imitieren. Warum nur mussten sich die Psychiater hinter einer bedrohlichen und unverständlichen Sprache verstecken? Ha!

Weil sonst jemand hätte drauf kommen können, dass dahinter eine totale Verwirrung und ein kindliches Unverständnis der menschlichen Seele standen! So war das wahrscheinlich. So kam es mir zumindest vor.

Ich sah mir seine massive und wie ein großes Küchenmesser gebogene Nase an. Er schrieb am nächsten Dokument, das er abzuliefern hatte. Womöglich beschrieb er mit unwahrscheinlich, ja sogar sympathisch verwobenen Phrasen irgendeinen Kranken, der sich auf der Station in die Hosen geschissen hatte. Womöglich schrieb er etwas in der Art von: „Der Patient teilt mit oder teilt partiell mit, kausal durch irregulärer Einnahme von Hülsenfruchtkulturen (weiße Bohnen) bedingt, Tenesmen erlitten zu haben, infolge derer er eine Verlustempfindung hatte oder die partielle Sensation und die leibhaftige Erkenntnis vom Verlust der vollen Kontrolle über die Funktionen des Sphinkters verspürte, worauf ...“

Wir beide saßen also im Sprechzimmer auf der Geschlossenen Frauen, wo ich seit Kurzem arbeitete. Doktor G. hatte mich von der Geschlossenen Männer in die Geschlossenen Frauen versetzt – so zirkulierten all die jungen Ärzte von einer Station zur nächsten und sammelten Erfahrung. Ich sammelte Erstaunen.

Doktor Sote wandte sich zu mir um und fragte:

„Kajo, wärst du so gut, mir aus dem ICD 10[14] die genaue Formulierung der Zustände vorzulesen, aufgrund welcher ein Verbraucher psychiatrischer Versorgung unter allen Umständen in die Kategorie der schizoaffektiven Störungen fällt ... Oder, nein! Schau doch, bitte, lieber nach, ob der Verbraucher zwingend als dysthym oder hyperthym kategorisiert werden muss ...“

„Aber hallo“, unterbrach ich ihn gedehnt und frustriert. „Baj[15] Sote! Was sollen denn diese Verbraucher? Kannst du das nicht irgendwie menschlicher sagen, verdammt?“

Ich nannte Doktor Sote „Baj Sote“, um ihn zu ärgern. Das derbe, patriarchal-bäuerische „Baj“ legte seinen üblen Gestank über Sotes raffinierten psychiatrischen Gestus. Dieses „Baj“

---

14 Internationale statistische Klassifikation der Krankheiten und verwandter Gesundheitsprobleme – 10. revidierte Ausgabe. Ihr gemäß werden die verschiedenen Krankheiten klassifiziert und mit einer Nummer und einem Buchstaben gekennzeichnet. Sie wird seit Mitte der 90er-Jahre verwendet. (Anm. d. A.)

15 Baj – umgangssprachliche (ländliche) Anrede eines älteren Mannes. (Anm. d. Ü.)

war wie ein Furz im Kölner Dom seiner psychiatrischen Allüren. Doktor Sote war obendrein auch noch Mazedonier, wo doch die armen Mazedonier ähnlich den Psychiatern, um den Mangel an Selbstvertrauen und das Fehlen einer selbstständigen, unabhängigen, von allen anderen unterschiedenen Sprache zu kaschieren, ihre eigene mit lateinischen Lehnwörtern vollgestopft hatten. Dieses „Baj" ging ihm zwar auf die Nerven, aber er war viel zu prätentiös, um grob zu werden. Gegen seinen Zornausbruch stand ein ganzes Heer von Hemmungen, und so verwickelte er sich, anstatt zu platzen, in komplizierte Erklärungsversuche jedes einzelnen Widerspruchs. Anstatt sich zu streiten, reflektierte er die Konflikte. Furchtbar.

„Weißt du, Kajo ...", legte er energisch los. Doktor Sote war, trotz des ganzen Geflechts komplizierter Phraseologien in seinem Kopf, ein wirklich freundlicher und taktvoller junger Mann. „Es ist so, ich kann mir nicht erlauben, einen Menschen ‚krank' zu nennen und ihn sofort in die Kategorie der Kranken zu stecken, derjenigen, die nicht wie wir sind. Auf diese Weise stigmatisiere ich ihn, verstehst du?"

„Dann nenn ihn doch ‚verrückt', verdammt noch mal!", lachte ich, weil ich wusste, dass gerade das Wort „verrückt" für die feinen Ohren des Doktor Sote unerträglich sein würde. Doktor Sote war von jener Sorte Psychiater, die Maori-Priestern glichen. Sie lebten inmitten eines komplizierten Geflechts moralischer Tabus. Das Wort „verrückt" war eines der schrecklichsten moralischen Tabus. Wurde es ausgesprochen, so wurde der Tabubrecher aber nicht etwa wie ein Maori-Priester mit einem polierten Holzmesser getötet. Nein, er wurde einfach aus der heiligen Gemeinschaft der politisch korrekten Psychiater ausgeschlossen. Und außerhalb dieser Gemeinschaft, da war es für die zarten Doktoren Sote tödlich kalt. Für mich aber nicht.

„‚Verrückt', nenn ihn doch ‚verrückt', Dottore!", stieß ich mit einem Lachen hervor, vor allem, um Doktor Sote zu ärgern. Spürte aber, dass meine Absichten tiefer gingen. Ich wollte ihn nicht nur ärgern, ich wollte wirklich etwas bewirken. Die Tatsache, dass das Wort „verrückt" in ein Brandmal, ein Stigma, ein wüstes Wort verwandelt worden war, störte mich gewaltig. Wo doch hinter den Wörtern „verrückt" und „Verbraucher medizinischer Versorgung" ein und dieselbe elende menschliche Hölle steckte. Ein und derselbe liebenswürdige und gefährliche, lebendige und angepisste Mensch. Ich, er und sie.

„Man kann ihn nicht ‚verrückt' nennen, weil das fürchterlich ist!", wurde Doktor Sote schliesslich wütend. „Das ist nun wirklich verantwortungslos!"

„Ja gut, aber ist es denn nicht dasselbe?! Was zählt, ist doch der Gehalt, oder, Dottore?" Ich stand auf und fühlte mich wie ein mazedonischer Comes, der den anderen Comites gleich einen wütenden Vortrag halten wird. „Wir wechseln unsere Wörter, mit denen wir dieses und jenes benennen, während die Sache immer dieselbe bleibt! Wie idiotisch ist das denn! Wie lange wollen wir denn die Wörter noch ummünzen, was, Doktor Sote? Warum plapperst du irgendwas daher in diesem psychiatrischen Jargon, der überfließt von Begriffen, die kein Mensch versteht? Was verstecken wir vor den Menschen, hm, Sote? Verstecken wir etwas vor uns selbst? Ich begreif das nicht ..."

„Kajo, du kannst nicht bestreiten, dass jede spezialisierte Sprache viel mehr Informationen enthält. Außerdem lernen wir die Dinge kennen, indem wir sie benennen, nicht wahr? Ein unbenanntes Ding ist ein unbekanntes Ding. Jedes Phänomen muss benannt werden, einen Namen bekommen."

„Na klar!", schrie ich belustigt auf. Mit seiner Hypervernunft, mit seiner friedfertigen, ambitionierten Hyperrationalität wuchs mir Sote irgendwie ans Herz. Wie ein Kind. Die

Kinder machen es so, sie erklären gern alles auf eine rationale Art und Weise. Die erwachsenen Menschen sind fahrlässiger. „Klar doch! Es gibt ein Wort für dieses Phänomen! Es gibt das Wort ‚verrückt'. Na gut, seit man weiß, dass es Dopamin gibt und dass im Gehirn der Schizophrenen irgendein Defekt im Dopamin-Stoffwechsel vorherrscht ... gut, von mir aus – nehmen wir an, dass das eine Krankheit ist. Und es gibt das Wort ‚krank'. Warum sollten wir dann die Bezeichnungen ständig ändern?"

„Weil, Kajčo, weil ...", Doktor Sote richtete sich auf und zog die Liste aus dem Drucker, er hatte irgendein hochtrabendes, hyperrationales Dokument ausgedruckt. „Weil wir, indem wir die alten Dinge neu bezeichnen ... die alten Phänomene, die alten Ereignisse und Menschen, diese verändern!", sagte Doktor Sote stolz und bereitete sich darauf vor, zum Sprechzimmer von Doktor G. zu gehen.

„Pah! Die Straßen, Doktor Sote! Die Straßen in Sofia! Sind sie sauberer geworden, nachdem man sie umbenannt hat? Na? Wurden sie sauberer und haben weniger Löcher? Na, mein lieber Doktor Sote?" Ich stand wütend da und hämmerte mit steifem Finger aufs Pult. Dieses Gespräch hatte wie ein Blitz direkt in einen trockenen Baum eingeschlagen. Im Herzen zweifelte ich schwer an der verwickelten und entstellenden Psychiatrie. An jenen, die die Dinge neu benannten.

„Pah!", lachte Doktor Sote heiter auf. Er war einer der neuen Menschen, der Reformatoren, die das neue Jahrtausend mit sich brachte. „Benennst du eine Straße um, zum Beispiel von ‚Scheißhaufen-', zu ‚Edelmut-', dann kann es passieren, dass die Leute sich besser fühlen, heller und besonnener werden, ihr Selbstbewusstsein könnte steigen, und siehe da, schon haben sie ihre Straße sauber gemacht. Also, Kajo, ciao! Ich gehe zu Doktor G. Er ist auch so ein retrograder Arsch wie du."

Das sagte Doktor Sote und ging hinaus, während ich im Sprechzimmer auf der Geschlossenen Frauen zurückblieb. Tief in Gedanken versunken.

Was Psychiater wohl sehen

Meine Mutter und ich saßen da und gaben uns unseren Capricen hin.[16] *Gevezja se* bedeutet nämlich nicht nur, sich verhätscheln zu lassen, denn verhätschelt wird nur ein Kind, eine kokette Frau. Während meine Mutter und ich nichts weniger waren. Weder war sie eine kokette Frau, noch war ich ein verzogenes Kind. Und wenn, dann vielleicht früher einmal. Also verhätschelten wir einander nicht; frivol nahmen wir die Welt aufs Korn. Wir verspotteten alles, wir lachten über uns selbst und über all die aufgeblasenen, vermeintlich wichtigen Dinge. Wir überließen uns unserem Übermut.

Es war ein Nachmittag der Unterhaltung. Wir begannen über ein angeblich ernstes Thema zu sprechen, machten uns aber stets einen Spaß daraus. Meine Mutter war, wie immer, großartig. Eine Frau voll von rohem Leben, pathetisch bis zum Gehtnichtmehr, von der Sorte Frauen, die bei Schlachten umkommen, Verletzte über die Kriegsfelder schleifen, ihre herausgerissenen Beine einsammeln, den Schaum von ihren Mündern wischen, während der Arzt die blutigen Stümpfe zusammennäht. Und währenddessen Witze machen. *Gevezjat se* – sie spotten über Gott und die Welt. „Ha, ha, ha – schau an, wie du dich vollgesabbert hast!", lachen diese Frauen. Gott, was für rasende Heilige sie sind! „Hast du etwa zugenommen?!", necken sie den Blutverschmierten auf dem Operationstisch, um ihn wütend zu machen, damit er nicht den Beinen nachtrauert, die schon im Abfalleimer liegen.

16 Bulgarisch umgangssprachlich: ревезя се (gevezja se), zu Dt.: sich seinen Launen, Capricen hingeben, herumalbern, spotten, auch: sich verhätscheln lassen. (Anm. d. Ü.)

„Ha-ha-ha. Du bist ja ein echter Psychiater geworden!",
gab sich meine Mutter heute ihren Launen hin. „Du hast zugenommen! Pass bloß auf, dass du nicht wie der wirst, wie euer
Chefarzt! Oooh, was für einen Panzen der hat! So was blüht
auch dir!"

„Hör doch auf, Maminka!", lachte ich auf und senkte den
Kopf, um ihn an den ihren zu lehnen. Wenn zwei Menschen
ihre Köpfe zusammenstecken, können sie sich am besten ihren
Launen hingeben. Sie lachen und reden Blödsinn. In solchen
Minuten stecken Gnade und allumfassende Vergebung. Und
ein schalkhaftes, allen Unsinn der Welt bannendes Lachen.
Lachen!

„Du schaust ja auch noch drein wie ein Psychiater!", sah
mich meine Mutter durch ihre glänzenden Brillengläser prüfend an. „Ein paar Monate gearbeitet, und schon schaust du
grimmig."

„Ach komm, grimmig …", kicherte ich. „Und … wie schaue
ich denn jetzt drein?"

„Na wie schon – wie ein Psychiater", sagte meine Mutter
und entfernte mit ihrem Daumen etwas, das nur sie sah, aus
meinem Gesicht.

„Wie schauen denn Psychiater drein, Maminka?", schmunzelte ich und sah mich um. Wir saßen in einem fahrenden Bus,
und unser Gespräch konnte von ein paar dösenden Omas
angehört werden. Unter ihnen war aber kein einziger gewissen-
hafter Freud, um es zu analysieren.

„Na, durchs Prisma der Psychiatrie", lachte meine Mutter
so, dass sogar ein bisschen Speichel aus ihrem Mundwinkel
trat. Sie wühlte in ihrer Tasche auf der Suche nach einer
Serviette.

„Aha!", nickte ich.

„Vermutlich siehst du alle Menschen als Patienten an",
fuhr meine Mutter fort, nachdem sie zum Schein wieder eine

ernste Miene aufgesetzt hatte, während sie kurz davor war, gleich wieder in Gelächter auszubrechen.

„Klar doch!", knurrte ich spöttisch. Wobei ich in meine Stimme auch ein bisschen Hohn über all die ungebildeten Nichtpsychiater mischte.

Dann schaute ich mich um, um zu sehen, ob wirklich irgendwelche Leute da waren, die sich als Patienten eigneten.

Uns gegenüber saßen zwei Frauen. Vermutlich waren sie Schwestern. Sie waren erstaunlich hässlich. Aber auch erstaunlich aufgeblasen. Die Vierzig überschritten, kräftig gebaut, aber schlank, mit falschem Gebiss, glichen sie ganz und gar Rottweilern oder, genauer gesagt, Piranhas. Sie sahen sehr robust aus. Und auch groß, mit ihren prachtvollen, pechschwarzen, dauergewellten Frisuren, schwarze Wolle wie bei Königspudeln. Allerdings hatten sie nur zehn Zähne – in den Mündern. Sie waren aufgeblasene Dorfschönheiten. Vermutlich arbeiteten sie als Schaffnerinnen in irgendeinem verlotterten Zug oder als Personalleiterinnen in irgendeinem wilden Straßenbahndepot. Ach, diese Hofdamen, Matronen der Käffchen und Zigaretten! Mit ihren pompösen Kaff-Frisuren à la Pompadour.

„Da, schau, Maminka", sagte ich ein bisschen leiser zu meiner Mutter, „das sind zwei Frauen, die problemlos als manisch Kranke durchgehen könnten."

„Welche?", schmiegte sie sich mit erstaunlichem Interesse an mein Ohr. Sie barst geradezu vor lebhafter Neugierde.

„Die beiden da, uns gegenüber", flüsterte ich ganz leise und versuchte meine Lippen nicht zu bewegen.

„Woran hast du's erkannt? Woran sieht man's?", zischte meine Mutter ebenso leise. Sie war flink wie ein Wiesel.

„Schau, wie stark sie geschminkt sind ... sieh nur – was für eine Schminke ... da ... ein sehr wichtiges ... ähäm, Symptom –

der Lippenstift geht über ihre Lippen hinaus", flüsterte ich erregt direkt in ihr Ohr.

„Ist das etwa ein Symptom?", riss meine Mutter die Augen weit auf. „Meiner ist oft auch … Oh, là, là, habe ich denn etwa auch eine Manie?"

„Ach was, Manie! So schlimm kann's nicht sein!", lachte ich leise in ihr Ohr. „Du hast schon was Manisches an dir, aber eine ausgereifte Manie …

„Was noch, was noch, was siehst du ihnen noch an?", ereiferte sich meine Mutter noch mehr.

„Na, dass sie hässlich sind!", flüsterte ich, und mir wurde ein bisschen mulmig zumute. Ich machte mich lustig, und das war nicht gut. Plötzlich kam mir der Gedanke, dass dieses Herumalbern meinen seriösen, düsteren und (wie ich hoffte) heroischen Beruf in ein schlechtes Licht setzte.

„Nicht doch, mein Lieber, sag, was siehst du noch in ihren Symptomen?", spürte meine Mutter sofort auf, dass ich mich zurückhielt.

„Na … ich sehe … dass sie sehr schrill und kitschig angezogen sind …", sagte ich nun wieder beinahe ernst, ich nahm meine Rolle als Psychiater nun wirklich ein. „Sie sind praktisch wie die manisch Kranken angezogen: bunt, provokant, während sie gleichzeitig sehr ungepflegt sind, schau dir ihre Zähne an."

„Aha!", flüsterte meine Mutter.

„Es gehört sich nicht, so über die Leute zu reden …", seufzte ich nach einer Minute des Schweigens demütig ins Ohr meiner Mutter.

„Wie über die Leute zu reden?", fragte sie ein wenig erstaunt, obwohl sie ganz klar begriff, was ich meinte.

„Es ist nicht gut … durchs Prisma der Psychiatrie über sie zu sprechen", lächelte ich freudlos in ihr Ohr.

„Ja, ja … so ist es, mein Lieber, rede nicht über die Leute!", sagte meine Mutter tröstend und tätschelte meine Hand. Nun schmiegte sie sich nicht mehr an mich und war ernst. „Lassen wir die Kranken krank, die Psychiatrie Psychiatrie sein ... ein bisschen Schamgefühl muss sein. So ist es, du hast recht."

„Nicht, dass es nicht lustig wäre", schmunzelte ich erneut. Denn meine Mutter und ich, wir konnten uns sogar über den heiligsten Ernst lustig machen. Über die eigene Schamhaftigkeit. *„Die Psychiatrie ist ja generell eine lustige Angelegenheit, Maminka!"*[17], sagte ich und küsste meine Mutter rasch auf die Schläfe. Sie ließ ihren Blick auf mir ruhen und lächelte.

„Na gut, mach dich bereit zum Aussteigen, denn die nächste Haltestelle ist unsere!", sagte meine Mutter, und wir wandten den Blick in ein und dieselbe Richtung. Über die Köpfe der zwei hässlichen Schönheiten hinweg, die nun uns anschauten und tuschelten.

---

17 Смешна работа (smešna rabota) – hat hier drei Bedeutungen; je nachdem, ob idiomatisch oder wörtlich verstanden, bedeutet der Ausdruck entweder „eine lustige/verwunderliche Angelegenheit" oder „einfach lächerlich" oder (wörtlich) „eine lächerliche Arbeit". (Anm. d. Ü.)

Die Toiletten!

„Du bist ja ein richtiger Faulpelz, Doktor Terzijski!", sagte Doktor G. zu mir, und ich fühlte mit meiner Magengrube und den zittrigen Beinen, dass er recht hatte. Ich stand mit dem Rücken an die Tür seines Sprechzimmers gelehnt, presste mich gegen sie, wollte mich davonschleichen, und er blickte mich unzufrieden an.

Er hatte mich in sein Sprechzimmer bestellt, wie er dies in letzter Zeit öfter tat, um mir zu erklären, wie wichtig es sei, auf die Toiletten zu achten. Er sprach von der Lebensqualität der Kranken und darüber, dass sie einen Großteil ihrer Zeit in den Toiletten verbrachten, wo sie Zigarettenstummel suchten und fertig rauchten. Wo doch die Toiletten ein ziemlich ungemütlicher Ort waren. Sie waren nicht so schmutzig wie öffentliche Toilettenanlagen, verstopften aber oft und verwandelten sich dann in einen Sumpf aus Scheiße. In der restlichen Zeit waren sie einfach übel riechend, kalt und ungemütlich. Sie verströmten den entsetzlichen Gestank nach Irrenhaus, den du, einmal eingeatmet, nie mehr vergessen wirst.

In den Toiletten roch es nach hundert Jahre alten Zigarettenstummeln, die, in Urin eingelegt, in Einmachgläsern im Keller einer Hexe – einer alten und feindseligen Frau – gelagert, wieder herausgenommen und dann an die feuchte Märzsonne zum Trocknen ausgelegt worden waren. Es roch auch nach Medikamenten, sehr wahrscheinlich vom Urin der Kranken. Zudem noch nach Armut und Grauen; nach Chloramine und dem allgegenwärtigen Chlorkalk; nach den Damenbinden der Pflegerinnen und nach der Samenflüssigkeit der Schizophrenie-Kranken. Nach kalter Hölle.

Doktor G. bestand sehr auf der Wichtigkeit der Toiletten. Und er hatte furchtbar, ja unheimlich recht. Der ganze Sinn der Psychiatrie steckte in ihnen. Dort kauerten die göttlichen Vögel, die verrückten Menschen, an die Wände gelehnt, und rauchten stunden-, tage- und jahrelang. Wäre es dort sauber und menschlich, würde es ihnen mehr oder weniger gut gehen. Natürlich gab es auch Pläne, die Kranken aus den Toiletten herauszuholen und ihnen Aufenthaltsecken in den Foyers einzurichten. In den Foyers gab es Fernseher. Dort waren aber auch die Pfleger. Und die konnten es nicht leiden, wenn ein Kranker einfach so vor dem Fernseher und in den Foyers herumhing. Also versteckten sich die kranken Menschen in den Toiletten. Sie versanken immer tiefer in ihnen. Die Toiletten rochen nach den Kranken, und die Kranken rochen nach Toiletten. Dort war es menschlich. Dort fühlten sich die armen kranken Menschen geborgen. Ungestört mit ihren braunen Zigarettenstummeln. Womöglich versteckten sie sich dort ebenso vor den Wahnvorstellungen und vor den bedrohlichen, halluzinierten Stimmen, die sie heimsuchten. Was weiß ich?

Ich hörte der Predigt über die Toiletten zu und begriff nichts. Ich presste mich mit dem Rücken an die Tür und versuchte, mich davonzustehlen, während ich nickte und „Ja, ja" sagte. Eine Panikattacke überkam mich. Mein Herz stolperte bei jedem fünften Schlag, ja bei jedem dritten. Ich machte mir bewusst, dass das in der Medizin Trigeminie heißt und sehr gefährlich ist. Und mein Grauen wuchs noch mehr. Ich spürte, dass ich bleich wie eine gekalkte Wand wurde und unmittelbar darauf rot, wie dieselbe Wand, nachdem man die davor aufgestellten Märtyrer erschossen hatte. Ich fühlte mich wie ein Märtyrer. Ich sagte: „Ja, ja" und drückte mit meinem Rücken auf die Klinke und gegen die ganze Tür. Am Ende sagte ich ein wenig abrupt „Ja!" und schlug die Tür schnell auf – ich hatte bemerkt, dass mein Herz stehen blieb, und wollte einfach lieber draußen sterben als im verfluchten Sprechzimmer. Dann hörte ich Doktor G. sagen:

„Du, Doktor Terzijski, bist ja ein richtiger Faulpelz!"

Er sagte es, weil ich die Lektion über die Toiletten nicht zu Ende gehört hatte. Doch ich kannte sie schon. Er hatte recht, fundamental. Und ich zitterte. Zu Beginn unseres Gesprächs hatte er mir aufgetragen, die jungen Ärzte, die Stationsärzte aus dem ganzen Spital, zusammenzutrommeln, etwa zehn Leute an der Zahl, um über die Toiletten zu sprechen. Wir sollten in der Geschlossenen Männer auf ihn warten.

Ich taumelte vor der Tür seines Sprechzimmers, dann griff ich in meine Tasche, nahm ein Xanax heraus und schluckte es. Rasch hatte ich mich beruhigt, ganz magisch. Nur weil ich draußen stand und eine Zauberpille eingenommen hatte. Ich empfand Dankbarkeit und Liebe für Xanax, für seine Hersteller und für die ganze Welt da draußen. Für die Welt, die sich außerhalb des Sprechzimmers von Doktor G. befand. Im Sprechzimmer war es gefährlich. Draußen – nicht.

Eine halbe Stunde später konnte man vor der Toilette der Geschlossenen Männer den Pfleger Načko und die Pflegerin Maria sehen. Sie schmunzelten und spähten ins Innere der Toilette. Dort, wo Doktor G. seine Predigt über die Toiletten hielt. Es war grandios. Zehn junge und hübsche Ärztinnen und Ärzte standen, bemüht, aus Ekel nicht in Berührung mit den Wänden zu kommen, dicht zusammengedrängt da. Die Wände waren mit weißer, rissiger, glasierter Fayence bedeckt, über Jahre mit Urin und Scheiße bespritzt, nass und wieder trocken geworden, hoffnungslos; von Zeit zu Zeit zündete jemand eine Zigarette an; ein anderer flüsterte leise etwas ins Ohr seines Nachbarn; Doktor G. stand in der Mitte der Gruppe. Er war dick, groß, kraftvoll und majestätisch. Seine Brille lag auf seiner Nase wie der braune Rahmen zweier Fenster, durch die man ins Innere eines düsteren Zimmers sehen konnte. Er sprach gleichmäßig, dachte einfach laut nach.

„Wenn ihr glaubt, dass ihr in den hübschen Sprechzimmern bleiben werdet, die ich euch für so teures Geld hab machen lassen, ha-ha-ha – dann irrt ihr euch! Das Leben einer Psychiatrie findet in den Toiletten statt. So sieht's aus. Wir glauben, dass wir etwas tun. Während alles von der Pflege abhängt. Ja, ja. Jeder kann Chlorazin verschreiben. So ist es am einfachsten. Du brauchst mich nicht so gefühlvoll anzulächeln, Tinče. Chlorazin verschreiben kann ich auch. Ist das Einfachste. Glaubt ja nicht, dass, wenn ihr irgendwelche Lacan'schen Geschichten und irgendwelche kognitiven Geschichten lest … bildet euch ja nichts ein … Gott sei gelobt, wir lesen, lesen und lesen und bleiben die gleichen Scheißhaufen … Bevor ein Psychiater nicht die Toiletten kennt, ist er einfach nicht ernst zu nehmen. Hört jetzt zu, was zählt: Der Boden muss sauber sein! Sind die Wände sauber? Du, Tinče, würdest du dich an eine solche Wand lehnen? Das würdest du nicht. Du bist ja aus Pleven, solche schmutzigen Wände habt ihr da nicht. Und warum wollen sich die Patienten nicht in den Foyers aufhalten? Wir haben ihnen da doch Fernseher hingestellt? Wie aber sollten sie, solange Načko da herumwütet? Hörst du, Načko, wo bleibst du denn? Und solange man so einen Galgenvogel wie Načko hat, der in den Fluren und Foyers herumwütet, werden die Leute natürlich in den Toiletten bleiben. Nicht wahr, Tinče? Hast du in der Psychiatrie in Tzarev Brod die Toiletten betreten? Nein, oder? Nun wirst du die Möglichkeit haben, hier ein wenig Zeit zu verbringen. Ich sag's ganz im Ernst! Ich will von euch, dass ihr jeden Tag vorbeischaut und euch die Toiletten anseht. Ihr werdet die Toiletten benutzen, sag ich! So werdet ihr erfahren, wo sich die Kranken aufhalten. So arbeitet man in der Psychiatrie. Drinnen! Zusammen mit den Kranken. Spielt mir nicht die Barone und Aristokraten! Verstanden, Doktor Terzijski?

„Absolut!", sagte ich. Ich war wie erschlagen von seiner Korrektheit. Ich merkte, dass sowohl ich als auch die anderen jungen Ärzte diese gnadenlose Korrektheit spürten. Und sie zum einen Ohr reinfliegen und zum anderen wieder rauslassen wollten. Diese Korrektheit war einfach zu furchtbar. Deshalb versuchte unser gesundes jugendliches Bewusstsein, sie zu ignorieren. Wir hatten keine Lust, unsere fröhliche und zarte Jugend in den stinkigen Toiletten der Klinik zu verbringen. Und dachten deshalb an unsere gemütlichen und sauberen Sprechzimmer, an die Cognac- und Whiskeyflaschen in den Schränken, ans heimliche Befummeln und die Küsse zwischen Kolleginnen und Kollegen, an die klugen und hochtrabenden, gebildeten Gespräche. Zumindest ich dachte daran. Ich spürte, welch eine grandiose und beschissene Selbstaufopferung uns angeboten wurde. Und war entsetzt.

„Nur weiter so, nur weiter so", stieß Doktor G. mit einem ironischen Lacher hervor. „Alles fliegt an euren Ohren vorbei. Macht nichts. Ich habe die Pflicht, eure Aufmerksamkeit auf dieses Phänomen zu lenken. Ha-ha! Auf dieses dichotome Phänomen. Ha-ha-ha. Ich habe die Pflicht, eure kognitive Funktion auf dieses Phänomen zu richten – die Toiletten! Hey … hey! Macht, dass ihr vernünftig werdet! Denn keiner ist hier auf ewig. Euer aller Schuhspitzen weisen zum Portal! Also, los, lasst uns jetzt an die Arbeit gehen! Und denkt nach, hey! Denkt nach!"

Und so trat Doktor G. aus der Gruppe der jungen Ärztinnen und Ärzte heraus und schritt mit seinem abgetragenen weißen Kittel dahin, mit seiner riesigen, schweren Brille, mit seinem großen, ungeheuerlichen Bauch, mit seiner Gartenschere, mit der er den einen oder anderen Busch auf seinem

Weg durch den Park veredeln würde, bevor er in die Tiefen seines gemütlichen und furchterregenden Sprechzimmers eintauchen würde, das voller Ikonen war.

Wer klopft denn da so, an solch einem Nachmittag, dass sogar die Grillen aufhören, ihre Beine aneinanderzureiben, und ganz Ohr sind? Es ist ein Augustnachmittag, und über der riesigen Klinik hängt eine große Wolke aus Stille. Sie ist so satt und erschöpfend, dass sogar die Gegenstände beginnen, sich langsamer zu bewegen.

Ich sitze vor dem Computer, töte Soldaten in blauen Uniformen und langweile mich bis zum Gehtnichtmehr. Ich langweile mich nicht einmal. Wie könnte man sich denn in einer Irrenanstalt langweilen? Ich habe Dienst und bin der einzige Arzt in der ganzen riesengroßen Klinik – seit einer halben Stunde und bis morgen früh. Ich bin wie eine Spinne – in der Mitte ihres Netzes. Und spüre, dass an den Rändern meines Netzes etwas geschieht. Oder *gleich geschehen wird,* was die schlimmere Variante ist.

Wieder klopft jemand an die gläserne Tür – von draußen, vom Hinterhof her.

Das Dienstsprechzimmer ist an einem lauschigen Ort, im zweiten Stock. Dorthin führt eine Außentreppe. Ihre Stufen sind alt und wie die ganze Klinik anheimelnd von Moos und Schimmel bedeckt. Zehn Meter von ihr entfernt beginnt eine steile Schneise – das (mir wird wohl, wenn ich manchmal daran denke) sind die ersten, die allerersten Erhebungen von Stara Planina. Und da steht der Zaun der Psychiatrie, aus einfachem Maschendraht.

Und durch all das ist eben jemand hindurchgegangen. An diesem gedämpften Nachmittag, zwischen den Abteilungen hindurch, die voll belegt sind mit den liegenden und bisweilen schnarchenden Körpern meiner Patienten und Brüder – Schizophrene und manisch Kranke, Oligophrene und Demente, die mit von den mittäglichen Makkaroni aufgeblähten Bäuchen daliegen – an ihnen ist er vorbeigegangen, hat vermutlich zu den ersten Felsen von Stara Planina hinaufgeschaut, hat die Grillen aufgeschreckt, ist die Stufen hochgegangen. Und donnert jetzt gegen die Glastür.

Oh ja. Er klopft nicht, sondern donnert geradezu. So klingt es, wenn man einen Schlüsselbund benutzt. Klopft man, sagen wir mal, mit einem Ring, ist der Klang einfacher und schärfer. Dieses Geschepper nun klingt besonders *alarmierend*.

Wer klopft denn da derart verängstigt? Ganze zwei Minuten lang stehe ich nicht auf, um aufzumachen. So läuft das in der Psychiatrie. Ich habe bereits gelernt, nicht aufzuspringen und nicht im Laufschritt zu gehen … oder nein – ich gehe im Laufschritt, aber mehr als Scherz, ansonsten beeile ich mich nie, keine Hast. In der Psychiatrie sollte man nicht allzu hastig sein. Ich bin langsam und träge geworden. Nur von Zeit zu Zeit, wenn sich in meinen noch jungen Muskeln jene giftige Kraft und Anspannung anstaut, die, wie mir scheint, recht gut mit dem türkischen Wort *sıklet*[18] bezeichnet werden kann, nur dann springe ich abrupt auf oder knalle die eine oder andere Tür zu. So verströmt meine Energie, und ich werde wieder ein träger Dorfarzt, den der trübe Fluss der Zeit mitträgt.

Jetzt zum Beispiel, nachdem ich drei Minuten lang diesem lästigen Geschepper zugehört habe, das, wie mir scheint, auch von einem schwachen sorgenvollen Ruf begleitet wird, springe ich abrupt auf, mache fünf Schritte und öffne mit einer ruckartigen Bewegung die Tür.

---

18 sıklet – veralteter türkischer Ausdruck, der in Bulgarien noch verwendet wird, um das quälende Gefühl einer leeren Unrast zu bezeichnen – etwas tun zu wollen, aber keine Ahnung zu haben, was. (Anm. d. Ü.)

Vor der Tür stand eine Frau – blond und verängstigt. Schon immer habe ich die Menschen in Verwandte und Fremde eingeteilt, in solche, die ich mag, und solche, die mich abstoßen. Diese arme Frau sah intelligent und gebildet aus, und ich schlug sie der Kategorie *verwandte Menschen* zu. Sie stand so verängstigt da, dass sie schwankte. Vor-zurück, vor-zurück. Einen großen Schlüsselbund in der Hand, schien sie immer noch gegen eine imaginäre verschlossene Tür zu hämmern.

Ich baute mich vor ihr auf – mit der ganzen Behaglichkeit meines achtzig Kilogramm schweren, immer weiter zunehmenden Körpers. Streckte die Brust heraus und nahm die Haltung eines Arztes an, den keine Sorgen, Krankheiten oder Tode aus der Ruhe bringen können.

„Guten Tag, was ist denn los?", fragte ich langsam und ruhig.

„Ich bin, Sie erinnern sich doch, die Mutter von Damjan …" Die Frau war wie ein Bündel Elektrodrähte. Verdammt, diese Vergleiche – sie war eine sehr verängstigte Frau. Ihr Sohn war ein Schläger. Man hatte ihn vor zwei Tagen auf Station gebracht. Er war ein kräftiger junger Mann. Und wirklich ein Schläger. Aber was für einer, mein Gott! – Er war um die zweiundzwanzig, gut aussehend und mit einem klugen, ja zarten Gesicht. In jener Zeit wollte einfach jeder junge Mann, der eine Kraftsportart betrieb, Verbrecher werden. Organisierter Verbrecher. Und genau das war geschehen. Er sah nicht wie ein Schläger aus. Er hatte schönes, gerade geschnittenes, langes Haar. Die verrückten Menschen sehen selten gut aus. Der Wahnsinn entstellt sie. Dieser Junge hingegen war ein *Schönling*. Er war ein groß gewachsener Apoll aus den städtischen Bezirken von Sofia. Sogar seine Wahnvorstellungen waren irgendwie edelmütig und überhaupt nicht schlägerhaft. Er wollte die Welt vor dem Bösen retten. Das ist eine ziemlich banale Sache in einer Psychiatrie. Draußen suchten die Menschen nach Möglichkeiten, wie sie das Böse besteigen, auf ihm reiten und mit ihm Geld verdienen konnten – sie wollten damit pflügen, graben und Werbestrategien entwickeln –, wogegen drinnen, in der großen Klinik, solch heilige Vögel auftauchten, die die Welt immer noch vor dem Bösen retten wollten. Der junge Mann hatte die für einen schweren schizophrenen Anfall typische Wahnvorstellung von Gott, das Gefühl, von einer äußeren, höheren Macht beherrscht zu sein.

Jemand, der naiver ist als ich, würde unter den Ursachen dieses Zustands irgendwelche neuen Drogen suchen. Damals strömten die Amphetamine und das Ecstasy von überall her auf die jungen Schafsköpfe ein. Ich aber war nicht naiv. Ich wusste, dass der Wahnsinn viel mehr war als irgendwelche beschissenen Pillen. Ich hatte Menschen gesehen, die haufenweise psychotrope Medikamente schluckten, ohne sich auch nur im Geringsten zu verändern, und solche, die von einer Pille verrückt wurden. Was bedeutet, dass die Pille nicht der Ursprung ist. In mir hatte sich die Überzeugung gefestigt, dass die Verrückten einfach verrückte Menschen sind – weder besser noch schlechter als die normalen, sondern einfach nicht fähig, sich an die Welt anzupassen. Ja, manchmal brauchten sie wirklich etwas, ein Ereignis oder einen Stoff – Alkohol oder sonst eine Droge –, um sich von ihrer scheinbaren Normalität loszusagen und ins Meer ihres unendlichen Wahnsinns einzutauchen. Und führte sie jemand wieder zurück in die Normalität, so geschah das irgendwie immer gegen ihren Willen. Wie bei einem Baum, der ganz krumm wachsen will, den aber jemand immer wieder zwingt, mittels Schienen und Pfählen gerade zu wachsen. Mir war nicht klar, wer die Frechheit besaß, seine Meinung darüber, was gerade, was krumm war, durchsetzen zu wollen.

Der junge Mann, Damjan, hatte friedlich einen Tag und einen halben auf der Station verbracht, auf der Geschlossenen

Männer, und machte nun offenbar Probleme. Warum würde seine Mutter denn sonst so entsetzt hämmern?! Ja, sie schien entsetzt zu sein. Sie stand vor mir, und ich sah sie träge und entspannt an. Im Angesicht dieser Frau kam ich mir wie ein alter, staubiger, schwerer Teppich vor. Verspürte ich etwa Selbstzufriedenheit in diesem Moment? Wahrscheinlich schon. Ich war zufrieden, weil mich nichts so beunruhigen und aus der Fassung bringen konnte, wie es sie aus der Fassung gebracht hatte. Versteht ihr, ich war unerschütterlich. Ein achtundzwanzigjähriges, gelassenes Stück Ärztescheiße.

Ich war zufrieden, weil ich angesichts ihrer Angst nicht mitfühlend wurde.

„Na, und?!", fragte ich entspannt. Ich war nett zu dieser schlanken Frau, die voller Angst war. Gerne hätte ich sie ins Sprechzimmer eingeladen, ins gemütliche, große und helle Sprechzimmer, uns etwas zu trinken eingeschenkt und mich mit ihr unterhalten, bis es Abend wurde. Aber sie war verrückt vor Angst. Sie trat von einem Fuß auf den anderen und schwankte.

„Ich habe meinen Sohn mit dem Wagen abgeholt, sehen Sie ... der Trabant war unser ... jetzt gehört er einem Freund", begann sie angestrengt zu erzählen. „Ich habe ihn abgeholt, Sie erinnern sich doch, dass Sie ihn entlassen haben."

„Hm", blökte ich mit träger Unzufriedenheit. Ich hatte ihn nicht entlassen. Offenbar hatte ihn, ohne mich überhaupt zu verständigen, die Chefin der Station, Doktor Karastojanova, entlassen. „Hm ... Ihr habt euch also mit dem Auto auf den Weg nach Hause gemacht. Und was ist dann passiert?"

„Wir kamen zum Iskăr, zum Fluss, und da sagte er: ,Mama, mir ist schlecht! Halt an, ich will aussteigen!' Und ich zu ihm: ,Nein, wir sind bald zu Hause, und es wird dir besser gehen.' Dann er wieder: ,Mir ist schlecht. Ich krieg keine Luft.' Also sagte ich mir, vielleicht kommt das von den Medikamenten.

Doktor Karastojanova hat ihm ja irgendeine Spritze gegeben. Und rief meinem Kollegen zu, der fuhr: ‚Halt an!' Und Damjan stieg aus. Dann ging er einfach geradeaus und direkt in den Fluss."

Plötzlich erbebte die arme Frau. Ich habe einige Menschen *beben* gesehen. Das ist kein Klischee. Wenn der Mensch keine Kraft hat, um dem großen Wahnsinn zu begegnen, verliert sein Körper die Spannung, und er bebt wie Gelee. Begreift nichts und bebt. Die Frau begann zu beben.

„Verstehe …" Da war einer jener Momente gekommen, für die ich zu leben schien. Da gerade wurde ich zum Arzt. Meine trägen, teppichartigen Bewegungen fielen von mir ab. Plötzlich war ich wieder der achtundzwanzigjährige flinke und lebhafte Arzt. Doktor Terzijski. Und vor mir stand eine kleine, angsterfüllte Frau und bebte; voller Angst um ihren riesengroßen, schönen, verrückten Sohn, Sportler und Schläger, der offenbar wie Christus in den Iskär gegangen war und durchs Wasser watete, im Versuch, darauf zu gehen. Auf dem braunen Wasser des Iskärs kann man aber nicht gehen. Dieser dreckige und sich schlängelnde Fluss hatte nichts Heiliges an sich. Der Junge würde darin ertrinken. Wenn er denn nicht schon ertrunken war.

Ich griff die Frau am Oberarm, sah sie bestimmt an und sagte:

„Jetzt – ganz ruhig! Es ist nichts passiert." Und, Herr im Himmel, meine Worte klangen nicht albern. Dazu war ich ja da – um der Mensch zu sein, der beruhigt und rettet. Mein Blut brodelte, und ich zog die Frau rasch hinter mir her.

„Gehen wir! Und erzähl weiter, was ist passiert, als er in den Fluss ging? Kann er schwimmen?"

Wir rannten los – ich mit dem flatternden Kittel, die Mutter mit den klimpernden Schlüsseln – zu ihrem Trabant, der vor dem Klinikeingang geparkt war. Ich wusste nicht, wohin wir mussten, aber wir rannten.

„Hast du denn nicht gemerkt, dass er dich irreführt?", fragte ich, während wir uns dem Eingang und ihrem lächerlichen Trabant näherten.

„Dass er was?"

„Dass er dich anlügt, dass da was faul ist und er etwas Schlimmes anstellen wird. Hast du es nicht gemerkt?"

Gerade beim großen Bogen des braunen Iskăr zu halten, wo der Fluss am breitesten ist – kann sich diese elende Mutter denn nicht vorstellen, was im Kopf eines verrückten jungen Mannes vorgeht? Oder kann sie noch gar nicht fassen, dass ihr Sohn verrückt ist? Wer kann das schon – ich schreite schnell voran, huste und denke bei mir –, wer kann schon den Wahnsinn fassen? Ich habe auch schon Psychiater erlebt, die außerstande waren, die offensichtliche Wahrheit zu begreifen, dass jemand verrückt geworden war, wenn derjenige ihnen sehr nahestand. Verrückt gewordene Psychiater habe ich übrigens auch schon erlebt. Ich habe sogar einmal eine junge Psychiaterin behandelt. Eine ausgebrannte Schizophrene.

Es ist schwer zu fassen, dass ein Mensch verrückt ist, wenn er dir sehr nahesteht.

Man kann es mit dem Sterben vergleichen, das aber irgendwie weiter verbreitet ist als der Wahnsinn. Und auch kein Grund zur Scham ist, wenn man darüber nachdenkt. Ja, zu begreifen, dass dein Nächster verrückt geworden ist, ist schwierig, weil es eine Schande ist. Es ist eine Schande, verrückt zu sein. Das denke ich bei mir und gehe eiligen Schritts und zürne der kleinen blonden Frau, die neben mir herrennt.

„Ach … den Brunnen zudecken, wenn das Kind schon ertrunken ist", stöhnte die Frau atemlos.

„Und was ist dann passiert?"

„Na, plötzlich ging er Richtung Fluss. Da packte ich ihn zwar, aber er, Sie haben es gesehen, er ist sehr stark. Und ging in den Fluss. Und ich – ich schrie wie am Spieß. Während er langsam verschwand. Als ich seinen Kopf nicht mehr sah, dachte ich – das war's, er ist ertrunken …" Und da duckte sich die Frau, wie sie so neben mir herging, ein wenig und machte eine Geste der Verzweiflung, als wollte sie das Geschehene noch einmal erleben, weil es ihr nicht gelungen war, es in seinem tatsächlichen Ablauf zu erfassen. „Und dann", fuhr sie fort, „dann erstarrte ich, und das alles geschah ja in wenigen Sekunden, nein, eine ganze Minute war sein Kopf nicht mehr zu sehen, bis er wieder auftauchte – auf der anderen Seite des Flusses."

„Dort ist der Iskăr sehr tief", sagte ich und stellte mich neben die Tür des Trabants, während sie sich daranmachte aufzuschließen und dabei aufgeregt mit den Schlüsseln rasselte. Ihr Arbeitskollege war nach Hause gegangen, und sie musste fahren. Ich stellte mir den Iskăr vor. Mit seinen Windungen, wie ein feuchter Python. Langsam und schwer; ein abscheulicher Fluss, voller Schlamm und Unrat. Man hat mir erzählt, dass eine Schlickschicht von mehreren Metern auf seinem Grund liegt. Trittst du drauf, saugt sie dich auf. Und du sinkst bis ins Zentrum der Erde.

„Er kam wieder raus, er kam wieder raus, Doktor … auf der anderen Seite."

„Jetzt fahren wir dahin, wo er rein gegangen ist … und dann, wo er rausgekommen ist."

„Na, vielleicht besser, wenn wir den Fluss gleich überqueren. Er ist auf der anderen Seite."

„Also dann! Fahr los!" Wir waren ins Auto gestiegen, drinnen war es wie in einer Zündholzschachtel. „Fahr über die Brücke, auf die andere Seite! Uuund … keine Sorge, wir werden ihn schon …", und ich hätte beinahe „kriegen" gesagt, biss mir aber auf die Zunge. Ich spürte, dass sie furchtbar verletzt war und bei der geringsten Anspielung darauf, dass ihr Sohn wie ein wildes Tier verfolgt und gejagt werden würde, ausrasten würde. Den elenden Jäger mit ihren Nägeln in Stücke reißen. Mit ihren scharfen mütterlichen Krallen.

Damjans Mutter fuhr laut und ungeschickt los, und zehn Minuten später erreichten wir die Brücke, wir passierten sie und fuhren hinunter zu jener tiefer gelegenen Stelle, wo er den Fluss überquert hatte. Unterwegs erklärte sie mir, dass Damjan nackt aus dem Fluss gestiegen sei. Der Fluss hatte ihn ausgezogen. Der Schlick hatte ihn eingesaugt, aber nur die Kleider von ihm gerissen. Ich stellte mir den entsetzlichen Kampf vor, den er im verflochtenen Wurzelwerk im trüben braunen Halbdunkeln des Flussgrunds geführt haben musste. Und wie er jetzt irgendwo übers Ufer strich – nackt und schlammbedeckt.

Grauenvoll.

Während wir unterwegs waren, machte ich mir klar, dass ich es kaum allein schaffen würde, den jungen Mann bei hereinbrechender Dunkelheit in der weiten Wildnis der Umgebung von Sofia zu finden.

„Fahr zur Polizei ... zur, wie hieß das noch ... zur Regionalwache", sagte ich der Mutter.

„Die von Novi Iskăr?", fragte sie umgehend nach.

„Ja, die von Novi Iskăr, sie ist im Zentrum."

„Das finden wir!", sagte sie gefügig, da sie sehr verängstigt war. Schon immer habe ich diese Fähigkeit der Menschen bewundert, fügsam, lieb und vernünftig zu werden, wenn sie vor einer schweren Herausforderung stehen. Alle Eitelkeiten und Kleinlichkeiten fallen ab, und der Mensch ist bereit, sich gewissenhaft an die eigene Rettung zu machen.

„Das finden wir!", wiederholte sie und beugte sich über das Steuer, wie um die Geschwindigkeit des Wagens zu beschleunigen.

Zehn Minuten später standen wir vor der Polizeistation, und ich unterhielt mich mit zwei Polizisten. Ich trug einen weißen Kittel und fühlte mich sonderbar. Ich fühlte mich absurd wegen des eigenartigen weißen Nachthemds. Weiße Kittel tragen, ohne dabei unheimlich auszusehen, nur die Bäcker und die Köche. Ich aber sah, glaube ich, unheimlich aus. Auch die Polizisten trugen Uniformen, sahen aber ganz werktäglich aus – mit ihren bauchigen Figuren und den Zigaretten in den Mundwinkeln. Meine Zigarette hüpfte durch die Luft. Ihr Qualm wand sich wie das dünne Band einer verrückten Kunstturnerin.

Während wir rauchend dastanden, erklärte ich den Polizisten erhitzt, was passiert war, und versuchte sie zu überzeugen, dass man rasch handeln musste.

„Schauen Sie, meine Herren Polizisten", begann ich in meiner spleenigen Manier, Theater zu spielen. „Schauen Sie, liebe Herren Polizisten, wir müssen in verschiedene Richtungen losfahren und müssen ihn rasch finden, denn ich habe die ganze Klinik allein gelassen, zweihundert Patienten, ohne Arzt, verstehen Sie?"

„Na, die Verrückten, die werden schon nicht abhauen ...", lächelte der jüngere Polizist und begann zu husten.

„Auweia", begriff der ältere. „Der ist ja schon abgehauen. Was, sagst du, hat der?"

„Schizophrenie ...", sagte ich und spürte einen Anflug von Ohnmacht. Was wussten diese Dorfpolizisten schon über die Schizophrenie? Was wussten sie *von den Bücherbergen, die man über die Schizophrenie geschrieben hatte?* Und was wusste ich denn eigentlich schon davon? „Hören Sie, er ist nicht gefährlich ..." Ich sah sie besorgt an, aber sie rauchten einfach weiter.

„Er ist nicht gefährlich, sie sind prinzipiell ungefährlich. Ja, sehr kräftig, das ist er … und wir müssen vorsichtig sein."

„Er ist ein sehr lieber Junge." Die Mutter trat einen zaghaften Schritt vor, umfasste ihren Ellbogen und führte die Hand, mit der sie die Zigarette hielt, so zum Mund, dass sie ganz und gar wie eine der zaghaften und scheuen Patientinnen aus der Geschlossenen Frauen aussah. So rauchten sie, friedlich und unentwegt den Ellbogen des rechten Arms in der linken Hand haltend, die qualmende Zigarette vor dem Gesicht. Ja, ist man am Ende, sieht man rasch wie ein psychisch Kranker aus.

„Ach was!", ließ der jüngere Polizist ein grobes und abgeschmacktes Lachen hören. „Ein lieber Junge – er soll uns nur nicht abschlachten!"

„Er hat doch gar kein Messer!", wimmerte die Mutter und merkte, dass sie beleidigt auftreten musste. „Was fällt Ihnen ein, so zu reden?! Er ist krank und kein Mörder!"

„Ja, lassen Sie die Beleidigungen!", mischte ich mich ein. „Der Junge ist krank, es ist weiter nichts Schlimmes passiert."

Das sagte ich zwar, doch durch die Dämmerung, die sich von den feuchten Wäldern und Sümpfen Kurilos her ausbreitete, spukte eine diffuse Beklemmung und wurde immer dichter. Und so blieben meine beschwichtigenden Worte in der Luft hängen. Ja – allmählich wurde es wirklich beängstigend.

„Und was sollen wir jetzt tun?", ließ der ältere Polizist fallen, als hätten wir noch nichts besprochen.

„Wir fahren zum Fluss, zu der Stelle, wo er aus dem Wasser gekommen ist. Was glauben Sie, wohin könnte man gehen, von dort aus?", sagte ich und stellte mir erneut vor, wie Damjan, von schleimigen Algen umschlungen, einem Flussungeheuer gleich, durchs Gestrüpp und den Fluss entlanggeht, erfüllt von entsetzlichen und wirren Gedanken an die Apokalypse. Ein in die Freiheit entlassener Schizophrener, allein. „Was glauben

Sie, wohin könnte ein … verwirrter Mensch gehen?", schmunzelte ich albern.

„Wohin?!", dachte der ältere Polizist kurz nach. „Hmm … hoffentlich ist er nicht zum Friedhof gegangen."

„Friedhof!", piepste Damjans Mutter, und alles wurde noch unheimlicher.

„Weil der überschwemmt ist … zum Teufel! Ganz wie ein Sumpf ist es da …" Der alte Polizist senkte den Kopf und rauchte mit ernster Miene weiter. Dieser Gedanke gefiel ihm gar nicht.

„Wir gehen dahin, wir beginnen da mit der Suche, solange es noch hell ist, solange man noch sehen kann", sagte ich, und ein herber Schauer durchfuhr mich.

Während die Dämmerung sich senkte und sich der Luft bemächtigte, schickten wir uns an, tief in den sumpfigen Friedhof des unheimlichen Kurilo einzutauchen. Ich fühlte mich, als hätte jemand Sodawasser in meine Beine gegossen.

„Hm … ich gehe da nicht rein", sagte der jüngere Polizist. Was den älteren betraf, war klar, dass er daran keinen Gedanken verschwendet hatte. Man sah ihm an, dass er für Situation nichts als Hohn übrig hatte – er rauchte und griente. Das Grienen eines alten, dicken Fuchses von einem Schopen ließ alles wie eine Farce erscheinen. Ich – ein junger und durchgeknallter Arzt in einem weißen Kittel, die Mutter – die zitternde Verkörperung einer absurden Verzweiflung, der Trabant – mit seinen offenen Türen, an sich schon lächerlich – alles sah grotesk aus. Es fehlte nur noch, dass der alte Polizist lachte und sagte: „Seid ihr etwa verrückt?" Um ganz seriös Anisschnaps trinken zu gehen, mit den seriösen Leuten, in der seriösen Kneipe von Kurilo. Anstatt sich mit solchen Verrückten abzugeben wie Damjan und seiner Mutter. Und mir.

Wir fuhren mit dem Polizeiwagen los, Richtung Friedhof. Zehn Minuten später stand ich am Rand einer weitläufigen und im Halbdunkel schimmernden Pfütze. Oder genauer – an einem düsteren kleinen Wald aus hohen Büschen, Grabsteinen, kleinen Bäumen und einer Unzahl von Pfützen. Als ich zur nächstliegenden hinübersah, begriff ich sofort, was die Beschaffenheit dieser Pfützen war. Das waren alte, überflutete Gräber.

„Dottore, gehst du etwa da rein?", fragte der alte Polizist nun ohne jeden Hohn.

„Was denn sonst?!", sagte ich und legte mein Gesicht in Falten. Ich hatte keine Lust, hineinzugehen. Aber, hol mich der Teufel, ich war ein Mann und ein Arzt. Und ein hochmütiger achtundzwanzigjähriger Bengel noch dazu.

„Na, dann werden wir hier warten!", murmelte der alte Polizist sinnlos vor sich hin.

„Gut! Wenn was ist – rufe ich."

Der Friedhof war klein, von der Fläche eines Schulhauses. Mit den in der Dämmerung aufblitzenden Pfützen kam er mir unendlich vor.

Ich ging taumelnd an den ersten Gräbern vorbei. Den Gräbern erwachsener Männer. In der dichten Dämmerung schaffte ich es, zwei oder drei Namen zu lesen. Es kam mir vor, als hießen alle Toten hier Părvan. Langsam und zögernd begann ich, zwischen den Gräbern herumzulaufen. Einige von ihnen waren wie kleine Seen mit Grabplatten. Ich wurde schneller. Aus Angst. Es war fürchterlich.

Ich wusste nicht, was genau ich da tat. Den verirrten Damjan so zu suchen war sinnlos. Ich hätte mich höchstens selbst verirrt. Nicht doch! Ich würde mich nicht verirren. Etwas ließ mich spüren, dass ich nun genau das tun musste. Die Überquerung des unheimlichen Friedhofs sollte mein Ritual zur Rettung des Verrückten sein. Weiß wie ein Leuchtturm in der Nacht würde ich dem verrückten Damjan aus der Finsternis heraushelfen. Das spürte ich. Ich zitterte schon beim Gedanken daran. Es kam mir sowohl dumm als auch kindisch vor, aber gleichzeitig grandios. Ich lief, watete durch die Gräber-Pfützen, versank in manchen von ihnen bis zu den Knien, rannte weiter und winselte vor Angst und Anstrengung.

Eine halbe Stunde später kam ich ans Ende des Sumpf-Friedhofs. Es war ganz dunkel. In der Ferne, etwa hundert Meter vom Friedhof, erblickte ich ein oranges Licht. Es sah wie ein Feuer aus. Ich stürzte darauf zu. Näherte mich – es war ein Feuer. Daneben, am Rand des unheimlichen, sumpfigen Friedhofs, saßen zwei Kinder. Sie waren kaum älter als sieben oder acht. Womöglich waren es Zigeunerkinder – das mystische Entsetzen hatte mich derart in Besitz genommen, dass ich außerstande war, sie mir genauer anzusehen. Sie waren zerzaust, in irrsinnigen Lumpenschichten eingepackt und von Stacheln und Kletten bedeckt. Sie sprachen nicht, sondern knurrten einander zänkisch und heiter was zu. Das eine wandte sich zu mir um. Ihm fehlte ein Auge.

„Habt ihr vielleicht einen größeren ... Jungen gesehen?", riss ich ein Stimmchen wie das Knarren einer einsamen Tür nur mit Mühe von meiner Kehle.

„Wen?", quietschte oder knurrte der einäugige Junge.

„Egal!", sagte ich völlig kraftlos. Meine erstarrten Beine lösten sich wie von selbst vom Boden und preschten davon. Wie ein weißes Geschoss rannte ich durch Pfützen und Büsche. Fiel und plumpste bis zu den Hüften in die Seen-Gräber. Mein Kittel leuchtete unter meinen fiebrigen Augen auf. Noch bevor ich Luft holen konnte, war ich der schlammigen Grube des Friedhofs dreimal entsprungen und stand vor der Mutter und den Polizisten. Ich beruhigte meinen Atem, beruhigte mich selbst und sagte:

„Damjan ist nicht da, wahrscheinlich hat er die Straße nach Sofia genommen."

„Na hoffentlich!", ließ der alte Polizist verlegen fallen. Ich sah so schlammig und furchterregend aus, dass es unmöglich war, ihn nicht in Verlegenheit zu bringen.

„Hoffentlich!", flüsterte die Mutter schluchzend.

Dann fuhren wir – ich und sie, mit dem Trabant – zurück in die Klinik. Ich hatte vor, sie irgendwie ruhigzustellen. Die Polizisten machten sich auf die Suche nach Damjan, in helleren und zivilisierteren Gegenden. Vermutlich – in der Kneipe.

Wir kamen in der Klinik an. Ich fragte mich, was ich mit Damjans Mutter machen sollte. Sie ging neben mir her und strahlte eine entsetzliche Angst aus. Sie war still, mir schien aber, als winselte sie vor Schrecken. Und wie sollte sie denn auch anders, als vor Schrecken zu winseln? Draußen irrte ihr Sohn umher, mindestens ein Meter neunzig groß, furchterregend und nackt; er watete durch die Flüsse, kam aus ihnen heraus und ging durch die Finsternis, immer weiter ohne Richtung, aber mit dem Ziel, die dunkle Welt zu retten. An ihrer Stelle, hätte ich auch gewinselt. Aber ich war ein Arzt im Dienst und musste mich gelassen und zuversichtlich geben. Ich sagte Damjans Mutter, sie solle nach Sofia heimfahren und alle Freunde und Bekannte ihres Sohnes anrufen, um nach ihm zu fragen. Ich wusste, dass sie keine Sekunde lang ohne eine Aufgabe bleiben durfte, um nicht völlig überzuschnappen.

Dann kehrte ich in mein Sprechzimmer zurück und setzte mich vor den Computer. Ich wusste nicht, was ich tun sollte. Und drückte ziellos auf die Tasten. Häufig, wenn du mit dem Wahnsinn zu tun hast, sitzt du herum und weißt nicht, was zu tun ist. So vergingen drei oder auch fünf Stunden. Ich spürte nichts davon. Dann klopfte jemand leise – es war schon später Abend, und alles in der riesigen Klinik war still. Ich sprang auf und machte die Tür auf. Es war der Pfleger Načko. Groß, hager und brutal.

„Doktor, man hat ihn zurückgebracht!", sagte er.

„Ist er noch am Leben?", fragte ich mechanisch.

„Na, am Leben ist der schon, aber wild ist er. Du musst ihm was geben."

„Gut!", sagte ich und geriet in heftige und unangenehme Aufregung. Gleich würde ich mit zwei Dingen zu kämpfen haben: mit einem großen, rasenden jungen Mann, stark und gut aussehend wie Apoll und wahrscheinlich etwa so gefährlich wie eine außer Kontrolle geratene Motorsäge. Eine, die lief. Und außerdem mit meinem Hass und meiner Abscheu vor jeder Form von Gewalt. Vor jeder Verletzung der Freiheit, und sei es auch die Verletzung der Freiheit des rasenden Verrückten durch den normalen Arzt.

„Gut, macht euch bereit! Tobt er denn sehr?"

„Sehr!", griente Načko mit seinem giftigen pechschwarzen Schnurrbart.

„Gehen wir."

Draußen hielten die Polizisten Damjan fest, und er sah ruhig aus. Wie ein entspannter Elefant, der bis vor zwei Minuten gewütet hat und nur mehr schwerfällig atmet. Die Polizisten schauten ihn halb eingeschüchtert an, bemühten sich aber auch, sich ein bisschen arrogant, ein bisschen kaltschnäuzig zu geben. Sie waren halt Dorfpolizisten und wollten hartgesotten wirken. Das waren sie aber nicht. Damjan – schon! Dazu vermutlich noch ziemlich unverfroren beim Prügeln. Mit ihren Köpfen hätte er den ganzen Hof fegen können. Als Erstes hätte er flache und zerzauste Besen aus ihnen gemacht.

Als wir einen Schritt auf ihn zugingen und Načko ihn unter dem Arm packen wollte, brüllte Damjan auf. Dann drehte er sich unglaublich langsam. Die Polizisten krallten sich an ihn. Damjan warf die zwei Polizeikörper in die Luft. Načko sprang mit voller Wucht los und saugte sich von hinten an ihm fest. Damjan schleifte auch ihn mit. Er kam kaum wirklich voran, sondern bewegte sich nur ganz wenig und träge vor und zurück, um das Gleichgewicht zu halten. Nur die Schultern und sein langes Haar warf er hin und her. Er war Samson – Samson mit seinem langen Haar, in dem seine Kraft steckte. Načko war Delila. Eine bärtige und nach einem sechzig Jahre alten Lager für falschen Essig stinkende Delila.

Ganz ohne Grund schrie ich auf: „Hey, hey, immer mit der Ruhe!" Damjan war ruhig. So ruhig sind wahrscheinlich nur Pottwale zwei Kilometer unter der Oberfläche des Indischen Ozeans. Er hob seine Arme, seinen Torso, seine Schultern. Die Polizisten und Načko verloren den Boden unter den Füssen und flogen irgendwie lustig und wie in Zeitlupe in alle Richtungen. Dann rollten sie schnell zur Seite, um sich noch rascher an die zwei kolossalen Beine und die zwei kolossalen Arme zu klammern. Eigentlich schüttelte sie Damjan einfach von sich ab.

Alles war wie ein langsamer, absurder Tanz. Die Figuren klammerten sich aneinander, es folgte der Ausbruch, Damjans Körper explodierte wie ein mit Körpern gefüllter Geysir, und die anderen flogen in alle Richtungen. Dann noch einmal. Ich überlegte, mich diesem Tanz kurz anzuschließen, war aber müde und voller Zweifel. Warum sollten wir ihn mit diesen dreckigen Körpern ersticken?, sagte ich mir plötzlich und musste über meinen Gedanken lächeln. Wäre er doch im Fluss ertrunken! Was bringt es, ihn in Haloperidol zu ertränken?

„Zwei Ampullen Haloperidol, zwei Chlorazin, zwei Diazepam, zwei Antiallersin, zwei Droperidol!", rief ich der Krankenschwester zu, und sie eilte los, um meine üppige Bestellung zu erledigen. Ich hatte einen äußerst starken Cocktail für Damjan bestellt. Wäre er ein Kenner psychopharmakologischer Cocktails gewesen, er hätte mich begeistert angesehen. Doch er schnaubte nur kurz und warf die knurrenden, leise fluchenden Polizisten wieder wie Lumpen von sich.

„Jetzt gleich, gleich kriegstn serviert … gleich kriegstn aufm Tablett serviert …", japste Načko, und seine Halssehnen schwollen bis zum Platzen an. Jetzt war er wirklich sauer. Furchtbar sauer. Seine Augen glänzten blau-weiß-rot. Er war ein echter französischer Sansculotte von 1789, der so aussah, als wollte er diesen edlen Kopf nehmen, um ihn an die Guillotine zu verfüttern. Damjan hatte wirklich einen edlen, langhaarigen Kopf. Načko war scharf drauf. „Gleich kriegstn gefesselt, Doktor!", japste Načko noch einmal, während er sich an Damjan heranpirschte.

Dann geschah etwas wirklich Beeindruckendes. Načko warf sich nach hinten, und die ganze Gruppe flog auseinander. Die Polizisten sprangen abrupt zur Seite, während Damjan einfach mit dem Rücken auf dem Boden kleben blieb. Načko hatte ihn mit einer Hand umgeworfen. Er hatte einfach Damjans komplette Haarpracht um seine Hand gewickelt und ihn mit einem gewaltigen, enormen Stoß nach hinten zu Boden geworfen. Mit einem solchen Stoß hätte er ihn skalpieren oder enthaupten können. Aber Damjan hatte sich als stark erwiesen. Auch sein Haar hatte sich als stark erwiesen. Nur einige Rinnsale Blut rieselten aus seinen Wurzeln. Damjan lag da und brüllte hilflos. Načko knirschte furchterregend mit den Zähnen und hielt den Haarschopf erbarmungslos unter seiner Sohle fest. Die Kante seines Schuhs presste Damjans Skalp brutal auf den Asphalt. Načko hatte gesiegt. David hatte Goliat besiegt. Načko hatte Damjan besiegt. Das war's.

„Lasst mich die Injektion machen und tragt ihn weg!", sagte ich zur Schwester, die mit den fertigen Spritzen wieder da war. „Und bringt ihn bequem im Zimmer sechs unter. Bequem, sag ich. Und passt auf ihn auf. Lasst mich jetzt die Spritze machen. Damjan, gleich wirst du ein bisschen schläfrig werden."

Die Pfleger

Doktor Karastojanova war eine wahrhaftige Zarin aus dem Osten. Sie war dick, prachtvoll, großzügig und rot wie ein Granatapfel. Besonders in der Früh, wenn sie das Gemeinschaftssprechzimmer auf der Geschlossenen Männer betrat und sich eine Zigarette anzündete. Die Imperatrix der Elektroschocks und Leiterin der mühsamsten von allen sechs Stationen der psychiatrischen Klinik. Doktor Karastojanova, wie sie morgens nach der Visite gemächlich und geschmeidig hereinbrach, gleich einer portugiesischen Galeone, die äußerst aromatische Gewürze transportiert; erregt, entnervt und glühend von der Unzahl Wodkas vom Vorabend. Sie war derart purpurn und imposant, dass ich manchmal das Gefühl hatte, sie würde einen Schlaganfall bekommen und umfallen – einfach so, während sie mit ihren schmalen, kräftig rot gefärbten Lippen und den zehn Ringen an ihrer rechten Hand ihre Zigarette rauchte.

An diesem Morgen kam sie herein und setzte sich neben mich, ich war gerade dabei, irgendwelchen Unsinn in den Computer zu tippen. Es beunruhigte mich schrecklich, dass ich heimlich Drehbücher schreiben musste, während ich so tat, als schriebe ich ganz gewissenhaft gerichtspsychiatrische Expertisen. Mit den Drehbüchern verdiente ich meinen Unterhalt. Als Arzt arbeitete ich wegen des Prestiges.

Doktor Karastojanova war um die fünfzig. Und machte mich gerade furchtbar nervös mit ihrem fülligen, prachtvollen Körper. Sie hatte sich neben meinen Schreibtisch gesetzt und ihre verhältnismäßig schlanken und feingliedrigen Füße auf einen Stuhl gelegt, wo sie sich von dem korpulenten Rumpf ausruhten. Sie hingegen ruhte sich nicht aus. Sie prustete und empörte sich über irgendetwas.

Der Grund für ihre Exaltiertheit an diesem Morgen war ich.

„Was ist denn los, Doktor Karastojanova?", fragte ich leise und demütig. Im Imitieren von Ergebenheit war ich erbärmlich.

„Gar nichts. Ich werd dir schon sagen, was los ist!", verdrehte Doktor Karastojanova die Augen um 360 Grad, sodass sie beinahe aus den Höhlen sprangen. Sogar mit den Augen spielte sie gerne Theater. Besonders mit den Augen.

„Na, ist denn was passiert?"

„Warum hast du wieder die Pfleger beschimpft, ha, Kalinčo?" So familiär wurde sie selten, doch wenn sie es wurde, hatte das nichts Gutes zu bedeuten.

„Ach, das!" Ich lachte versöhnlich. Ich hatte mich tatsächlich mit den Pflegern gestritten, schämte mich aber nicht dafür. Geschämt hätte ich mich, wenn man mich dabei ertappt hätte, dass ich meine Arbeit nicht gewissenhaft machte. Schon immer bin ich gleichzeitig faul und krankhaft empfindlich gewesen in Sachen nichterledigter Arbeit, was mich zu einem ausgesprochenen Masochisten macht. Ich schiebe irgendwelche Sachen auf und leide extrem darunter, sie nicht erledigt zu haben. Oder genauer, darunter, die Leute zu enttäuschen. Ich hatte Angst davor, erwischt zu werden, wenn ich heimlich Drehbücher schrieb, während ich so tat, als schriebe ich Expertisen, machte Untersuchungen, und überhaupt – während ich virtuos ärztliche Arbeit mimte. Dafür aber, dass ich die Pfleger beschimpfte, schämte ich mich nicht. Ich war stolz darauf. Ich beschimpfte sie, wenn ich sah, dass sie die kranken Menschen schlugen oder drangsalierten. Die Verrückten.

„Was ‚das'? Wie lange bist du schon hier?" Doktor Karastojanova riss die Augen noch weiter auf.

„Seit … einem halben Jahr."

„Und in der Klinik, wie lange bist du da schon?", fuhr sie nachdrücklich fort.

„Seeeit … seit seit seit …", murmelte ich und kam zu keinem Ergebnis, weil mir gerade eine Million Ereignisse durch den Kopf gingen, die ich während dieser Zeit erlebt hatte.

„Wie kann es denn sein, dass du in der Zeit nicht gelernt hast, dass das Wichtigste in dieser Klinik ist, gut mit dem Personal auszukommen?" Die rote Doktorin zündete sich eine neue Zigarette an.

„Ich komme doch ganz gut aus!", sagte ich näselnd und unsicher.

„Ach! Was soll das denn heißen, du kommst gut aus, wenn du ständig Streitereien vom Zaun brichst?"

Ich machte mich daran, zu antworten, Einzelheiten zu verhandeln, und plötzlich blähte sich ein riesiger Ballon aus Leere und Schwäche in meinem Kopf und meinem Körper auf. Ich ließ sogar die Arme sinken. Wozu wirkungslose Ausreden faseln?, sagte ich mir. Es machte null Sinn zu erklären, dass ich nicht schimpfte, sondern nur ermahnte, dass ich kein blöder Streithahn war, sondern nur wollte, dass man die Kranken besser behandelte.

Aber auch das war leeres Geschwätz. Ich hatte den Pflegern wirklich den Krieg erklärt. Ich drohte ihnen nicht selten. Sobald ich sie einen Kranken malträtieren sah, bot ich ihnen an, es doch mal mit mir aufzunehmen, wenn sie denn unbedingt jemanden malträtieren wollten. Deshalb hielt ich den Mund und schwieg zwei Minuten. Sogar in den Fluren schien es still zu werden von meinem kraftlosen Schweigen. Selbst Karastojanova machte den Anschein, vergessen zu haben, worüber wir gerade sprachen. Am Ende fuhr sie zusammen, während sie mich anstarrte, und wiederholte, von der Stille irritiert:

„Was soll das heißen, du kommst gut mit den Pflegern aus? Warum hast du ihnen denn wieder die Hölle heißgemacht?"

„Weil sie übertreiben!", seufzte ich. „Ich bin hierher gekommen …" Ich brach erneut ab, verfiel in Gedanken.

„Warum bist du hierher gekommen?"

„Ich meine, ich bin hierher gekommen, um den Kranken zu helfen und nicht zuzusehen, wie man sie prügelt und bestiehlt. Mein ganzes Hiersein verliert seinen Sinn. Ich …" – langsam wurde ich wütend –, „ich, Doktor Karastojanova … Sie wissen, ich arbeite auch als Drehbuchschreiber fürs Fernsehen …"

„Oho … ja, davon hatte ich gehört!" Ihr theatralisches Wesen blies sich noch ein Stück weiter auf.

„Ich will damit sagen, dass ich nicht hier bin, weil ich in Geldnot bin. Mein Geld verdiene ich, indem ich dumme Witze schreibe …"

„Für wen schreibst du gerade?"

„Fürs ‚Kanaleto‘ …"[19]

„Oh! Das ‚Kanaleto‘ ist klasse!" Karastojanova riss die Augen auf und war dabei, das Thema komplett zu wechseln – sie war voller weltmännischer Allüren, wollte viel mehr Operndiva und mondäne Löwin und nicht Stationsleiterin in einer Irrenanstalt am Stadtrand sein.

„Wie auch immer, will sagen, Geld hab ich. Und ich komme nicht hierher, um irgendwelchen Dorfganoven zuzusehen", und während ich sprach, richtete ich mich ein wenig auf, weil mich meine Wut nun zu ersticken drohte. „Ich komme nicht hierher, um zuzusehen, wie irgendwelche Dorfidioten die Kranken prügeln und quälen. Oder glauben Sie etwa, ich bin deswegen hergekommen?"

Nach den letzten Worten fühlte ich eine ungeheure Schwäche. Ja, ich hatte mich selbst an einen Ort katapultiert, wo ich nicht nur dem Leid zusehen, sondern auch die Unmöglichkeit aushalten musste, den Leidenden zu helfen. Gar Erklä-

---

19 Kanaleto – Каналето – humoristische Fernsehshow des Bulgarischen Nationalfernsehens, die zwischen 1995 und 2004 gesendet wurde. 1997 protestierte das ganze Team gegen die Regierung. (Anm. d. Ü.)

rungen abgeben musste, warum ich ihre Peiniger beschimpfte. Mich rechtfertigen musste. Und das ohne jeden Nutzen für mich selbst. Oder doch? Wird man vielleicht weiser, indem man Ungerechtigkeiten zusieht, die man nicht ändern kann? Ha! Danke für diese jämmerliche, sklavische, bulgarische Weisheit.

„Wer schlägt denn hier wen?", fragte Doktor Karastojanova mit weit aufgerissenen Augen.

„Gestern hat Russen Mečo geprügelt", seufzte ich. Wieder würde ich ins Detail gehen müssen und so das Ganze seines Sinns entleeren. Und das Ganze war, dass die Pfleger grundsätzlich mit den Kranken umgingen, als wären sie Tiere. Manchmal sogar liebevoll und jovial. Wie mit braven Tieren. Ein anderes Mal aber hässlich – wie stärkere Tiere mit schwächeren Tieren.

„Weißt du was – so kommen wir nicht weiter. Du sammelst hier Erfahrung, es sieht aber aus, als gäb's da nur Lappalien … Soll das etwa Prügeln sein?", fing die dicke Doktorin theatralisch und unangemessen an zu philosophieren.

„Nein!", seufzte ich. Ich war zu schwach, um zu erklären, denn das war wirklich kein Prügeln. Es war ein Zerren, ein erniedrigendes Schleifen, ein Kneifen und an den Haaren Reißen. Ein Umgang wie mit Vieh. Mečo war ein neunzehnjähriger Typ mit Downsyndrom und Russen ein Pfleger mit Fußballerfrisur und der Arroganz eines Spielers der lokalen Mannschaft. Der er, glaub ich, auch tatsächlich war.

„Begreifst du denn nicht, was aus … dieser Klinik wird, wenn keiner in dieser Psychiatrie für Ordnung sorgt, hm, Kalinčo, es wird ein echtes Irrenhaus … wie im Mittelalter."

„Ja, auch im Mittelalter wurde für Ordnung gesorgt, da gab es die Inquisition", begann ich kleinlich zu stänkern und ekelte mich vor mir selbst. Ich wollte arrogant und zornig bleiben

– nicht sprechen und nur durch mein Schweigen anprangern, schaffte es aber nicht.

„Hör zu, als Arzt musst du Distanz wahren. Herr der Lage sein können. Die Pfleger machen ihre Arbeit auf der Station, das ist das, was sie können ... Du mischst dich nur ein, wenn es um die Therapie geht. Du hast keine Ausbildung als Pfleger. Du hast eine Ausbildung als Arzt, Junge. Klar?" Die Doktorin war ganz rot geworden. „Bring mich nicht dazu, zu glauben, dass du unter dem Niveau bist" – sie hielt kurz inne –, „auf dem ich erwartet habe, dass du ..."

„Ja, ist gut!", gab ich schwach und bitter zurück. Es war mir zuwider und irgendwie egal.

„Halt dich aus den Konflikten raus! Mach deine Arbeit als Arzt! Ohne die Pfleger bricht das Chaos aus. Und sie ... sie sind die Guten ... Sie sind auf unserer Seite, Kalin, siehst du nicht, wie sehr sie sich kümmern? Siehst du denn nicht, dass diese Leute für ein jämmerliches Kleingeld arbeiten? Sie wohnen geradezu hier ... mit den Problemen der Kranken. Was weißt du schon? Verbringst du etwa deine Zeit mit den Kranken? So hast du leicht reden" – Karastojanova geriet wirklich in Rage –, „danebenstehen, sich die Hände nicht schmutzig machen und zurechtweisen. Und was für Zurechtweisungen! – Du seist drauf und dran gewesen, sie wirklich zu verprügeln ... (ich lächelte schüchtern bei diesen Worten, und sie sah mich mit theatralischer Strenge an). Wo es doch hier drum geht, mit jeder Situation fertigzuwerden – der eine hat in die Hose gepinkelt, der andere in die Hose geschissen, Verzeihung ... – die Kranken sind ja keine Engel, sie bestehlen einander, wollen ihre Medikamente nicht einnehmen. Was würdest du denn tun, wenn du Teil der realen Umgebung auf der Station wärst? Würdest du anfangen, sie zu tätscheln und sie anzuflehen? Du bist doch beim Militär gewesen, oder? Na also, darum geht's: Ordnung braucht Härte."

Und Doktor Karastojanova zündete sich eine neue Zigarette an, denn sie hatte sich so ereifert, dass ihr knallrotes Gesicht pulsierte. Sie hätte doch eine Montserrat Caballé werden sollen, sagte ich mir und fühlte mich jämmerlich. Als hätten wir gar nicht miteinander gesprochen. Sie hatte natürlich recht. Die Pfleger wurden mit dem Wahnsinn fertig. Ich beobachtete ihn. Die Ärzte, die Gesellschaft, alle beobachteten nur, schnalzten mit den Zungen und stellten kritische Reflexionen über den Wahnsinn an. Die Pfleger packten ihn am Kragen, schleiften ihn durch die Gänge, gaben ihm unter freundschaftlichen Drohungen Medikamente – direkt in den schleimigen Mund. Sie wurden mit ihm fertig.

„Ja, so ist es! Ich gehe jetzt die Therapie meiner Patienten ändern", sagte ich und ging geschlagen hinaus.

Das Stigma

„Und dann machen wir eine große Ausstellung der psychisch Kranken ...“, sagte Iv und trat zu mir ins Zimmer. Sie hatte draußen vor der Tür mit einer der Schwestern aus der Geschlossenen Männer gesprochen; wahrscheinlich machten sie etwas fürs anstehende Neujahrsfest aus. Ich hatte uns beiden je ein halbes Glas Wodka aus meiner wunderbaren Dienstflasche eingeschenkt und wartete auf sie.

Mir kamen diverse bulgarische Filme aus den Siebzigern in den Sinn, in denen solche an der Schwelle des mittleren Alters stehenden, gewollt realistisch gezeichneten Protagonisten, von tiefen, aber durchaus lösbaren Widersprüchen zerrissen (hier, weiß ich, wird der jüngere Leser meine Ironie nicht verstehen, also muss ich ihm erklären, dass es im Sozialismus keine „unlösbaren Widersprüche“ gab), in irgendwelchen Institutionen herumsaßen, in irgendwelchen Büros und Kanzleien, mit ihren Geliebten Cognac und Wodka tranken und Alltagsprobleme diskutierten. Diese sozialistischen Filme aus der Zeit des Verfalls hatten etwas extrem Abstoßendes und Hoffnungsloses an sich.

Ich wollte nicht, dass wir diesen institutionalisierten Protagonisten glichen. Den Ärzten aus Filmen wie „Adaptacija“[20].

20 Adaptacija (Адаптация) – zu Dt.: Anpassung – bulgarischer Spielfilm von 1981, Regie: Vălo Radev. Gilt als der erste bulgarische Film, der psychoanalytische Themen behandelt. Darin sucht ein junger Psychiater auf dem Grat der Unterscheidung zwischen Wahnsinn und geistiger Hypersensibilität nach neuen Methoden, um Menschen, die anders sind, zu unterstützen und in die Gesellschaft einzugliedern. Der Film löste einen Skandal aus. Der Prototyp für den Hauptdarsteller, der Psychiater Georgi Kamenov, war noch vor der Premiere gezwungen zu emigrieren. Der Regisseur wurde vor die Kulturkommission der kommunistischen Partei zitiert und konnte in den folgenden neun Jahren kein weiteres Filmprojekt verwirklichen. (Anm. d. Ü.)

Selbstzufrieden in ihrem abgeklärten und schicksalsergebenen, hoffnungslosen Verfall.

Und deswegen schnappte ich, noch bevor Iv den Tisch erreicht hatte, das eine Glas, stürzte den Inhalt hinunter und gleich darauf den des anderen. Mir wurde wohl. Weil in den dämlichen psychologischen Filmen aus der Vergangenheit keiner so trank. Dort tranken sie langsam, schmierig und abgeklärt. Wie Lumpen, die sich vollsaugten. Ich kippte die hundert Gramm Wodka gnadenlos schelmisch weg. Ließ ein dröhnendes Lachen hören und entließ mindestens drei Liter Luft aus meinen Lungen, um meinen brennenden Mund zu kühlen. Es ging mir gut. Der Jahreswechsel nahte, ich richtete mein Leben zugrunde. Und gerade in diesem Moment war mir das egal.

„Wir werden eine Ausstellung der Kranken machen. Mit Bildern. Du könntest mithelfen", sagte Iv und streichelte über meine errötete Stirn, wahrscheinlich liebte sie mich an diesem vorfestlichen Morgen, so schlau und fiebrig, wie ich war.

„Verdammt!", prustete ich ein letztes Mal und schenkte noch mehr Wodka in beide Gläser ein. „Ich mache bei keinen Ausstellungen mit! Das ist pure Idiotie."

„Komm, Kalinka, genug! Jetzt schlägst du über die Stränge!" Iv schüttelte unwillig den Kopf, und ich begann mich zu fragen, ob sie das sagte, weil ich ihr zu viel einschenkte. Aber sie meinte die Ausstellung der Kranken. Für sie war sie wichtig. Während ich mich in Bezug auf die Initiativen ums Fest seit Tagen und Wochen äußerst geringschätzig verhielt. Sie gar mit Verachtung strafte. Während Iv ihre Seele hineinlegte. Seltsamerweise. Ihre Seele, die, denkt man darüber nach, nicht weniger gepeinigt als meine sein musste.

„Aaach", sagte ich gedehnt und trank noch einen Schluck. „Von dieser Art von Ausstellungen kann ich dir ein Lied singen, aber ich frage mich, ob das nötig ist …"

„Dann sing!", forderte Iv mich gereizt auf, schob sich um den Computer herum und stellte sich auf ein Streitgespräch ein.

„Wie kommt ihr denn darauf, ausgerechnet von den psychisch Kranken eine Ausstellung machen zu wollen?", fing ich leise an.

Es steckten sehr viel Wut und Finsternis in diesem Thema, und ich hatte ziemlich viel darüber nachgedacht. Warum wollte jemand die psychisch Kranken von den anderen separieren und gesonderte Ausstellungen, gesonderte Musik, einen gesonderten Platz in einer gesonderten Welt für sie erschaffen?

Angeblich in der besten Absicht, sie zu integrieren, ihnen die Möglichkeit zu geben, künstlerisch tätig zu sein und Freude an der Kunst zu haben, trennte man sie von den anderen, separierte sie, segregierte sie und machte aus ihnen Andere. Jemand brachte es fertig, dass diese seltsamen Menschen – verrückt, abnorm, anders – gebrandmarkt wurden, angeblich mit dem Ziel, sie in die Gesellschaft der Heuchler einzugliedern. Natürlich wusste ich, dass es diesen Jemand nicht gab, dass dies kein bestimmter Mensch oder eine Gruppe von Menschen war … Und dennoch fragte ich mich manchmal, ob die Böswilligen nicht doch eine ganz bestimmte Gruppe von Menschen sind.

„Wie meinst du das denn, Kalinka? Spinnst du?", griff Iv verärgert den Gesprächsfaden auf. „In allen Kliniken auf der Welt machen sie das, wir aber sollen es lassen?"

„Ach, vergiss doch die Leute!", nahm ich noch ein Schlückchen und entdeckte neben dem großen, philosophischen Thema auch einen kleinen, unterhaltsamen Grund, ein Streitgespräch zu führen: Es tat mir gut, mich mit Iv zu streiten. Überhaupt ging es mir gut mit ihr. Sie wurde rosarot, war stark, schlank und energisch. Das war schön.

„Warum soll ich denn die Leute vergessen … Wir sollen also keine Ausstellung mit den psychisch Kranken machen, weil wir sie so in die Kategorie ‚psychisch krank' zwängen, das meinst du doch? Oder?"

„Genau!", sagte ich und stand auf, um Iv von hinten zu umarmen und sie auf den Hals zu küssen.

„Sie sollen also nicht malen, nicht singen und nicht Klavierspielen?" Iv wurde ein wenig weicher unter meinen Armen und Schultern.

„Doch, sie sollen in Ruhe singen und malen!", rief ich und machte einen Schritt zurück, worauf sie sich zu mir umdrehte. Der Zuwachs an Energie hatte meine Stimmung gehoben. Ich liebte Iv und wünschte mir die Freiheit für alle Menschen. Ich wollte, dass keiner keinen in irgendwelche Rahmen und Kategorien zwängte. Ich wollte, dass die psychisch Kranken frei durch die wilde und seltsame Welt streiften und sie mit ihrem Wahnsinn befruchteten und veredelten. Weil die Welt ohne den Wahnsinn – oder mit ihm, aber kanalisiert, bezeichnet, durchnummeriert, registriert und kastriert, als erzwungene Freizeitbeschäftigung, allein mit sich selbst und in schickliche bürokratische Rahmen gezwängt –, weil die Welt also ohne den freien Wahnsinn trocken, erbärmlich und uninteressant wäre. Und ich auf sie verzichten würde! „Sie sollen in Ruhe singen und sich vergnügen!", rief ich.

„Wieso sollen sie denn dann keine Ausstellung haben, die Lieben?", fragte Iv zärtlich und legte ihre Arme um meine Taille.

„Weil … hast du schon mal gehört, dass van Gogh, der total Verrückte, jemals an einer speziellen Ausstellung für psychisch Kranke teilgenommen hat? Ist er etwa damit berühmt geworden, mit seiner Teilnahme an Ausstellungen für psychisch Kranke, was?", sagte ich mit einer vor Sarkasmus triefenden Stimme und stieß einen unheimlichen Lacher aus. Pah!

Dann wurde ich wieder brav und artig und küsste Iv.

Ich habe schon wieder Dienst.

Das sagte ich zu meiner Frau, und es erfüllte mich selbst mit Entrüstung. Ich war ein Betrüger, ein Lügner und ein Schwein. Ein Egoist wie kein zweiter auf der Welt. Ich traf Vorbereitungen für diesen Dienst, ich wollte ihn. Ich wollte Dienst haben an Silvester. In Hinblick auf mein Gewissen wollte ich das nicht, aber tief in mir drinnen, im kindischen Wesen eines Schelms, eines Banditen und eines Lügenmauls, sehnte ich mich danach, ausgerechnet am Feiertag Dienst zu haben. Und warum? – würde man fragen. Na wegen Iv. Schon wieder diese Iv. Schon wieder diese Iv.

Ich liebte sie so sehr, ich mochte mir nicht vorstellen, dass sie in ihrer Wohnung allein bleiben würde, in der niemand auf sie wartete. Ich stellte es mir vor, und mein Herz wurde so schwer, dass mir übel wurde. Gleichzeitig stellte ich mir meine Frau und meine Tochter vor – ebenfalls allein in der Silvesternacht. Und wieder wurde mir übel.

Meine Frau hatte die kleine Kuki, unsere Tochter. Stimmt schon …

Iv hatte nur mich. Das war eine völlig absurde und jämmerliche Rechtfertigung, mein Gewissen akzeptierte sie aber zum Teil. Außerdem würde meine Frau, Sali, den Feiertag zusammen mit meinen Eltern verbringen, Iv dagegen – war wirklich allein. Doch wer ist nicht allein an Silvester? Ich dachte auch daran, dass alle psychisch Kranken an diesem Feiertag allein sein würden. Und wie immer – allein in ihren wahnhaften Erlebnissen und Gedanken. Und ich spürte, dass auch ich lieber allein sein wollte. Aber ich wollte auch mit Iv sein. Mir *wurde übel* vor Gewissensbissen, und dennoch wollte ich es. Uff.

Ich richtete es so ein, nicht nur in der Silvesternacht selbst, sondern auch in der darauffolgenden Nacht, bis zum 2. Januar, Dienst zu haben. Ich würde am 31. mittags antreten und bis zum 2. dableiben, bis ein Kollege, warm und parfümiert (um den alkoholischen Atem zu kaschieren), kam, um mich abzulösen.

Am 31. in der Früh sauste ich aus meiner Wohnung in Diana-bad, ich rannte, atmete stoßweise, aufgekratzt wie ein Hund, nahm einen Bus, eine Straßenbahn und noch einen Bus, stand auf der runden Plattform in der Mitte des Busses, und meine Muskeln waren zum Bersten gespannt, ich zitterte und seufzte. Hätte mir jemand nur leicht den Finger in den Rücken gebohrt, ich wäre wie ein Block aus Kristall zerborsten und hätte den Boden des dreckigen lokalen Dorfbusses mit den kristallenen Bruchstücken meines Herzens bedeckt. Ich werde an einem Infarkt verrecken, dachte ich.

Und – klar! Ich fuhr da hin, wo ich Silvester so illegal wie überhaupt möglich verbringen würde … auf eine ungestüme und freie, verrückte und gefährliche Art und Weise, indem ich alle menschlichen Regeln missachtete: in der größten Irrenan-stalt Bulgariens, mit meiner Allerliebsten, für die ich alles auf-geben wollte.

Ich musste etwas trinken. Ich war unterwegs nach Kurilo und war so aufgeregt, dass ich zu ersticken drohte. Ich dachte sogar weniger an Iv und an die Feier als eher daran, dass ich ein Glas Alkohol brauchte, um mich ein wenig zu beruhigen. Ich spürte, dass ich wegen dieser verfluchten Liebe und diesen verfluchten Emotionen bald zum Trinker werden würde. Ich lächelte unbekümmert.

In der Klinik angekommen, machte ich mich zum Dienstzimmer auf. Dort sprachen der Dienstarzt von der vorigen Nacht und ich uns rasch ab, er war ein junger Arzt, wir tauschten ein paar mäßig lustige Sprüche aus. Ich erkundigte mich mehr schlecht als recht nach der Situation in der Klinik. Es war schon seltsam, dass uns, die jüngeren Ärzte, vor allem eines interessierte, und zwar ob der Chefarzt, Doktor G., in der Klinik sein würde oder nicht. Dieser lächerliche Infantilismus war uns allen bewusst. Besonders mir. Uns nicht für das Wesentliche unserer Arbeit zu interessieren, sondern dafür, ob unser verdammter Chef auf der Arbeit sein würde und in welcher Stimmung – das war unsere infantil-sklavische Grundhaltung. Ich begriff, dass dies für alle Sklaven galt. Und das ging mir auf die Nerven, doch jetzt gerade hatte ich anderes im Sinn. Nicht etwa mit seinen despotischen (eigentlich absolut vernünftigen und allem Respekt würdigen) Ansprüchen hätte mir Doktor G. zusetzen können, sondern indem er mir etwas auftrug, was mich daran gehindert hätte, mit Iv zusammen zu sein.

Doktor G. verbrachte die Feiertage häufig in der Klinik. Er war teuflisch hingebungsvoll, hingebungsvoll wie jene Ärzte der klassischen Epoche, die mit ihren Kranken gelebt haben und oft an deren Krankheiten gestorben sind. Heilige, die in jener mittelalterlichen Finsternis gleichsam wie Kerzen ausbrannten. Allerdings. Dieser Klinik und allen Kliniken in Bulgarien mangelte es nicht an mittelalterlicher Finsternis. Sprich, für solche wie Doktor G. gab's Platz genug.

Heute aber war er nicht gekommen. Ich seufzte. Etwas unsagbar Schweres entwich meinen Lungen, sogar ein paar Moleküle Wodka, den ich am Vortag getrunken hatte. Ich gemahnte mich selbst daran, dass ich etwas trinken musste, um nicht allzu aufgewühlt zu sein. Iv würde wahrscheinlich in einer Stunde da sein. Ich klopfte meinem Kollegen, der mir den Dienst übergab, auf die Schulter, lächelte ihn auf bulgarische Art an, gepeinigt und mitfühlend, als wüssten nur wir, was für bittere Märtyrer wir waren, und machte mich auf in mein Sprechzimmer.

Im Sprechzimmer setzte ich mich, oder eher noch, ich streckte mich auf dem alten Sofa aus, stützte meine Füße mit den Kanten der Absätze auf dem Pult ab und überließ mich der Betrachtung eines Bildes, das an der Wand hing. Es war ein Porträt meiner Sali, meiner armen Frau. Ich hatte sie in den Tagen gemalt, als ich in sie verliebt war. Ein rot-schwarzes Porträt. Es sah ein bisschen unheimlich aus. Jetzt stimmte mich dieses Porträt besonders traurig. Ich verspürte keine Gewissensbisse. Ich empfand nur einen furchtbaren Schmerz für die arme Sali. Ich war verliebt, sie – nicht. Ich hob das Glas Whiskey, das ich mir eingeschenkt hatte, und nahm einen Schluck. Ich hatte drei oder vier Flaschen Dienst-Whiskey in meinen Schränken. Billigen Whiskey, den mir irgendwelche Verwandten von Patienten geschenkt hatten. In allen Schränken in der Klinik gab es solche Flaschen. Das war absurd. Ich saß da, trank vor mich hin und litt wegen der lieben Sali, spürte aber eigentlich genau, dass ich nicht allzu sehr litt. Der verliebte Mensch leidet nicht. Er ist aufgewühlt. Mitleid ist für ihn ein Luxus und sonst nichts. Jetzt werde ich also ein bisschen am Unglück derer, die nicht verliebt sind, leiden, und dann werde ich wieder voller Überschwang singen – so denkt der Verliebte. Und so trank ich vor mich hin und sah mir Salis Porträt an.

Dann, eine Stunde später, kam Iv. Wir fielen einander in die Arme. Irgendwann am Nachmittag lud uns der Pfleger Načo in eines der Schwesternzimmern zum Essen ein und tischte uns irgendein mariniertes Gemüse auf, das ganz nach Essiggurken aussah. Als wir es probierten, schrien Iv und ich auf vor Schmerz – es war fürchterlich scharf. Načo heulte und miaute vor Lachen.

„Das sind scharfe Paprikaschoten von der Nothilfe. Scharfe Schoten, aus Mexiko, zum Teufel", sagte er und hörte nicht auf, sich vor Lachen und Husten zu krümmen.

Und so saßen Iv und ich den ganzen Nachmittag zusammen, schauten einander an, hielten uns heimlich an den Händen, mussten hie und da kurz raus, in ein geheimes Sprechzimmer, um einander ein bisschen in die Arme zu nehmen, und kamen dann wieder zurück ins Schwesternzimmer zu den Schwestern und Pflegern. Sie machten sich bereit für die Feier, türmten Essen und Getränke aller Art in den Kühlschränken und Schränken, packten von Zeit zu Zeit etwas zu essen aus – selbst gemachten geräucherten Speck und Sauerkraut, starken Rakija –, und wir aßen, dann wurden alle wieder geschäftig, und Iv und ich blieben wie hypnotisiert sitzen. Nebeneinander.

Bis der Tag um war. Und ich mich ziemlich beschwipst, aufgewärmt, glühend, berauscht Iv durch die Schneewehen zum Eingang begleiten sah. Sie musste nach Hause. Ihre Eltern waren aus der Provinz angereist. Was für eine Ironie. Ich hatte alles Mögliche getan, um mit ihr zusammen zu sein, sollte aber nun allein sein. Wie sie auch, auf die eine oder andere Weise. Tja.

Und dann blieb ich allein. Ich blieb allein mit all den zweihundert Kranken und den sechs Schwestern und den vier Pflegerinnen und den zwei Pflegern und den sechs Eichhörnchen, die über die Buchen und Akazien huschten, und den zehn Hunden, die über das Gelände streunten, um sich zwischen den Schneewehen auszustrecken.

Bald wurde es Abend, während ich im Empfangszimmer einen neuen Patienten aufnahm. Ich nahm ihn rasch und ziemlich formell auf. An Feiertagen kamen meistens aufgekratzte Manie-Kranke ins Spital. Heiter und oberflächlich, voller Überraschungen und eigentlich völlig uninteressant. Die übersteigerte Hochstimmung der manisch Kranken ruft kein

Mitgefühl hervor. Selbst der kalte Kummer der Schizophrenen weckt mehr Mitgefühl in den Menschen. Und im Endeffekt auch in den Ärzten. Mir ging auf, dass ich für Menschen, die heiter waren, kein Mitgefühl entwickeln konnte. Ich wusste, dass keiner das konnte. Noch weniger, wenn sie unserer Meinung nach eigentlich trauern sollten.

Und darum schenkte ich dem hochgestimmten manisch Kranken, den ich aufnahm, keine Beachtung. Wie er mir übrigens auch nicht.

Es war Abend, und ich irrte durch die verschneiten Alleen und trauerte um mein ruiniertes Leben, das nicht einmal ruiniert war; ich wusste aber, dass ihm das noch bevorstand. Ich irrte durch die Alleen, während die große Klinik mit ihren von bläulichem Schnee bedeckten schwarzen Gebäuden leuchtete, und versank im lichtlosen Eingang der geschlossenen Abteilungen. Im finsteren zweistöckigen Gebäude, das einer Kaserne für Gespenster glich, aus der gelegentlich das dünne Geheul einer verrückten Frau erklang. Das neue Jahr war im Anzug.

Gegen elf fühlte ich mich so einsam, dass mir ein wenig schlecht wurde. Mein Herz zog sich zusammen und stolperte, ich ging die Alleen des dunklen Geländes entlang und war völlig kraftlos.

„Lieber Gott!", rief ich ganz leise. „Lieber Gott! Mir fehlt die Kraft für dieses Leben! Ich versuche ja, glücklich zu sein, doch das erweist sich als falsch, alle leiden deswegen. Wehe, man wünscht sich, glücklich zu sein! Die ganze heulende und unglückliche schwarze Welt fällt über einen her, um einen wie eine riesige Maschine des Unglücks und der Langeweile platt zu walzen. Wehe dem Dummkopf, der seine Hand in ihr gigantisches, hämmerndes Getriebe steckt. Schon fliegt er wieder heraus – eine Kugel aus Gedärm, Haar und zermalmten Knochen."

„Die bin ich jetzt, lieber Gott, so fühle ich mich!“, zischte ich leise vor mich hin, als ich unter einer enormen Akazie stand, den Kopf neben einen zehn Zentimeter langen Trieb gelehnt, der, von mir unbemerkt, meine Wange durchbohrt hatte. In der Finsternis fiel ein Tropfen Blut zu Boden und ließ einen schwarzen Fleck auf dem weißen Schnee zurück.

„Och! Ich bin so traurig, lieber Gott“, quengelte ich nun schon beinahe gleichgültig, mein Herz war so schwer, dass mir die Kraft für starke Gefühle fehlte. „Du lieber Gott! Ich werde in mein Sprechzimmer gehen und mich meiner Verzweiflung hingeben!“, kündigte ich ihm an. „Ich werde mich betrinken, hörst du!“ Ich sprach in die leere, kalte Luft hinein und machte mich zum Dienstzimmer auf.

Unterwegs unternahm ich einen kleinen Abstecher in die Geschlossene Männer. Ich hatte keine Kraft, mir zu viele Gedanken zu machen. Zu trinken hatte ich Lust, fürchtete mich aber gleichsam davor, allein zu sein. Ich brauchte Gesellschaft. Ich machte einen Spaziergang durch die Station. In meiner Tasche wog schwer wie ein metallener, *birnenförmiger Mundpfropfen* aus dem Mittelalter eine Flasche Cognac. Ein pathologisches Getränk für verkommene, städtische Parvenüs. Jemand hatte sie mir geschenkt. Wahrscheinlich hatte er mich mit diesem Cognac in einen verkommenen, städtischen Parvenü verwandeln wollen.

„Svetljo, Žoro, was geht ab, wo werdet ihr … Silvester sein?“, scherzte ich freudlos. Die Jungs standen vor der Toilette und rauchten.

„Doktor Terzijski, hat man denn keinen Besseren gefunden und Sie zu Silvester herbestellt?“, versuchte Žoro sich lahm einzuschleimen.

„Nein, hat man nicht!“, antwortete ich ihm voller Überdruss. „Und warum soll’s denn ein anderer sein? Nur damit ein anderer die Arschkarte hat? Warum denn sonst! Wenn’s jemandem scheiße gehen soll, dann will ich das sein. Sonst platze ich noch vor Gewissensbissen, alles klar? Hätte man einen anderen verarscht, ginge es mir nur beschissener."

„Aha. Sie sind ein ganz edler Mensch, Doktor Terzijski", sagte Svetljo. Ich beäugte ihn kritisch, und die nächste Welle unerträglicher Traurigkeit brach über mich herein. Was schleimt dieser arme Typ bloß herum, wahnsinnig und allein, was nützt es ihm, diese leeren Worte auszusprechen? Ich hatte ihm nichts zu sagen.

„Ach was, edel, pah", schnaubte ich müde, „so ein Unsinn. Nun denn … wieso kommt ihr denn nicht mit in mein Sprechzimmer zum Feiern? Ich habe null Gesellschaft."

„Na jaaa." Svetljo senkte den Kopf, während sich Žoro die nächste Zigarette ansteckte; seine Augen leuchteten kurz auf, wie ich bemerkte.

„Werden denn die Schwestern das erlauben?", fragte Žoro beinahe munter.

„Ach was!", ärgerte ich mich. „Schließlich bin ich ja … Na, hör sich das einer an – ich bin doch der Dienstarzt hier! … Was sollen diese Schwestern?"

„Na, gut!" Das Leuchten in Žoros Augen wurde stärker. Ich spürte, was er im Sinn hatte. Und sah auch, wie seine Augen die Flasche in meiner Tasche abtasteten. Auch ich trank zu viel und wusste, welche Gedanken ihn umtrieben. Žoro war ein Junkie und Alkoholiker, er war nach allem in der Welt süchtig, was den Verstand benebelte.

Žoro hatte im Streit irgendeinen Dealer mit dem Messer getötet. Svetljo hatte seine Großmutter umgebracht. Svetljo litt an Schizophrenie. Er war sich seiner Krankheit bewusst, zumindest wenn er gerade keinen Anfall erlitt. Erlitt er gerade einen, wurde er finster, nabelte sich völlig von der Welt ab, und der bloße Gedanke an das, was in seinem Kopf vorgehen mochte, war grauenerregend. Er war richtig gefährlich, wenn er nicht bei sich war. Einmal, vor einigen Monaten, hatte er während eines Schubs und auf Befehl irgendeiner Stimme in seinem Kopf das Bein seines Bettnachbarn gebrochen. Mit einem Pflock, dick wie das Handgelenk eines Mannes, hatte er im Dunkeln ausgeholt und auf den Körper unter den Laken eingeschlagen, aber das Bein getroffen, weil sich der Schlafende gedreht hatte und mit verdecktem Kopf anders als gewöhnlich dalag.

Also sollte ich die Silvesternacht mit zwei verrückten Mördern verbringen. Ich hätte sie lieber anders genannt. Wie ein von der eigenen Scheinheiligkeit gequälter, politisch korrekter Schleimer hätte ich hundert andere Begriffe verwenden können. Psychisch Kranke mit Homizid-Gedanken oder sonst einen gemeinen Euphemismus. Sie wären aber verrückte Mörder geblieben. Die ganze Psychiatrie breitete sich vor meinen Augen aus, voller gemeiner, scheinheiliger Euphemismen, voller neuer und verwässernder Bezeichnungen für alle Tragödien der Welt. Suizid-Absichten und desadaptive Verhaltensmuster. Unsinn, Unsinn, Unsinn … Während ich dasaß und in Gesellschaft zweier verrückter Mörder auf den Anbruch des neuen Jahres wartete.

„Na dann, los, Jungs!", rief ich energisch, ergriffen von der Euphorie des Verzweifelten. „Gehen wir feiern."

„Kommen auch Damen?", scherzte Žoro freudlos.

„Es kommen hundert Damen", knurrte ich und schritt den Gang hinunter, während sie mit ihren nach Urin stinkenden Pantoffeln hinter mir herschlurften.

Im Sprechzimmer setzten wir uns, und ich öffnete die Flasche. In wenigen Minuten würde das neue Jahr anbrechen. Es war schwindelerregend. Ich musste lachen. Goss den Jungs je einen Fingerbreit ein und behielt selbst die Flasche. Wir stießen an.

„Und keine Morde mehr im neuen Jahr, alles klar, Jungs?"
Mir entfuhr ein widersinniges Lachen, in das sie einstimmten.
Absurd, wie wir waren. Sie genierten sich wegen ihrer Morde,
und ich versuchte mich nicht zu kaprizieren. „Ach, halb so
wild", wollte ich ihnen sagen. Ich wollte alle versöhnen. Mich
selbst mit der Welt und diese verrückten Jungs mit ihrem
Gewissen. Ich war versöhnlich gestimmt und sehr traurig. Ich
wollte ihnen sagen: „Ach, was soll's, ihr habt den einen oder
anderen getötet, aber von nun an werdet ihr vernünftige Jungs
sein, und alles wird gut. Lasst uns trinken. Auf unser Wohl!"

„Und im neuen Jahr keine Morde mehr", wiederholte ich
leiser und wie zu mir selbst. Sie erhoben die Gläser, ich die
Flasche, und wir tranken.

Den Rest der Nacht verbrachten wir gelangweilt vor dem
Fernseher mit irgendeinem Rockkonzert, ich packte immer
wieder irgendwelche Kekse und Zigarettenpäckchen aus, gab
ihnen aber nichts mehr zu trinken. Sie waren ja Verrückte.
Mörder. Und ich, ich hatte einen viel zu großen Durst. Also
trank ich den Cognac allein aus und dann noch einen halben
Liter Whiskey, den ich im Schrank im Dienstzimmer fand.
„So, das war's!", sagte ich gegen drei Uhr zu mir selbst. „Das
Leben geht weiter."

„Ciao, Jungs!", stieß ich meine Freunde aus dem Zimmer
und rollte traurig ins Bett.

Von der Wohltat, zu nehmen

„Was meinst du", sagte ich zu Iv, während wir im warmen, sonnigen Räumchen der Psychologen saßen, „muss man den Patienten ständig Kleingeld und Zigaretten schenken?"

„Na ja ..." Iv schaute aus dem Fenster. Um die Baracke, in der wir saßen, lungerten drei bis vier Patienten herum.

„Müssen wir das, ich meine nicht nur dich und mich ... sondern überhaupt, müssen wir den Patienten Kleingeld schenken? Zigaretten und Kleingeld ... das Ganze kommt mir ziemlich erbärmlich vor. Damit verderben wir sie nur, glaubst du nicht?"

„Du weißt doch, dass das kompliziert ist ...", mummelte Iv und brachte eine orange Strähne in Ordnung, die ihr ins Gesicht gefallen war. Sie wärmte mir das Herz mit ihrem orangen Mädchenhaar. Ach, was für eine Hiparin sie doch war, was für Idioten wir nur waren, verdammt! Wir gingen auf die Dreißig zu, sie würde sie bald vollendet haben, und waren immer noch lächerliche und unpraktische Idealisten, oder wie man sonst solche Menschen wie uns nennt.

Sie und ich – was für ein Anblick! Ich lächelte und betrachtete sie von hinten. Leichtsinnige, erwachsen gewordene Hiparen, das sind wir, sagte ich mir und verspürte ein eigenartiges Gefühl von Gnade für uns beide. Iv und ich in der sonnigen Baracke.

„Was ist denn kompliziert daran, Ivanče?", lächelte ich und berührte sie am Nacken.

„Ach, das weißt du doch!" Sie kam mir vor, als wäre sie in ein mittägliches Nirwana gefallen; es war etwa zwölf, die Klinik lag stumm, und die Sonne schien.

„Ja, ich weiß es! Man geht davon aus, dass es schlecht ist, ihnen Geld zu geben, weil man ihnen so beibringt, unselbstständig zu sein, nicht wahr – die Kranken werden abhängig."

„Grundsätzlich, ja", sagte Iv und drehte sich um, setzte sich an ihren Schreibtisch und zündete sich eine Zigarette an.

„Hast du was zu trinken da?", fragte ich und griff gleich in ihren Schrank. Dort fand ich eine Flasche Wodka von irgendeiner längst vergangenen psychiatrischen Party. Ich schenkte mir in ein leeres Kinderbreiglas ein, nahm aber zuerst einen Schluck aus der Flasche. Mir wurde warm. Wohlig.

„Also, ich glaube, schau zum Beispiel den da an ...", fuhr ich fort und zeigte auf einen der Patienten, die vor der Baracke herumlungerten – auf einen alten Patienten, sprich, schon lange hier. „Da, sieh dir den an, den ... – wie hieß er noch?"

„Angel, der gute Mensch", antwortete Iv ohne besonderes Interesse.

„Hm, nennt ihr ihn so?"

„Mhm", erklärte Iv, „so wendet er sich an jeden. Er ruft: ‚Guter Mensch, hast du eine Zigarette für mich übrig, guter Mensch? Nur eine Zigarette. Ich sag dir, ich werde dich um nichts mehr bitten. Ah? Gibst du mir eine Zigarette, guter Mensch? Du bist ein guter Mensch.' So haut er jeden an."

„Schon lustig ... nicht wahr ... Er schnorrt immer Geld und Zigaretten, also ist er abhängig von der Klinik. Du gibst ihm, das weiß ich. Und wenn du ihm immerzu gegeben hast, dann ..."

„Hey, wirf du mir doch nichts vor!", antwortete Iv spröde, aber lieb, als fühlte sie sich gekränkt. „Du gibst ihnen doch auch!"

„Ja, doch! So haben wir ihn also immer, wenn wir ihm gegeben haben, noch abhängiger gemacht."

„Ja, so ist es!", stimmte Iv zu und seufzte.

„Na schön! Sie sind abhängig von unserem Kleingeld – das glauben wir ... Das ist das übliche Denken. Aber eigentlich sind wir von ihnen abhängig."

„Ja!", seufzte Iv tiefer. „Das ist eine komplizierte Sache", fuhr sie fort. „Und doch glaube ich, dass gerade wir ihnen dankbar sein müssen. Wir sind von ihnen abhängig. Wären sie nicht da, wem würden wir dann geben?"

„Ja!" Ich lebte auf, weil ihr klarer Verstand mir Freude bereitete. Ich freute mich, dass sie wie ich dachte. „Wir sind von diesen Menschen abhängig! Eigentlich sind sie es, die uns ..." Ich hielt inne und begann auf der Suche nach dem richtigen Wort mit den Fingern in der Luft herumzuzappeln. „Also, diese Menschen, diese Kranken erweisen uns ... Sie erweisen uns ... eine Wohltat! Nicht wahr? Wenn sie nicht wären, wem würden wir dann täglich Wohltaten erweisen? Wie würden wir uns dann als *Wohltäter* fühlen? Stimmt's, Ivanče? Wie würden wir uns dann als Altruisten fühlen können, hm? Als Märtyrer und *Selbstaufopferer* – oh, là, là, was für ein Wort ich erfunden habe! Hm?"

„Na jaaaaaa!" Ivs Antwort kam zögerlich, und sie streichelte zerstreut meine Wange. „Notier dir das für irgendeine Zeitschrift. Du schreibst doch für Zeitschriften, oder? Schreib: ‚Wir, ach was, nicht nur wir, sondern alle in dieser Gesellschaft oder was das denn sein mag, sind Schuldner dieser Patienten. Denn wenn sie nicht wären, dann gäbe es keinen, den ...'"

„Hm ...", prustete ich lachend durch die Nase. „Dann gäbe es keinen, den wir mit unserem Kleingeld und unseren Zigaretten beschenken könnten ..."

„Genau!", sagte Iv. „Komm, jetzt zieh ich mich um, denn es ist Zeit für uns zu gehen ... auch das noch. Als ob es nicht genug wäre, dass wir hierher kommen, wir müssen dann auch wieder gehen …"

„Mhm, ja", murmelte ich, schlich noch einmal um sie herum und streifte sie mit dem Saum meines Kittels. „Warum bleiben wir denn eigentlich nicht hier? Warum gehen wir überhaupt heim? Wir müssen uns doch ganz den Kranken widmen? Warum sollten wir dann heimgehen?"

„Na, jetzt machst du Witze, aber Doktor G. wird wirklich hier schlafen", lächelte Iv und begann sich anzuziehen.

„Bravo!", lachte ich leise. „Das ist doch die Höhe, ha-ha, er veruntreut ja direkt die Wohltaten der Kranken. Da haben wir's! Er dreht ihnen so viel Selbstaufopferung an, dass sie wahrscheinlich schon kotzen müssen! Was für ein Mensch!"

„Den Kranken ist das völlig schnuppe. Gibst du ihnen – ist es willkommen! Komm, lass uns gehen!" Und Iv warf, typisch Hiparin, ganz nonchalant ihre Tasche über die Schulter.

„Also los!", sagte ich.

Der Reigen des heiligen Veit

Und verloren sei uns der Tag,
wo nicht Ein Mal getanzt wurde!
Und falsch heiße uns jede Wahrheit,
bei der es nicht Ein Gelächter gab!
Friedrich Nietzsche, Also sprach Zarathustra

Sami und ich sahen unserem tanzenden Patienten durch die einen Spalt weit offene Tür zu und rührten uns nicht. Keiner wollte aufstehen, um ihn zu empfangen. Wir hatten ihn satt. Er litt an Chorea Huntington[21], und wir konnten nichts daran ändern.

Die Chorea Huntington ist ein solcher Fluch, dass einem schon der Gedanke daran lästig ist. Der Mensch, dessen

---

21 Verantwortlich für die Huntington-Krankheit ist ein defektes Gen, das sich im kurzen Arm des vierten Chromosoms befindet. Es herrscht eine Atrophie von Teilen des Vorderhirns vor sowie eine schwere Beschädigung der Neurone des Striatums. Die Krankheitssymptome treten in der Regel im Alter zwischen 30 und 40 Jahren auf, es sind aber auch Chorea-Fälle bei 20-jährigen Patienten dokumentiert.
Die Krankheit beginnt fast unmerklich und tritt anhand von leichter Reizbarkeit und Konzentrationsschwierigkeiten in Erscheinung. Sie schreitet allmählich voran, und die Symptome werden immer stärker, bis Hyperkinesien und intellektuelle Störungen zum Vorschein kommen. Als typisches Symptom für die Anfangsstadien der Chorea Huntington gilt das Auftreten von raschen und ungewollten choreatischen Hyperkinesien. Am Anfang haben die Gesichtsticks die Form von Zwinkern und Grimassen, dann aber verstärken sie sich und betreffen alle Muskelgruppen. Der Tremor der Extremitäten und der Verlust der willentlichen Kontrolle über die Muskeln sind der Grund für den sogenannten „tanzenden" Gang, charakteristisch für die Menschen, die an Chorea Huntington leiden. (Anm. d. A.)

Gehirn aufgrund eines genetischen Defektes im vierten Chromosom beschädigt ist, macht ständig endlos viele Bewegungen mit seinen Extremitäten. Diese ununterbrochenen, zuckenden Bewegungen der Arme und Beine lassen den Kranken aussehen, als tanzte er einen unheimlichen, absurden Tanz.

Zu sehr hatten wir uns an den Anblick dieses Kranken gewöhnt, um mit ihm mitfühlen zu können. Ich meine, wir empfanden schon Mitleid. Wir waren nicht gefühllos. Immer wenn er auftauchte, spürte ich eine Mischung aus Verlegenheit wegen meiner unverschämten Gesundheit und leichten Ekel. Den Ekel des von der Krankheit Verschonten. Aber, nein! Ich weiß es – wir empfanden nicht jenes echte, tiefe Mitgefühl, das man nur dann empfindet, wenn man Angst hat. Das Mitgefühl, das du dann spürst, wenn du das fremde Leid wie ein Kleid anziehst; wenn du es dir gedanklich selbst auferlegst und dann, vom eigenen Erscheinungsbild bestürzt, nachzudenken beginnst. Um wirklich mitzufühlen, muss man Angst um sich selbst kriegen.

Sami und ich konnten uns nicht vor der Chorea fürchten. Sie war für andere Menschen bestimmt. Manche Dinge sind viel zu hässlich, als dass man sie auf sich selbst beziehen könnte. Zum Beispiel die Chorea Huntington. Wir litten nicht mit. Wir sahen ihm zu.

Wir konnten nichts tun, um sein Leid zu lindern. Täglich kam er zu uns und tanzte vor der Tür, in Erwartung irgendeiner (auch für ihn selbst) namenlosen Hilfe. Offenbar fühlte er sich an den düsteren Vorabenden besonders traurig und hoffnungslos. Wir stellten ihm sinnlose Fragen: „Was ist los? Wie geht es dir jetzt? Was tust du? Warum gehst du nicht schlafen?"

Ich kam mir im Angesicht dieses Menschen sehr albern vor.

Die Chorea wird auch „der Tanz des Heiligen Veit" genannt. Unser Patient sah aus wie ein trauriger, sich windender und grimassierender Heiliger. Ein heiliger Veit, dem man, anstatt ihn in siedendem Öl zu kochen, einen lebenslangen Aufenthalt in der Irrenanstalt auferlegt hat. Einen lebenslangen Tanz im Pyjama.

Auf den linken Ärmel und das Hosenbein dieses Klinik-pyjamas hatte jemand mit Ölfarbe und erschütternder Nachlässigkeit „MRO"[22] gepinselt. Rehabilitationsstation für Männer. Was aber auch problemlos Mystischer Rosa Orgasmus hätte bedeuten können. Gedanklich beglückwünschte ich denjenigen, der die Kleidung mit „MRO" markiert hatte. Mit ein paar wenigen Strichen war es ihm gelungen, die ganze medizinische Wissenschaft im Umkreis von zehn Kilometern ihres Sinns zu entledigen.

Nun ja. Die Umgebung konnte noch so vieles zu bieten haben: Da mochten fabelhafte und vorzügliche Ärzte mit großem Wissen über Chromosomen und die Biochemie des Gehirns sein; Bibliotheken voller kluger und brillanter Bücher; es mochten Ideen vom Albert Schweitzer'schen Humanismus in der Luft liegen ... All das war ohne jede Bedeutung. Dieser Schriftzug machte all das unmissverständlich und unwiderruflich hinfällig. Er zeigte schlicht und einfach, dass man die Kranken als sonderbares Vieh betrachtete. Vieh, das mit Ölfarbe markiert war.

„Ach, komm, Doktor Terzijski, lass gut sein! Das ist einfach ein Pyjama!", würde ein im Vergleich zu mir weniger zänkischer Mensch sagen.

Ja, schon. Aber ich muss einfach noch anmerken, dass dieser Pyjama die einzige Bekleidung unseres tanzenden Heiligen war. Er hatte keine anderen Kleider. Und würde auch zukünftig keine haben. Er war sechzig und würde innerhalb

---

22 MRO – Мъжко рехабилитационно отделение (Mǎžko rehabili-
tacionno otdelenie) – zu Dt.: Rehabilitationsstation für Männer.
(Anm. d. Ü.)

der nächsten zwei Jahre sterben. Eines schönen Tages würde er in diesem Pyjama, mit den glänzenden und hässlichen Buchstaben markiert, zu den anderen Heiligen gehen. In den Himmel, wo er sich endlich von seinem schrecklichen Tanz ausruhen würde.

Schließlich richtete sich Sami auf und ging zum tanzenden Menschlein. (Ich nenne ihn nicht „Menschlein", um sein Leid herabzuwürdigen und mich der Pflicht, mit ihm mitzufühlen, zu entziehen – er war einfach klein von Wuchs.) Vor Aufregung zog es sich zusammen und gab sich ganz seinem Tanz kläglicher Verrenkungen hin. Um sein Gesicht am Ende irgendwie hoffnungsvoll nach oben zu richten. Wie ich schon sagte, wir sprachen nicht mit ihm. Aus Gewohnheit. Ich glaube, er war uns dankbar, dass wir ihn nicht zum Sprechen zwangen. Wahrscheinlich hätte er furchtbar gelitten, wenn wir ihm auferlegt hätten zu sprechen.

Sami zog eine Flasche Wodka aus dem Schrank neben der Tür und goss drei Fingerbreit in eine Tasse. Dann nahm er eine Aspirin-Tablette aus einer besonderen, eigens dafür bereitgelegten Schachtel. Er reichte ihm Tasse und Tablette, und der Tanzende nahm sie entgegen. Er steckte die Tablette in den Mund. Nutzte den Schwung einer der größeren Zuckungen seines Armes und schleuderte den ganzen Wodka in seinen Rachen. Es war extrem traurig.

Dann machte sich der Tanzende des Reigens des heiligen Veit auf in sein einsames Zimmer.

Seit einiger Zeit machten wir das täglich. Ich dachte bei mir: Wenn jemand dieses absurde Ritual mit ansehen würde, würde er sagen, dass Sami ein zynischer Idiot sei. Er würde sagen, Sami sei ein herzloses Monster, das die Medizin ihres Sinns entledigt. Ich antwortete diesem Jemand sofort: „Verpiss dich, du Dummkopf! Sami ist ein Heiliger! Wenn du so ein Profi bist, wenn du so kultiviert bist, was Ethik anbelangt, dann komm her und mach was Gescheiteres! Ja, versuch in genau diesem Fall etwas Gescheiteres zu tun. Pah!"

Übrigens könnte einer sagen, dass es bei der Behandlung wichtig sei, ein Konzept, eine Strategie zu haben, eine effiziente Methodik anzuwenden und so weiter. Mithilfe einer präzisen Auswahl psychiatrisch therapeutischer Instrumente an den Kranken heranzugehen. Bla, bla, bla. Auch so, mittels komplizierter und hochtrabender Sätze, kann man erklären, was der Psychiater tut, wenn er einem unheilbar an Chorea Huntington Erkrankten eine Aspirin-Tablette gibt.

Ich bin mir sicher, dass die mittelalterlichen Inquisitoren, während sie die Verrückten auf die Scheiterhaufen schickten, ebenso voller Strategien und Konzepte gesteckt haben. Denn in meinen Augen sehen alle Hexen Frauen, die an Schizophrenie leiden, zum Fürchten ähnlich. Deshalb.

Was ich sagen will, ist, dass das, was Sami und ich taten – der Wodka und das Aspirin – jedes Konzepts und jeder Strategie entbehrte. Unser Handeln enthielt drei Schlüsselelemente. Diese sind offenbar die wirklichen Grundelemente jeder Behandlung: Gnade, Aufmerksamkeit und Wodka für die traurige, gepeinigte menschliche Seele. Das glaube ich inzwischen.

Wein und Weine

Das Leben an sich ist eine wütende
Explosion gegen den Tod,
gegen das kühle Nichtleben.
Eine zärtliche Explosion.
Kalin Terzijski

Ich fühlte mich elend. Schon wieder hatte ich meine Frau
betrogen und war bis zwölf bei Iv geblieben, hatte viel getrunken,
Liter um Liter; und mich im breiten Bett gewunden,
atemlos und ohne Erinnerung an die Welt.

Dann ging ich heim, in meine kleine Wohnung in Dianabad,
meine Frau wachte auf, und wir saßen, angespannt und
starr, in der grell beleuchteten Küche. Wir zischten und
schnauften – leise und böse – fast drei Stunden lang. Dann
ging ich ohne Ziel davon, dann rief sie im Treppenhaus nach
mir, dann blieb ich auf dem Treppenabsatz zwischen den
Stockwerken stehen und horchte auf ihr angestrengtes
Geflüster, mit dem sie mich zurückrief …

Ich fühlte mich schuldig. Hitler und Goebbels waren unschuldiger
als ich, ich beneidete sie. Im Wohnzimmer, das
unser einziger Wohnraum war, schlief meine Tochter Kuki, und
ungewollt wanderten meine Gedanken zu ihr. Mit einer masochistischen
Beharrlichkeit führten meine Gedanken zu ihr, um
mich jedes Mal einen fürchterlichen Biss verspüren zu lassen;
als hätte mich eine Kobra gebissen. Der Gedanke daran, dass
da im Wohnzimmer mein dreijähriges kleines Mädchen unruhig
schlief und mit Schrecken träumte, dass Mutter und
Vater sich scheiden lassen würden, war wie der Biss einer

Kobra; meine Muskeln verfaulten, mein Herz verweste und sonderte dabei Blasen übel riechender Gase ab.

Meine Frau stand an die saubere und stille Waschmaschine gelehnt und schwieg, ihr Gesicht war ruhig und gütig. Sie war eine eigentümliche Heilige, blond und lieb, milchweiß und edel, heimgesucht von irgendeinem lüsternen römischen Teufel – um drei in der Nacht.

„Was sollen wir jetzt tun?", fragte sie mich, und ich stieß zischend die letzten Moleküle Luft aus meinen Lungen – ich rauchte furchtbar viel –, schaffte es aber nicht, etwas darauf zu antworten.

„Wie, was sollen wir jetzt tun?", lachte ich verzweifelt und stumm in mich hinein. „Wie meinst du das? Was ist denn das für eine Frage, verdammt? Bring mich um, und lass uns der Sache ein Ende bereiten, aber frag mich nicht, was wir tun sollen!", wollte ich meiner Frau sagen. Konnte es aber nicht.

Ich griff ins untere Kühlschrankfach, wo die guten Familien Kartoffeln und Zwiebeln aufbewahren, und nahm eine große Flasche Wodka „Tărgoviște" heraus. Sie fühlte sich rau und kalt an, und ich presste sie an meine Stirn. Meine Frau sah mich mit Unbehagen an, ich nahm zwei Gläser und schenkte ein. Seltsam, aber auch sie nahm das ihre. Wir tranken. Dann hob sie ein wenig den Kopf und sagte leise etwas über ihren morgigen Arbeitstag; darüber, dass Kuki aufwachen würde, wenn keiner bei ihr wäre; dann stand sie auf, ging hinaus, und ich blieb allein mit der Flasche. In einer Stunde trank ich sie aus. Um vier lagen im Aschenbecher vor mir zehn kalte Zigarettenstummel, die Flasche war leer, und mein Herz schlug unregelmäßig. Irgendein schlauer Teil meines Ichs hoffte, dass ich sterben und so diesem Wirrwarr entkommen würde. Der Rest von mir – gewöhnlich und gelangweilt – wusste, dass derartige Erlösungen im gewöhnlichen Leben selten vorkommen.

Und der Mensch sich mit all seiner Verzweiflung und Schuld jahrelang dahinschleppt. Hohl und freudlos.

Am Morgen danach war ich ziemlich verzweifelt. Ich hatte einen furchtbaren Kater. Als Psychiater konnte ich recht gut einschätzen, dass das kein Kater war, sondern die Symptome eines Abstinenzsyndroms. Sprich, meine Hände zitterten, mein Herz flatterte, und mein Gehirn heulte und begriff, dass es einen Schluck Alkohol zu sich nehmen musste. Ich wiederum begriff, dass das grauenvoll und der Anfang eines hübschen und tödlichen Alkoholismus war. Und es war mir egal, und ich lächelte und wollte sterben. Allerdings. Meine Schuld war groß.

Um acht erreichte ich Kurilo und stand auf dem schmalen, sich in weiten Ovalen windenden Weg zur Klinik. Ich zitterte wie ein Malariakranker. Das Schuldgefühl war zu einer physischen Krankheit gereift. Hämisch schüttelte ich den Kopf. „Weiter so", sagte ich mir. „Bald wirst du verrecken, du Dreckskerl."

Dann machte ich mich auf, den Windungen der Straße nach, dem großen, trüben Iskăr entlang, im März vollends fürchterlich, da er dunkelgrau ist. Ich war durch ganz Sofia gefahren – von Dianabad nach Orlandovci, bis zum Friedhof und zum Werk- und Dienstzentrum, wo ich Jahre zuvor Zeichenkurse besucht hatte; nach dem Zittern an den Haltestellen schritt ich nun vorwärts, und die Bilder vor meinen Augen waren wie einzelne Fotografien, die von einem betrunkenen Operateur gewechselt wurden. Erstes Bild – buff. Zweites Bild – buff. Bruchstückhafte und schmerzhaft grelle, aber vollkommen irreale Bilder. Ich wand den Kopf, und buff – der Fluss. Drehte die Augen – buff – rote, blaue und flimmernde Flecken. Ich öffnete die Augen – buff – die sich windende

Straße. Mein Kopf pulsierte. Mein ganzer Körper stank nach Alkohol, und mir war heiß und fiebrig im kalten Morgen. Ich spürte, dass es so nicht weiterging. Und ich was trinken musste. Ich taumelte vor Schwäche, und mir graute bei der Vorstellung, dass ich die Klinik betreten würde, mich dort irgendwelche Arbeiten ganz in Anspruch nahmen, während mir immer elender würde und ich jede Chance, mich zu beruhigen und nur den geringsten Trost zu finden, verpassen würde. Doch was für einen Trost hätte ich denn an diesem Morgen finden können; was für einen Trost für meine schreckliche Schuld und meinen kranken Körper? Ich konnte nur etwas trinken. Irgendeinen harten und starken Alkohol.

Schon bog ich vom Weg ab und ging zu Terezas Kantine. Eine kleine Transformatorenstation, in der die Schopin Tereza (Mutter Teresa, du rettest mir das Leben!) etwas zwischen Bäckerei und einer dreckigen kleinen Bar betrieb. Ich trat ein und begann vor Aufregung zu zittern. Gleich würde ich eine große Dummheit begehen. Genau wie in den Jahren meiner Kindheit, als ich mich zum Sumpf mit den Fröschen aufmachte und aufgeregt zitterte, weil ich etwas Gefährliches und Verbotenes tat. Ich sah mir die beiden Regale mit Flaschen genau an. Und begann mit näselnder Stimme etwas zu stammeln – dass ich Geburtstag hätte.

„… und ich muss mit den Kollegen anstoßen", stammelte ich. Tereza sah mich mit Verständnis und Verachtung an. „Du jämmerlicher Arzt!", sagte sie zu mir, öffnete den Mund unter dem schwarzen männlichen Flaum auf der Oberlippe aber nicht. Sie hielt es für falsch, ihre Kräfte im Gespräch mit irgendeinem dahergelaufenen, versoffenen Doktor zu verschwenden.

Als ich Terezas Kantine verließ, war ich ruhig. Sprich, ich war noch nicht ruhig, aber das Wissen, dass ich mich beruhigen würde, beruhigte mich ein Stück weit. Ich legte hundert

Meter zurück, versteckte mich hinter einer hellen grauen Pappel und begann mit den Nägeln am Hals der einen von fünf Flaschen herumzukratzen. Ich hatte Wodka, Whiskey, Cognac und zwei Flaschen Weißwein gekauft. Ich öffnete die Flasche und trank. Ich hatte den Whiskey erwischt. Ich schluckte hundert Gramm auf einmal. Eine enorme Wärme flutete meinen Rachen.

Raschen Schrittes machte ich mich zur Klinik auf – ich war spät dran. Heute würde ich auf meinen Geburtstag anstoßen. Am 21. März. Einen Tag zu früh. Ich bin am 22. März geboren. Im Voraus anzustoßen bringt Unglück. Das sagen die Abergläubischen. Nun war ich aber noch abergläubischer als jeder andere. Fühlst du dich als Mensch schuldig, wirst du zum abergläubischen Mystiker. Du beginnst an allerlei diffuse Dinge zu glauben. Wie kommt das? Du hast dich vom rechten Weg Gottes losgesagt, und darum bleibt dir nichts anderes übrig, als an den Teufel zu glauben. Tja! Schlecht, in der Tat.

Ich betrat das Sprechzimmer der Altenstation und zwängte die großen Tüten mit den Einkäufen rasch unters Pult. Blitzartig keimte in mir eine alles umfassende Scham auf; ich schämte mich, dass ich meine Frau, mein Kind verließ, dass ich das geordnete Leben eines jungen Arztes ruinierte. Ich schämte mich, dass ich mit einer anderen Frau schlief. Mit einer fremden Frau! – Wie fatal und vorwurfsvoll das nun wieder klang. Was für eine spießbürgerliche Anklage: „Mit einer fremden Frau!" Ich schämte mich auch wegen der Flaschen schon am Morgen in diesem Sprechzimmer; ich schämte mich wegen des Alkoholgestanks, der aus all meinen Poren drang; ich schämte mich sogar wegen des kleinen Risses in meinem Hosenbein. Sprich, ich schämte mich für alles. Im Umkreis von zwei Metern um mich herum breitete sich eine dichte und ölige Schamwolke aus. Wie dampfende Schwefelsäure.

Ins Sprechzimmer trat Doktor Karastojanova.

„Kalin, was treibst du, was hast du?", blickte sie mich mit ihren riesigen und stark geschminkten Augen an. Die Linien über ihren Augen reichten bis zur Mitte der Schläfen. Davon wurde mir, obwohl ich schon getrunken hatte, übel. Sie sah mich mit so wissendem Blick an, wie nur ein trinkender Mensch einen anderen, der gerade dem Trinken verfällt, ansehen kann. Sie schien alles über mich zu wissen. Ich spürte, dass sie alles wusste.

Tratsch hat bekanntlich Flügel. Sie aber wusste mehr: Sie wusste, dass ich mich schuldig fühlte, zutiefst und tödlich schuldig. Und dass ich mich nun wand, dass ich mich schon am Morgen betrinken wollte, um meine Schuldgefühle ein wenig zu lindern. Sie wusste das. Sie kannte diese Gefühle sehr gut. Ihre ganze opernhafte Erscheinung verriet, dass sie sie kannte. Sie sah mich aus ihren riesigen Augen prüfend an und fragte:

„Geht es dir gut?"

„Ich bin ein bisschen krank", sagte ich furchtbar matt und ließ mich auf einen Stuhl fallen. Ich hatte keine Kraft, so zu tun, als wäre ich entspannt. Ich begann zu zittern. Da überkam mich der Wunsch, sie würde gerade jetzt Erbarmen mit mir zeigen. Von dem Alkohol in meinem Blut und dem vielen angestauten Kummer wurde ich weich. Sosehr ich auch schuldig war, plötzlich stellte ich mir vor, dass auch ich um Vergebung bitten könnte. Die Hoffnung breitete sich in mir aus, dass sich auch meiner jemand erbarmen könnte. „Ja, genau so", sagte ich mir, „wenn ich mich nun entspanne und alles preisgebe, wenn ich aufgebe und um Vergebung bitte, dann könnte sich vielleicht jemand meiner erbarmen. Es könnte sogar sein, dass Doktor Karastojanova sich gleich neben mich setzt, meinen bitteren, vergifteten Kopf in ihren riesigen, opernhaften Schoß nimmt und mich tröstet!"

„Ich bin ziemlich krank", sagte ich mit zugeschnürter Kehle. In meine Augen stiegen große, heiße Tränen. Ich saß da und kratzte am Hals der offenen Whiskeyflasche. Ich hatte sie hervorgenommen, ohne es zu merken.

„Erzähl jetzt mal, was los ist!" Doktor Karastojanova setzte sich neben mich.

„Ich bin unglücklich!", brach ich in Tränen aus.

„Warum denn, Kalin?", fragte mich Doktor Karastojanova mit klarer Stimme. Sie wusste sehr wohl, dass der Zermalmte Klarheit und einen entspannten Verstand braucht. Der Zermalmte braucht einen Menschen mit einem klaren Verstand, der seine zermanschten Überreste wieder in Ordnung bringt – was ist Gedärm, was sind die überfahrenen Extremitäten –, wie nach einem schweren Unfall.

„Ich habe mein Leben ruiniert!", sagte ich und schluchzte laut und schwer. Ich atmete stockend und konvulsiv aus, und aus meiner Brust brachen Tonnen von Kummer und Verzweiflung hervor.

„Du bist viel zu jung, um es schon ruiniert zu haben …" Doktor Karastojanova nahm mir die Flasche aus der Hand und begann sie zu inspizieren.

„Ich bin nicht jung. Ich bin am Ende!", fuhr ich bitter fort.

„Was ist denn so Schlimmes passiert? Ich verstehe nicht." Doktor Karastojanova öffnete die Flasche und roch verständnisvoll daran.

„Alles … alles." Ich spürte, dass ich nicht sagen konnte, was alles denn da ruiniert war.

„Warum hast du diese Flaschen angeschleppt?", fragte Doktor Karastojanova eher beiläufig.

„Ich habe Geburtstag", stöhnte ich auf und schluchzte.

„Wann hast du Geburtstag?"

„Am 22." – ich wagte nicht zu lügen. Ich war voller abergläubischer Ängste. Ich fürchtete mich sogar davor zu lügen.

„Also hattest du heute einfach Lust zu trinken?", fragte Doktor Karastojanova erbarmungslos nach.

„Ja, heute hatte ich Lust zu trinken", antwortete ich nun ganz entspannt. Ich war schuldig und ertappt.

„Das ist schlecht", sagte die Ärztin ein bisschen wärmer. Sie musste mir den Rest geben, damit es ihr leichter fiel, Mitgefühl zu zeigen.

„Ich habe meine Familie ruiniert, mein Leben, alles …", sagte ich und nahm die Flasche aus ihren Händen. Hob sie und trank.

„Ja, ich hab was gehört", sagte Doktor Karastojanova und nahm mir die Flasche aus der Hand. Hob sie und trank. Sie war phänomenal. Schön, dick, rot und schwarz, mit Augen wie weiße Flaggen, von kräftigen schwarzen Kanten umrahmt. Sie war wie die Mailänder Scala in Person. Eine schwere Kavallerie des Trostes. „Das Leben wird nicht mit deinen Ehebrüchen enden. Ich meine es ernst", sagte sie und nahm noch einen Schluck.

„Mir kommt es vor", ich nahm die Flasche und fühlte mich gleich mindestens doppelt so gut, „mir kommt es vor, als hätte jemand schon bei meiner Geburt ein krankes Gewissen in mich eingepflanzt."

„Das geht jedem so", sagte Doktor Karastojanova und legte ihre Hand auf meine Schulter. Sie war eine alte Sofioter Bohemienne und kannte alle Treuebrüche und Verfehlungen der Welt. Genauso wie den Weg, um Vergebung dafür zu erlangen.

„Ich glaube", sagte ich, trank noch ein wenig und spürte, dass ich zur gestrigen Sauferei zurückkehrte, mich aber nicht davor fürchtete und es mir gleichgültig, ja sogar wohlig dabei war, „ich glaube, dass jemand mir und allen wie mir … ja, was weiß ich, womöglich meiner ganzen Generation, ein Schuldgefühl eingepflanzt hat. Und das verwandelt sich in Gewissensbisse. Das heißt, ist es einmal da, dieses Schuldgefühl, primär und tiefsitzend, dann kann man einen dazu bringen, sich für alles Mögliche schuldig zu fühlen."

„Ich verstehe nicht ganz, was du sagen willst …", murmelte sie, nahm mir die Flasche aus der Hand, hob sie und trank.

„Nichts! Ich will sagen, dass ich verliebt bin! Ist das denn meine Schuld?", sagte ich mit heiserer Stimme, und irgendwie ging der Sinn der Worte dabei verloren. Ich war schon angetrunken. Nahm die Flasche aber noch einmal und trank noch etwas. Einen kleinen Schluck.

„Na ja, es ist deine Schuld. Der erwachsene Mensch hat seine Gefühle unter Kontrolle."

„Ja, das hat er!", seufzte ich hoffnungslos und entspannt.

„Du hast aber noch etwas über deine Generation gesagt …"

„Ja … habe ich, dass mir vorkommt … als ob es bei allen so wäre, als hätte uns jemand die Schuld als Grundzug eingepflanzt – wie einen rostigen Stacheldraht, der ganz tief in uns drinnen steckt."

„Aha!" Sie sah mich an und nahm die Flasche.

„Ich trage eine Schuld in mir, können Sie mir folgen, sie ist wesentlich, sie gehört zu mir und muss auf die eine oder andere Weise zum Ausdruck kommen. Es ist so, als wollte ich mich schuldig fühlen. Ja! Deshalb stelle ich fürchterliche Sachen an – um mich schuldig fühlen zu können. Mein Gewissen will leiden. Dieses innere Schuldgefühl sucht nach einem Grund, um auszubrechen, verstehen Sie?"

„Ich verstehe! Es geht nicht nur dir so, du kannst dich beruhigen. Sieh nur zu, dass du nicht so viel trinkst! Viele tolle Menschen sind so gestorben, vom Trinken. Das Gewissen, das Gewissen … und zack – die Zirrhose. Und das mit dem Schuldgefühl – du versuchst es ein Stück weit auszunutzen, dieses Schuldgefühl. Als wäre jemand anderer daran schuld, dass du an einem Schuldgefühl leidest. Da ist doch was dran, oder? Du gibst deinen Eltern die Schuld, dass sie dir ein Schuldgefühl eingepflanzt haben. Kann das sein?"

„Na ja. Das kann schon sein."

„Ach, hör doch auf mit diesem Schuldgefühl!" Doktor Karastojanova hob den Kopf und sah nun sehr stolz und Angst einflößend aus. „Hör doch auf, dich zu schämen! Was soll's? Du hast einen Seitensprung gemacht? Kann passieren! Wenn dir die junge Frau gefällt, dann lass dich scheiden! Hört doch auf, euch so in diesen Schuldgefühlen zu suhlen. Du bist doch ein Mann? Also. Komm, reiß dich zusammen!"

„Gut!", sagte ich und lächelte wie ein Kind.

„Da, trink doch noch was!", schenkte mir Doktor Karastojanova, wer weiß warum, in irgendeine Tasse ein. „Und ein bisschen mehr Mut!"

„Ja, mehr Mut", sagte ich und senkte kindlich den Blick. Dann aber hob ich ihn und sah sie an. Sie schenkte auch sich ein.

„Wie alt wirst du?", fragte mich nun sachlich Doktor Karastojanova.

„Dreißig", sagte ich.

„Zum Wohl, auf dein wunderbares Alter!", erhob die Doktorin die Kaffeetasse.

„Danke!", erhob auch ich meine.

„Und auf mein wunderbares Alter", sagte sie und lachte. Sie war fünfundfünfzig.

Vassil Paraskov oder von der Menschlichkeit

Der Handelnde ist immer gewissenlos;
es hat niemand Gewissen als der Betrachtende.
J. W. Goethe

Ich war praktisch schon bei Iv eingezogen. Ging ich kurz nach Hause, um den einen oder anderen traurigen Gegenstand aus meiner kleinen Familienwohnung zu holen, verwandelte ich mich in einen verängstigten Dieb. Heimlich stahl ich mich hinein, sah man mich, senkte ich den Kopf fast bis zum Boden, bis in den Schoß der verfluchten Erde, um nicht ertappt zu werden. Ich machte sogar auf mich selbst einen jämmerlichen Eindruck. Meine Frau und ich sprachen kaum miteinander. Ich spürte ganz deutlich, wie ich sie verletzte. Sie wurde immer bleicher und blutete vor meinen Augen. Sie litt und konnte nichts sagen.

Das brachte mich irgendwie dazu, sie von Neuem zu lieben. Seltsam. Wenn du jemanden verletzt, beginnst du eine besondere Zuneigung und Zärtlichkeit für ihn zu empfinden. Ich habe gesehen, wie Katzen eine Maus zärtlich ablecken, nachdem sie sie tödlich verletzt haben, bereit, ihr den Kopf unter grässlichen Knackgeräuschen abzubeißen. Das habe ich schon gesehen, und immer, wenn es mir in den Sinn kam, wurde mir übel. So also schliche ich durch mein altes Zuhause, um irgendwelchen Kleinkram mitgehen zu lassen. Ins neue.

Im Großen und Ganzen fühlte ich mich glücklich. Krank und glücklich. Furchterregend war es nur, wenn ich meine Kuki sah – ich nahm sie in den Arm und starb für einen Augenblick. Dann küsste ich sie auf den Kopf und ging.

Die Liebe und der Wille, meinem Leben einen neuen Anfang zu geben, einen, den ich ihm geben wollte, ohne mich von den Gewohnheitsautomatismen der Eltern, der Familien, der alten Zeit, des spießbürgerlich-patriarchalen Schweinealltags leiten zu lassen – diese Dinge waren stärker als ich. Eine Million Mal stärker als ich! Sie waren nicht nur einfach stärker als ich. Sie waren auch irgendwie stärker als die Zeit selbst. Ich hatte das Gefühl, als wäre mein Kampf ein Kampf gegen die Zeit selbst – die Zeit der Heuchelei und der zerbrochenen Menschen.

Ich kämpfte gegen mich selbst. Oder genauer gesagt, gegen jenen Teil in mir, der ein guter Vater und ein frommer Konformist sein wollte. Und ich siegte an allen Fronten. Ich stand in den Blutlachen und auf den Aschehaufen meiner selbst – des besiegten, gewöhnlichen und falschen kleinen Menschen.

Ich verwandelte mich in einen Halbsklaven, einen Halbdiener, ein Halbkind, einen Halbhabenichts, einen Halbclown, einen Halbarzt, einen Menschen mit dem Rücken zur Wand; einen Menschen, der dazu gemacht war, den Kopf zu senken und Rücksicht zu nehmen.

So fühlte ich mich, und davor floh ich.

Ich sagte mir – wer mich verurteilen will, nur zu. Ich werde ihn mit Verachtung strafen. Und also war mein Blick voller Verachtung. An manchen Tagen musste ich, um genügend Verachtung in meinen Augen zu sammeln, zwei Xanax schlucken. Mit Alkohol, natürlich. Zwei große Wodka für Doktor Terzijski! Nein! Drei große Wodka für den Doktor! Er hat Durst! Seine Verachtung für jene, die ihn verurteilen, braucht Alkohol. Um frisch und zähnefletschend zu sein. Buh!

Ich war ein Arzt, der seine Seele mit chemischen Substanzen am Leben hielt – wie ein Äquilibrist.

Doch Kuki konnte ich nicht mit Verachtung ansehen.

An diesem Tag gab es keinen besonderen Grund zur Verzweiflung. Es war ein schlechter Tag, wie alle anderen auch. Ich wusste nicht, in welcher Welt ich lebte. Die Welt war verworren und voller bruchstückhafter Ereignisse und Bilder. Ich lebte so: Ich ging zur Arbeit, schämte mich, senkte den Kopf, arbeitete mehr schlecht als recht, ging heim in mein neues Zuhause, saß mit Iv da, wir sprachen über unsere Liebe, tranken Wein und liebten uns dann fünf, sechs Stunden. Wir wälzten uns im großen Bett und tranken Wein aus der Flasche, müde und schläfrig.

Und wie ich schon sagte, war an diesem Tag alles in Ordnung.

Die Visite in der Geschlossenen Männer hatte ich in zwei Stunden durch. Ich hatte zwei neue Kranke untersucht, die in der Nacht aufgenommen worden waren (Hast du das Gefühl, dass dich etwas bedroht? Hörst du Stimmen? Warum hast du dich mit deinen Eltern gestritten?), dann hatte ich die Dokumentation ein bisschen nachgearbeitet – diese verfluchten Dekurse, die ich für vollkommen sinnlos hielt, zugleich aber spürte, dass sie wichtig waren. Diese trockenen und schematischen Schilderungen der gegenwärtigen Befindlichkeit des Kranken, die man in der Krankengeschichte notiert.

Dann kam der Nachmittag. Ich musste als Experte beim Unterbringungsverfahren zum Zweck der Zwangsbehandlung eines meiner Patienten vor Gericht. Vassil. Wer war dieser Vassil? Ach ja. Einer von meinen vielen traurigen Patienten, Schattenwesen in den Gängen, Gespenster mit angepissten Hosenbeinen, mit von der Pisse in den Toiletten faulenden Hosenbeinen. Gespenster mit teerbraunen Fingern, die eins wurden – eine einzige teerige Masse – mit den unendlichen teerigen Zigarettenstummeln, die sie ewig fertig rauchten.

Vassil Paraskov – ein Schizophrener in meinem Alter. Dreißigjährig. Ich kannte ihn noch von meinem Eintritt in der

Klinik her. Meinem – als Arzt. Sein Eintritt hatte irgendwann in den trüben Jahren vor sechsundneunzig stattgefunden. In einer undurchsichtigen Zeit. Damals (das hatte ich von einigen alten Krankenschwestern gehört) habe es in der Klinik mehr als dreihundert Menschen gegeben und Betten in den Gängen. Einige alte Schwestern erzählten, dass an manchen Tagen das Futter der Morgenmäntel und die Säume der Pyjamas von Läusen überquollen und es in den Gängen von ihnen nur so gewimmelt habe. Manchmal seien es so viele gewesen, dass sie sogar aus der Klinik nach draußen gekrabbelt seien. Sie krochen über die Ziegelsteine. Legionen von ihnen tummelten sich auf den Wänden des riesigen Gebäudes der geschlossenen Stationen. Mir fielen die Legionen böser Geistern ein, die Jesus einem Geisteskranken ausgetrieben haben soll. In der Tat, es handelte sich um die gleichen Legionen. Aber von Läusen.

Vassil Paraskov war ein Überbleibsel aus diesen Zeiten. Er bewohnte die Klinik. Ja – das ist das Wort. Er bewohnte sie. Er lebte, verging, ernährte sich, wandelte umher – wie ein qualmender Schemen in den schattigen Winkeln.

Was wusste ich noch über ihn? Alles, wenn man so darüber nachdenkt. Das Wichtigste war, dass er zu Hause Probleme machte, seine Mutter nicht mit ihm zurechtkam und es immer wieder vonnöten war, ihn zur Zwangsbehandlung einweisen zu lassen.

Eine solche Einweisung wurde mittels eines Gerichtsverfahrens verhängt.

Wir brachten den von den Neuroleptika erstarrten Patienten ins Bezirksgericht, wo er im Laufe eines irrwitzigen Prozesses (von dem Kafka so entzückt gewesen wäre, dass er das Schreiben aufgegeben hätte), eines absolut absurden Prozesses, zum Zwecke einer Zwangsbehandlung für sechs Monate eingewiesen wurde.

Waren die sechs Monate um, so wurde, wenn nötig, ein weiteres Gerichtsverfahren einberufen, und die Dauer wurde verlängert.

Es gab nicht wenige Patienten, die zwei Dutzend Mal vor Gericht erschienen waren. Wenn es jemandem besser ging, sodass er für die Außenwelt als mehr oder weniger geeignet erschien, dann wurde ein Verfahren zur Entlassung aus der Zwangsbehandlung einberufen.

In diesem ganzen Prozedere zur Einweisung und Entlassung aus der Zwangsbehandlung schalteten sich, wie sinnlose und graue Rädchen im Getriebe, ein Haufen Leute ein. Amtlich berufene Ärzte als Experten, ein Pflichtverteidiger, ein Staatsanwalt, ein Richter, Gerichtsräte und weiß Gott, wer noch alles, ah, ja – eine amtliche Protokollführerin auch noch. Diese kleine Armee führte eine trostlose und üppige Farce auf. Ein Absurdum, in dem es nicht einmal die Fliegen aushielten und (offensichtlich um sich zu töten) in irgendjemandes vom tiefen Schlummer offen stehenden Mund hineinflogen.

Die Verfahren wurden bezahlt. Sie waren die Haupterwerbstätigkeit von einem Haufen unfähiger Rechtsanwälte und fauler Staatsanwälte. Sowie von meinen Brüdern. Den von der elenden Misere gequälten Psychiatern.

Ich will das präzisieren. Keiner von ihnen, von meinen Brüdern, war arm. Ich bemitleidete sie nicht. Auch mich selbst bemitleidete ich nicht. Wir waren nicht bemitleidenswert. Uns quälte nicht die Armut. Keiner von uns war hungrig zur Arbeit gegangen. Keiner war in einen ruhelosen Schlaf gefallen und vom Wimmern seines hungrigen Kindes geweckt worden. Uns machte nicht die Armut, sondern die Misere fertig. Das Gefühl, dass du jämmerliche Dinge für ein jämmerliches Geld machst. Das zehrte uns auf. Zumindest mich.

Um zwei Uhr war Vassil Paraskov bereit, vor Gericht zu erscheinen. Die Schwestern hatten ihn zurechtgemacht und ein wenig gewaschen. Er trug ein sauberes Hemd von der Nothilfe. Die Kleider aus der Nothilfe waren immer sauber und immer erschütternd hässlich. Hell und stillos. Vassil stand da und wartete auf mich. Finster, fokussiert um die Spitze seiner krummen Nase, unter der ein Zigarettenstummel qualmte.

Ich grüßte ihn beiläufig, stupste ihn leicht in den Rücken, lenkte ihn zum Krankenwagen – so wie man einen Sarg lenkt, den man in einen Leichenwagen schiebt –, und wir zwängten uns hinein.

Ja, der Krankenwagen – ein elender Lkw mit zerfledderten Sitzen, wie dazu geschaffen, Verbrecher oder irgendwelche nutzlosen Verpackungsmaterialien zu transportieren. Er war unser Los. Wir quetschten unsere Beine, wir quetschten unsere gefalteten Haxen hinein, wir verbogen uns völlig.

Ich stieg ein und stellte mir vor, wie ich da einsteigen und einen nach Urin und Wahnsinn stinkenden Patienten vor mir herschieben würde, wenn ich vierzig wäre. Wenn ich fünfzig wäre. Sechzig. Mein Herz wurde schwer.

Wir kamen beim Gericht an, und das Verfahren war schnell vorbei. Ich erlebte es, hinter dem armen Vassil stehend, mit. Mit einem kleinen Teil meiner Aufmerksamkeit passte ich auf, dass er nichts Unrechtes tat. Er stand regungslos da und wankte nur von Zeit zu Zeit wie in einer öden und stumpfsinnigen Trance. Das Verfahren war vorbei. Der Richter verkündete trocken, dass er Paraskov zu einer sechsmonatigen Zwangsbehandlung einwies. Ich dachte trocken, dass dieser Beschluss keinen auch nur im Geringsten störte.

In diesem Moment stöhnte Vassil auf. Er stieß einen grässlichen Laut aus seinem von den unendlich vielen bitteren Stummeln versengten Hals.

Er weinte und begehrte auf.

Ich klopfte ihm auf die Schulter und flüsterte ihm ins Ohr: „Sei ruhig, Vasko!"

Er hob seinen Kopf und begann zu heulen. Offenbar war für ihn nichts in Ordnung. Offenbar war die Tatsache, dass ihm seine Freiheit für weitere sechs Monate genommen wurde, nicht okay für ihn.

Alle richteten den Blick auf ihn. Sie waren furchtbar erstaunt, dass ihm sein eigenes Leben nicht egal war. Sein elendes Leben! „He, was heulst du denn so?", sagten ihre gelangweilten Blicke tadelnd. „Siehst du nicht, dass es allen egal ist? Schämst du dich nicht, dass dir dein verkorkstes Leben nicht egal ist? Glaubst du etwa, dein verpfuschtes Leben geht uns etwas an? Ha! Du spinnst ja wohl! Draußen die Preise und die Krise, und du willst uns hier mit deinem beschissenen Leben zu schaffen machen! Hey, verdammt noch mal! Und letztendlich – ist es denn nicht völlig egal, wo du in den nächsten sechs Monaten sein wirst? Es ist doch sowieso überall die gleiche Scheiße! Also halt doch einfach dein dreckiges Maul, Vassil, oder wie auch immer du heißt …"

Das schienen alle im Saal sagen zu wollen. Einschließlich mir. Ich packte Vassil am Arm und zerrte ihn weg.

„Lass uns gehen, mach dich nicht lächerlich!", flüsterte ich grob. Er wich entsetzt zurück. Ich folgte ihm und war plötzlich stinksauer. Er trieb den Schrecken vor der Sinnlosigkeit zu sehr auf die Spitze. Diese Sinnlosigkeit hätte einen Menschen töten können. Nein! Dieses Grauen, diese pechschwarze Sinnlosigkeit, die der Saal ausstrahlte, hätte der gesamten Welt den Sinn rauben können.

In diesem Augenblick empfand ich einen erschütternden Ekel gegenüber allen. Vor der unverschämten Langeweile der Richtenden und dem jämmerlichen Protest ihres Opfers. Ich zerrte Vassil weg und machte mich daran, ihn hinauszuschleifen.

Er begann zu kämpfen. Wie ein lautloser und giftiger Atompilz explodierte der Zorn auf diese unmenschliche Welt in mir.

Ich hasste die Welt, die das den armen Menschen antat – die sie verrückt werden und zu Richtern der Verrückten werden ließ und sie dazu brachte, still und alltäglich, solche widerlichen Dinge zu tun. An denen ich ohne Widerrede teilnahm. Ich starb vor Ekel.

Ich zog noch fester an Vassils Arm und faltete ihn mit einer raschen Bewegung hinter seinen Rücken. Er knackte. Vassil brach in frenetisches Geheul aus. Ich begann ihn zu stoßen und schaffte es, ihn in weniger als drei Minuten vom dritten Stock des großen, düsteren Gebäudes zum Krankenwagen zu befördern.

Ich pferchte ihn in den Krankenwagen. Den Krankenwagen, der ihn für eine sechsmonatige Zwangsbehandlung nach Kurilo zurückbringen würde. Unterwegs heulte er. Und ich knurrte dumpf.

„Ruhig. Ruhig. Ruhig", knurrte ich ihn an. Ich wollte uns beide auf der Stelle verrecken sehen. Damit diese Geschichte ein Ende hatte.

Als wir uns Kurilo näherten, beruhigte er sich. So, wie sich Tiere beruhigen, wenn sie sich ergeben. Dem Tod. Er wurde friedlich. Ich auch. Wir fuhren zur düsteren und riesigen Klinik, die uns erwartete.

Mit diesem Verfahren hatte ich fünfzig Leva verdient. Ich hatte vor, sie verzweifelt und bis zur Erinnerungslosigkeit zusammen mit meiner Iv zu vertrinken.

Wie sollen wir behandeln?

Die Tage vergingen, die Nächte zogen sich hin oder donnerten wahnwitzig an unseren Augen vorbei.

Seid ihr schon mal durch einen Wald spaziert, weit ab von der Stadt, wo inmitten der sonnigen Lichtungen und der Büsche plötzlich Bahngleise vor euch auftauchen? Ihr steht erstaunt da, und plötzlich ist das Dröhnen eines herannahenden Zuges zu hören, er taucht auf und donnert so schnell einen Meter vor euch davon, dass ihr atemlos zurückbleibt. Und dann kehren die gewohnten Geräusche zurück – wachsende Gräser und flanierende Insekten, die ihren Pflichten nachgehen. Derart donnerten die Nächte, in denen wir zusammen waren, an Iv und mir vorbei. Ich will nicht sagen, dass es ganz so romantisch war. Wir tranken ziemlich viel und liebten uns, bis es uns schließlich gelang, kurz einzuschlafen, erschrocken und benommen, um nur Augenblicke später wieder aufzuwachen und noch benommener zur Arbeit zu eilen – zusammen. So vergingen die Nächte, in denen ich von zu Hause wegblieb und meine Schuldgefühle zu Iv trug. Die anderen Nächte, in denen ich bei meiner lieben, zarten und verzweifelten Ehefrau blieb, zogen sich trostlos dahin.

Iv und ich versteckten uns weiterhin vor allen, aber immer weniger.

An diesem Morgen saß ich da und schrieb an etwas Wichtigem. Was das war? Weil ich mir selbst im Wege bin, kann nicht einmal ich es recht sehen – ich verdecke es mit meinem Körper; ich sitze so krumm vor dem Computer, dass niemand, der hereinkommt, ein einziges Wort sehen kann.

Ja, ich schrieb an etwas Wichtigem. Es hatte als Gedicht begonnen. Dann löschte ich die naiven und viel zu pathetischen Strophen und fuhr ein wenig trockener fort: Ich schrieb einen Brief an meine Frau. Später kam mir das beschämend und unnötig vor – was nützten meine schwülstigen Erklärungen? Ich zerstörte auch ihr Leben, und zwar nicht unbewusst und plötzlich (wäre ich gestorben, hätte ich ebenso den gegenwärtigen Teil ihres Lebens zerstört, aber irgendwie schneller und schmerzloser), sondern Tag für Tag und mit der Radikalität eines Henkers. Und nun wollte ich ihr auch noch einen Brief mit Erklärungen schreiben.

Der Mensch ist ein sehr schlaues und wendiges Tier, sagte ich mir und löschte die geschriebenen Zeilen, er ist überaus zäh und widerwärtig! Er strebt auf jede erdenkliche Art und Weise nach Wonne und Behagen, bricht vor Rührung in Flennen aus und will belohnt werden. Für alles!

Und so wollte ich gerade noch daraus, dass ich das Leben einer Menge Menschen ruinierte, meinen Nutzen ziehen! Einen Essay schreiben und mich ein wenig mit meinen heißen und bitteren Gefühlen vergnügen! Damit kokettieren, wie sehr mir alles leidtat und wie unglücklich mich all das Leid machte, das ich anderen zugefügt hatte! Sehr witzig! Ein echter büßender Magdalenčo[23]! Mein Geschreibsel strotzte geradezu vor Wollust. Der Wunsch, nicht nur mit allen Mitleid zu haben, die unsere Liebe verletzt hat, sondern dass sie mit uns Mitleid haben mögen. Ein schlaues Tier ist der Mensch, wiederholte ich und löschte die Zeilen, die ich eben geschrieben hatte.

Nachdem ich die Zeilen gelöscht hatte, begann ich einen anderen Brief zu schreiben – ein Kündigungsschreiben. Zunächst ein Gedicht, verwandelte sich dieses Schreiben in ein Dokument, in dem ich darum bat, vom Dienst als Stationsarzt entbunden zu werden.

---

23 Männliche Verkleinerungsform von Magdalena – siehe Maria Magdalena. (Anm. d. Ü.)

„… in der mir anvertrauten Klinik", schrieb ich zu Ende und schickte mich an, das Geschriebene zu löschen, auch weil es nach Hysterie und dem unerträglichen Wunsch nach Aufmerksamkeit stank. Ja, ich litt und wollte, dass jemand bemerkte, dass ich litt. So machen es die Hysteriker, lächelte ich bitter vor mich hin. Allein in meinem lauschigen Sprechzimmer.

Da öffnete sich die Tür einen Spalt weit, und Karastojanova tauchte auf. Sie hielt die Türklinke in der Hand und schnauzte die Pfleger draußen an. Dann trat sie ein und machte es sich mir gegenüber bequem. Sie zündete sich eine Zigarette an und ächzte. Sie trank kaum weniger als ich und hatte außerdem einen zu hohen Blutdruck, was bei ihr aber nicht – wie bei mir – zu Selbstmitleid und Hypochondrie führte, sondern zu energischem Verhalten und einer weitherzigen Theatralik. Sie war eine feine Frau – eine echte alte Sofioterin, durch und durch vornehm. Ihre wundervolle Energie versetzte mich gerade in Angst und Schrecken. So als drängte man mich – nackt und mit Gänsehaut – auf eine ausgeleuchtete Bühne, wo ich in irgendeiner unheimlichen Tragikomödie mitspielen sollte. Verdammte Karastojanova!, sagte ich mir drei Mal, und eine heiße Welle ohnmächtiger Wut durchfuhr mich. Sie war meine Vorgesetzte, und ich hatte mich darauf vorbereitet, sie anzuhören.

„Kalin, was schreibst du da?", fragte sie mich mit aufgerissenen Augen, so als wüsste sie wirklich, was ich da schrieb. Sie gefiel sich darin, auch der einfachsten Geste oder Frage eine gewisse Theatralik zu verleihen.

„Eine alte Epikrise", murmelte ich und begann die letzten Zeilen des Kündigungsschreibens zu löschen. Derweil sich Doktor Karastojanova herüberbeugte (was sie sehr selten tat) und einen Blick auf das warf, was ich gerade löschte.

„Das sieht nicht nach einer Epikrise aus. Und warum löscht du sie denn?", sagte Karastojanova mit einem großartigen Misstrauen, als hätte sie gerade Mata Hari enttarnt.

„Geht mir nicht so recht von der Hand", sagte ich, und mir war derart elend, dass meiner Stimme jede Befangenheit fehlte. Da war nur lockere Unverfrorenheit. Ich hatte es satt, mich wegen jeder Kleinigkeit zu verstecken. Nun versteckte ich mich nicht selten auch noch aus einem anderen Grund. Nämlich um hinter irgendeiner Tür oder in einem verschlagenen Winkel den einen oder anderen Schluck aus den Dienstflaschen mit Whiskey zu nehmen. Und das gefiel mir nicht, überhaupt nicht. Ich kannte den Weg in den Alkoholismus. Ich kannte ihn und lächelte den Steinen an seinem Rand zu, die ich hinter mir ließ.

„Aha!", winkte Karastojanova mit der Hand ab. Sie war glorios. Ein halber Satz genügte, um sie alles mit der Leichtigkeit einer Aristokratin abtun zu lassen. Sie wusste, welch kleine und dumme Höllen manchmal die Herzen der vielen jungen Ärzte bewohnten. Sie wusste es nicht wirklich, aber sie ahnte es und ging mit einer lässigen Geste darüber hinweg: „Oh ja, das kenn ich auch!", schien Karastojanova majestätisch zu seufzen.

„Doktor Karastojanova", lenkte ich rasch vom Thema ab, „was machen wir mit Vassil?"

„Wie, was machen wir mit ihm?" Sie riss wieder die Augen auf. Sie war bereit, ihre ganze Energie für jeden neuen Fall in die Waagschale zu werfen. So selbstverständlich, wie sie meine dramatischen Briefe, die sie nicht mehr interessierten, abtat, brachte sie nun ihr ganzes aufgewühltes, hypertonisches Interesse wieder ins Spiel. „Wie meinst du das, ‚was machen wir'?"

„Wir internieren ihn ja immer nur …"

„Was?", fuhr Karastojanova auf und sah mir mit der ganzen Missbilligung, derer sie fähig war, in die Augen.

„Ich wollte sagen, wir ‚weisen ihn immer nur ein‘", schmunzelte ich (ich wusste sehr wohl, dass man nicht „internieren",
sondern „einweisen" sagte, aber ich hatte null Lust zu diskutieren), „also, ich meinte, wir weisen ihn immer wieder zur
Zwangsbehandlung ein, dann entlassen wir ihn von der
Zwangsbehandlung, dann weisen wir ihn wieder ein … wir
schleppen ihn vor Gericht, und er, er verändert sich gar nicht,
sein Zustand bleibt immer derselbe … und also frage ich mich,
warum wir den armen Menschen quälen … Ich hätte ihm beinahe den Arm gebrochen vor … wann war das?"

„Es ist ein Monat seitdem vergangen", sagte Doktor Karastojanova, „und was schlägst du vor? Dass wir ihn nicht behandeln? Dass wir ihn zu Hause bleiben lassen? Er wird seine
Mutter totschlagen, das weißt du doch, Kalin! Du weißt doch,
er wird sie erwürgen, die alte Hexe!"

„Ja doch!", näselte ich. Ich dachte an meinen Brief. Ich
hatte ihn als Gedicht begonnen. Das wurde mir gerade
bewusst. Ich wollte einen Brief über meine Freiheit schreiben.
Oder ein Gedicht. Oder egal was. Ich wollte beschreiben, wie
ich alles verlassen würde, was mich erstarren ließ. Ich fühlte
mich wie ein Verrückter, eingewickelt in sein bepisstes Laken,
gefesselt mit dicken Riemen, die die Haut wund rieben,
blockiert mithilfe Tausender Milligramm Haloperidol, Chlorazin, Tisercin, Fluperin, Flupentixol, Diazepam, Antialerzin,
Sulpirid, Leponex. Ich wollte ein Brief-Begehren-Gedicht
schreiben, um freigestellt zu werden.

„Sag mal", sah mich Karastojanova herablassend, mit halb
geschlossenen Augen über den Zigarettenqualm hinweg an,
„sag mal, was stellst du dir denn vor, was wir machen können,
mit Vassil? Du hörst dich nämlich recht philosophisch an …
heute Morgen – du sprichst nicht wie ein Psychiater, sondern
wie irgendein … Zivilist."

Ich war entsetzt über dieses zufällig aufgegriffene Wort –
„Zivilist". Sie hatte es unwillkürlich ausgesprochen, und nun
hing es bleiern in der Luft, weil ich nicht antwortete. Als wären
wir keine „Zivilisten", keine gewöhnlichen Armleuchter aus
der Bevölkerung, die durch die Gegend irrten, sondern eine
Art Polizei!

„Was wir machen können?" Ich wurde plötzlich wütend.
Aber nicht darüber, dass Karastojanova so deutlich und klar
formuliert hatte, was wir taten. Eigentlich wurde ich wütend
über meine eigene Hoffnungslosigkeit. Ich wollte mich von
allem befreien, was mich erstickte, ich warf mich hin und her,
wand mich, kämpfte. Aber wie kämpfte ich? Ich lag einfach da
und wälzte mich in den fauligen Lumpen, die mich unfrei
machten. Ich sabberte[24] bloß die Riemen voll, die mich hielten.
Wo ich mich doch einfach hätte mit aller Kraft und Wucht auf-
richten können – die stinkigen Ketten abschütteln und vorwärts gehen. Frei wie ein kleiner Junge.

„Das können wir machen." Ich knallte den Laptop-Deckel
mit der Handfläche zu und stand auf. „Wir könnten diese
Leute auch einfach gar nicht behandeln. Als würden wir einen
krummen Baum wegen seines Krummseins behandeln! Ja, so
ist das, verflucht noch mal! Oder eigentlich, genauer gesagt,
uns zusammenreißen und besser hinsehen, was genau uns die
Natur sagen will. Wie sie diese Menschen haben will. Wenn
jemand überschnappt und Stimmen hört, ist das keine Ver-
stimmung, das ist ein Zeichen, dessen Entwicklung Zeit
braucht. Wir aber üben Druck aus und stören auf Biegen und
Brechen die natürliche Entwicklung dieses Prozesses. Verdammt! Warum lassen wir die Dinge sich nicht einfach entwickeln, Schizophrenien und Manien Gestalt annehmen, von

---

24 лигавя се (ligavja se) – doppeldeutiger Jargon-Begriff – bedeutet
sabbern, aber auch herumalbern, unseriös sein und Unsinn reden.
(Anm. d. Ü.)

selbst irgendein natürliches Gleichgewicht erreichen. Ohne unsere groben Einmischungen. Bis sie selbst eine natürliche Harmonie erreichen! Während wir ihnen nichts als gute Bedingungen gewährleisten, Verständnis und eine sinnvolle Umgebung, die keine Repression auf sie ausübt. Dann, glaube ich, wird die Natur alles lösen! Ist es nicht so? Ich glaube, dass wir mit unseren groben Einmischungen in diese delikaten Prozesse … des … des … Verrücktwerdens … dass wir alles nur durcheinanderbringen. Wir sollten nur beobachten und die Entwicklungen unterstützen – das glaube ich, Doktor Karastojanova …", schnappte ich zum Schluss atemlos nach Luft. Und klopfte mit der Hand auf den Tisch. „Und jetzt gehe ich", rief ich fröhlich und streifte meinen Kittel mit einem einzigen weiten Schwung ab.

Ich war immer noch ein Junge. Ich konnte mir erlauben, destruktiv und rebellisch zu denken, ehrlich und wütend zu sprechen, irgendwelche Dogmen zu zerstören und aus versklavenden Institutionen zu fliehen. Ich war ein freier Reiter! Karastojanova war herrlich. Aber auch fünfundzwanzig Jahre älter als ich. Sie verstand, was ich ihr sagte.

Doch eine freie Reiterin war sie nicht mehr!

Wozu arbeiten wir?

Ich trat in Ivs Sprechzimmer. Hier war es gemütlich. In der ganzen Klinik war es gemütlich, weil alle Möbel und Gebäude alt waren. Es war heimelig und unheimlich. Dutzende Jahre und Tausende Formen von Wahnsinn hatten sich auf den Gegenständen und Wänden abgelagert. Die Wände dieser einstöckigen Baracke waren mit gelblichen Sperrholzplatten verkleidet. Daran hingen Bilder von Schizophrenen. Es gibt nichts Verwirrenderes als die Bilder der Schizophrenen. Ihr typischstes Merkmal scheint das völlige Fehlen jeden Bezugs zur traulichen Welt zu sein.

Und was für eine Unheimeligkeit von den *Schizophrenen selbst* ausgeht! Erschütternd. Ich war noch nie unter Außerirdischen, aber ich bin mir sicher, dass ich mich bei ihnen heimeliger fühlen würde als bei den armen, lieben Schizophrenen. Ich gab mir enorme Mühe, sie zu lieben. Für mich war diese Mühe, diese vollkommen fremden Menschen zu lieben, oder zumindest der Versuch, sie zu lieben, meine Sühne. Weil sie mein Gefäß[25] waren, in das ich meine Schuld goss. Das viel fasste. Sie und ihre abstoßend ungemütlichen Bilder. Die Schizophrenen malten so, wie sie auch lebten – in einer entfremdeten, unverständlichen Fiebrigkeit. *Gleichgültig unserer Welt gegenüber.*

Ich könnte nun über die emotionale Entfremdung und Einebnung bei der Schizophrenie reflektieren, aber das wäre unfair den lieben Schizophrenen gegenüber. Sie sind ohnehin gebrandmarkt. Nun, man brandmarkt sie zwar nicht mehr als

---

25 Wortspiel – das bulgarische Wort „съд" (säd) bedeutet homophon Gefäß und Gericht. (Anm. d. Ü.)

Magier und Ketzer, wie man das im Mittelalter getan hat, heute aber wirft man ihnen emotionale Entartung, Persönlichkeitsstörungen, Zusammenbruch des Willens und tiefe Gefühlskälte vor. Dafür wollte ich sie nicht brandmarken. Ich ging bloß an den Bildern vorüber, die an der Wand hingen, bemerkte das kühle Gefühl, das sie bei mir schon immer ausgelöst haben. Und trat ins Sprechzimmer ein.

Iv saß da und rauchte, während sie auf den Monitor des *vorsintflutlichen* Computers starrte. Ach, diese Computer – ging mir durch den Kopf. Rundum herrscht der Wahnsinn, die angepissten Unterhosen der Kranken zerfallen und gammeln um ihre dürren und gelben Beine, die Makkaroni in den Kesseln werden kalt in der Finsternis der Küche.

Und Iv starrt auf den Computer! Die Klinik atmet wie ein alter Fisch am Ufer des Iskăr, alles schwirrt in einem absurden Tanz umher. Das Haloperidol und das bleiche Blut der Verrückten vermischen sich, und wir – die kühlen und weiß bekittelten Kinder der Verblendung –, da wir normal sind, starren auf die Monitore … Und bilden uns ein, dass wir, wenn wir genug gestarrt haben, noch normaler sein werden.

Eigentlich bildete Iv sich nichts ein. Sie starrte einfach. Mit dem Nagel ihres Zeigefingers klickte sie von Zeit zu Zeit auf die eine oder andere Taste. Sie spielte irgendein Spiel mit dem alten Computer. Ich stellte mich dazu und blieb eine Sekunde lang über sie gebeugt still stehen. Als sie mit vorsätzlichem Zögern den Blick hob, wie es die Frauen so machen, wenn sie kokett sein wollen, küsste ich sie auf die Stirn und auf die Lippen.

„Wie geht's so auf den Stationen?", fragte Iv, denn ich hatte Dienst.

„Gut, alles ist ruhig."

„Heute habe ich mich schon wieder mit Karastojanova gestritten", murmelte sie.

„Warum?" Ich setzte mich hinter ihrem Rücken und begann in irgendeinem Buch zu blättern. Einem alten russischen Buch mit Gedichten. Seltsam – der Autor war Charles Darwins Vater. Ich blätterte zurück, und da war ein Porträt von einem Menschen mit einem riesigen Bart. Der Vater glich dem Sohn Darwin, sah aber gütiger aus. Womöglich war der Vater nicht auf die Idee gekommen, dass der Stärkere den Schwächeren auffressen musste.

„Weil wir aufs Bleiben zu sprechen kamen."

„Wie, aufs Bleiben?", fragte ich zerstreut, weil ich die Gedichte las. Zärtlichkeit und Liebe überkamen mich hinter Ivs Rücken, ihre kleinen Ärgernisse interessierten mich nicht. Ich konnte hinter ihrem wohlgeformten, starken Rücken sitzen, die Gedichte des alten Darwin lesen und so tun, als existierte die Welt nicht. Und eigentlich, wenn es nach Darwins Vater ging – so vergessen und verschwunden mit seinen Gedichten (im Gegensatz zum Sohn mit seiner Schadenfreude über die tierische Natur des Menschen!) –, existierte die Welt wirklich nicht. „Was für ein Bleiben?", fragte ich noch einmal gedankenlos.

„Sie sagt, dass nur diejenigen in der Klinik bleiben, die keinen Ehrgeiz haben. Verstehst du, Kalinka, sie sagt, dass nur die Versager hier bleiben ...", und Iv drehte sich halb zu mir um, ihre Hände zuckten in ihrem Schoß vor erstickter Empörung. Sie berauschte sich nicht an ihrer Wut. Im Gegenteil – sie verlor den Mut. Sie ging ein. Das war charakteristisch für die jungen Ärzte und Psychologen in der Klink – sie waren wütend und kuschten gleichzeitig.

Iv fuhr fort, wobei sie an ihren Fingern herumkratzte.

„... und ich antworte ihr, ‚Ach, ist das nicht ein bisschen frech? ...' Na ja, ich hab ihr nicht genau das gesagt, aber im Großen und Ganzen habe ich sie gefragt: ‚Ist das denn nicht ein bisschen unverschämt, wenn Sie doch selbst hier bleiben und seit zwanzig Jahren hier arbeiten?"'

„Mhm", schnaufte ich und sah mir noch ein letztes Mal das Porträt des alten Darwin an, dann stand ich auf und streckte mich genüsslich. „Mhm, jaaa. Sie haben gearbeitet, ohne zu wissen, warum ... Ach nein, Unsinn, sie haben es bestimmt gewusst", klopfte ich mit den Absätzen gegen den alten Holzboden und begann herumzugehen. Ich verfiel in Gedanken, warum verschiedene Menschen in einer Klinik wie dieser zu arbeiten begannen. Jeder hatte seine Gründe ... Mir schien, dass die Motive der meisten Ärzte krankhaft und seltsam waren. Und warum arbeiteten Iv und ich in der Klinik?

„Hat Karastojanova denn nicht recht?", fragte ich schließlich dumpf, nachdem ich das kleine Zimmer zweimal durchschritten und in jeden Schrank und jede Schublade gegriffen hatte.

„Womit soll sie denn recht haben?", offensichtlich war auch Iv in Gedanken versunken und dachte nicht an dieselben Dinge, an die ich dachte.

„Hat sie denn unrecht damit, dass nur die, na ja – die Versager länger hier bleiben – was für ein abscheuliches Wort! Also, die, die keine Kraft haben, etwas Aussichtsreicheres zu finden. Wie ich zum Beispiel. Es kommt mir vor, als würde ich mich langsam daran gewöhnen, aber gewöhnen im schlechten Sinn – mich arrangieren, mich abfinden. Ich beginne gleichgültig zu werden. Der hat paranoide Schizophrenie – okay, die hat fünf Selbstmordversuche hinter sich – na prima, soll sie sich nur nicht während meines Dienstes umbringen. So ist es doch. Das macht's mit mir, ich werde ... gleichgültig. Langsam, aber sicher. Das ist nicht gut."

„Ja, aber was hat das denn mit den Ambitionen zu tun?", ließ Iv den Kopf noch mehr hängen, und ihr oranges Haar fiel in zwei Strähnen vor ihr Gesicht – sie war schön so, und ich bekam Lust, sie zu streicheln.

„Das kann ich dir sagen …" Ich stand entschieden auf, schob die Brust vor, und das Rückgrat knackte. Ich war entspannt, fing aber allmählich an, mich aufzuregen. Das Blut in meinen Schläfen begann zu pochen. Mich ergriff die Erregung eines Menschen, der sein Leben nicht langweilig, langsam, ausgeglichen und schlafend leben will, an irgendeinem entlegenen Ort alternd, monoton vor sich hin vegetierend, wie ein Wels in einem Loch.

„Schau …", sagte ich und klopfte mit einem starren Finger aufs Pult, „in dieser Klinik zu bleiben, dafür gibt es ein paar Gründe, verstehst du? Nicht anzufangen, aber zu bleiben. Weil anfangen – das ist klar. Diese Klinik ist ein Sprungbrett. Ein harter Ort; du sammelst Erfahrung, siehst alles. Drei bis fünf Jahre – dann hast du das Basiswissen für die Psychiatrie. Und – hopp. Weg bist du! Wenn du aber bleibst? Was passiert dann?"

„Na, was schon?", murmelte Iv leise, sie war bedrückt, das konnte ich deutlich erkennen.

„Was kannst du dann tun? Was könnte dich hier halten?"

„Na, zum Beispiel die Tatsache, den Menschen zu helfen", flüsterte Iv leise.

Bei diesen Worten erfüllten Schwäche und Entrüstung meine Brust. Sie hatte ich erwartet, und sie hatte ich gefürchtet. Sie trafen mich im Kern. Von Anfang an hatte ich darüber nachgedacht, ob ich den verfluchten Menschen half, indem ich ihnen gelbe und blaue Pillen gegen ihre Manien und Halluzinationen gab. Ich ließ die Arme sinken.

„Ivanče, wie meinst du das, den Menschen helfen?", seufzte ich. „Ja doch, ja! Ja, ja, ja, das ist es! Um den Menschen zu helfen … Verdammt! Aber warum musst du denn gerade Arzt oder Psychologe werden, um den Menschen zu helfen? Ein professioneller Helfer?"

„Klar!", sagte Iv und zündete sich eine Zigarette an, da sie über meine gereizte Energie staunte.

„Ach, hör doch auf! Wer bist du denn? Wer sind wir? Ich zum Beispiel? Na? Ein bezahlter Retter? Sind wir ambulante Retter? Der menschlichen Seelen? ... Also gut, wir tun Gutes! Warum nehmen wir dann Geld dafür? Wir nehmen also Geld für das Gute, das wir tun. Wenn der Mensch Gutes tut, dann muss er das doch aus Güte tun und nicht für irgendein beschissenes Geld." Ich hatte die Stimme leicht erhoben und spürte, dass ich immer wütender wurde. Nicht auf Iv. Auf mich selbst und auf die Welt.

„Na, und was für ein Geld!", lachte Iv. „Gestern habe ich einen Vorschuss von siebzehn Leva bekommen."

„Nein, das mein' ich nicht." Ich klopfte mit der Handfläche auf den Schreibtisch. „Das Prinzip ist doch – heimlich Gutes tun, sodass, wenn die rechte Hand gibt, die linke nichts davon weiß. Es aus christlichem Empfinden heraus zu tun. Was weiß ich!? Wohingegen wir in dieser entlegenen Klinik bleiben, weil wir Wohltäter, Heilige und Altruisten sind, ja? Ist das nicht ziemlich dumm? Und glaubst du wirklich, dass es auch nur einen Menschen gibt, der hier arbeitet, weil er wirklich, aber wirklich Gutes tun will?"

„Ach komm ...?!", blickte mich Iv von unten an. „Natürlich gibt es den!"

„Also gut! Ein Stückweit mag das eines der Motive von jedem sein, aber lass mich dir sagen – die Hauptmotive von jedem, der länger als drei Jahre hier geblieben ist, sind andere. Ich kann sie dir aufzählen", sagte ich und wurde mir bewusst, dass ich, wie üblich, Geschichten erzählte – ich konnte keine Motive aufzählen. Vielleicht hatte ich eine Vorstellung davon, was meine Motive waren, vielleicht stellte ich mir auch vor, was meine Motive in vielen Jahren sein würden. Ich konnte aber nicht behaupten, dass ich irgendetwas über die anderen wusste ... Und trotzdem erhob ich die Hand, um sie auf-zuzählen.

„Ach, was sind denn die Motive von allen, länger als drei Jahre hier zu bleiben?", fragte mich Iv leise. Sehr wahrscheinlich widerstrebte ihr wieder einmal meine bittere und schlammige Schwarzseherei. Ich trumpfte stets damit auf, dass ich die Wahrheit, wie widerlich und zynisch sie auch sein mochte, allem vorzog. Eigentlich zog ich nicht genau die Wahrheit, sondern die Hässlichkeit vor. Ich wollte meine Kollegen als erbärmlich hinstellen. Vielleicht weil ich mich selbst erbärmlich fühlte.

„Was die Motive sind?", räusperte ich mich, zündete mir eine Zigarette an, und mir fiel ein, dass sich mein Herz von jeder Zigarette in schmerzhaften Extrasystolen zusammenzuziehen begann. „Die Motive sind folgende, also, die, die einen Platz an der Sonne ergattert haben, wie soll ich das sagen – es gibt eine solche Kategorie von Ärzten, die es sich einrichtet ...“

„Bring Beispiele!“

„Na, was weiß ich, ich kann das nicht genau formulieren, ich meine die, die aus allem ihren Vorteil ziehen können. Gerade für sie ist die Klinik ein perfekter, lukrativer Ort.“

„Das sind also die Leute, die des Geldes wegen in der Psychiatrie arbeiten?", präzisierte Iv.

„Ja! Die andere Sorte, das sind diejenigen, die überhaupt kein Selbstvertrauen haben, derart unbeholfen sind, dass sie Angst haben vor dem Leben draußen, sprich, am Anfang haben sie keine Angst, dann aber schließt sich ein Teufelskreis – sie arbeiten hier, entfremden sich immer mehr vom normalen Leben, werden ängstlich in Bezug auf das Leben draußen ... und haben am Ende so sehr Angst vor dem Leben draußen, dass sie sich nur noch hier wohlfühlen. Irgendwie heimelig. Sie können die Klinik vor Angst nicht verlassen. Sie sind institutionalisiert", ich sprach das Wort „institutionalisiert" mit zur Decke erhobenem Finger aus und konnte mir das Lächeln zum Ende hin nicht verkneifen.

„Aha! So wie ...", und sie klopfte an die Wand, weil sich auf der anderen Seite der Baracke die Abteilung von Doktor Enčeva befand. Sie saß wahrscheinlich gerade mit den Schwestern zusammen und aß Sonnenblumenkerne, von Weltschmerz erfüllt.

„Ja, genau solche wie sie, Leute, die zu Beginn vielleicht nicht gar so untauglich für die Welt da draußen gewesen sind ...", sprach ich, die Brust kurz vorm Bersten und außer Atem, „sich aber mit der Zeit der Außenwelt entwöhnt haben. Bedenke, dass diese Psychiatrie die seltsamen Menschen schont. Und also verstecken sich die schrägen Vögel einfach hier, wo sie es bequem haben, sie werden immer schrulliger und hocken ungestört auf ihrem Ast ..."

„Ja, schon traurig ...", nickte Iv nachdenklich.

„Ja! Weiter gibt's da noch so eine Art von Psychopathen, die glauben, dass sie an so einem Ort Karriere machen können!", sagte ich und klopfte an der anderen Wand, in Richtung der Abteilung von Doktor Sokolova, die Direktorin werden wollte.

„Na, das ist ja vollkommen pervers", lächelte Iv.

„Ja, wirklich traurig, denn auch hier kann man eine Karriere machen, und ganz besonders, wenn man herrisch ist, nicht wahr? Und natürlich", fuhr ich fort und zündete mir eine neue Zigarette an, weil die letzte unberührt im Aschenbecher niedergebrannt war, „gibt es auch Leute, Ärzte, die faul sind. Sie geben sich keine Mühe, sich zu entwickeln, sie sind durch und durch wie fette Karpfen ..."

„Aber ist denn das mit den Ambitionen nicht etwas Hässliches?", fragte Iv und stand auf.

„Nein, ist es nicht. Zu wollen, dass in deinem Leben immer wieder Neues geschieht, ist nicht hässlich."

„Aber die psychisch Kranken sind doch überall gleich?“

„Ja, schon, aber es ist nicht dasselbe, ob du ihnen dabei zusiehst, wie sie hier vergammeln, oder sie anderswo wirklich behandelst, wo es die nötigen Bedingungen dafür gibt“, sagte ich und spürte, dass ich Unsinn redete.

„Ja!“, lächelte Iv mich an. Sie hatte mir, natürlich, fast ohne etwas zu sagen, zu Klarheit verholfen. Nun stand ich da und fühlte mich nach dieser überschwänglichen Rede albern. Nach dieser hässlichen Rede. Nachdem ich all diese sehr gescheiten Dinge gesagt hatte, fühlte ich mich wie ein Scheißhaufen. Mir wurde klar, dass irgendwo anders und nicht hier, in dieser Klinik, arbeiten zu wollen pervers war. Stupid und anmaßend. Die Kranken sind überall gleich – das wurde mir bewusst, weil ich es in Ivs lächelnden und ein wenig spöttischen Augen las. Für einen mutigen und guten Menschen ist es sogar viel sinnvoller, sie da behandeln zu wollen, wo es schwieriger ist, weil da auch die Belohnung für den Erfolg süßer sein wird. Aber was sollen diese Belohnungen überhaupt, verdammt noch mal?, dachte ich. Nur Kinder wollen um jeden Preis belohnt werden. Der, der psychisch Kranke behandeln will – dachte ich, über Ivs Schulter gebeugt –, wird sie dort heilen, wo er sie antrifft. Und sich keine luxuriösen Kliniken im Zentrum der Stadt oder irgendwo auf der Welt, oder was weiß ich wo, suchen. Im Zentrum irgendeines Harvard’schen Instituts wird man kein besserer Arzt zum Teufel, dachte ich mir.

„Na gut“, sagte ich, während Iv aufstand und sich unter meinem Kinn aufstellte, „Karastojanova gibt Gemeinheiten von sich. Genau wie ich, zieht sie es vor, aus der Wut heraus zu sprechen. Sie ist hier geblieben, weil auch sie wahrscheinlich spürt, dass es nicht drauf ankommt, wo man arbeitet. Es spielt keine Rolle, wo, sondern wie, nicht wahr?“

„Na ja, das muss nicht sein. Denn auch du hast ja recht.“

„Nein, habe ich nicht! Ich lege es darauf an, die Psychiater als Menschen hinzustellen, die sich von schlechten Beweggründen leiten lassen – von Faulheit, kranken Ambitionen, Angst, Dummheit und solchen Sachen. Das ist ein bisschen so wie beim Freudianismus, da muss immer was Wüstes im Kern stecken."

„Irgendwie wollen wir immer unsere Mütter ficken, nicht wahr?", lachte Iv.

„Ja, aber eigentlich sieht die Sache ganz anders aus, oder?" Ich wurde heiter. „Ich meine, dass das, was im Unterbewusstsein sitzt, nicht von Bedeutung ist. Und all die verschiedenen Dinge, die uns vielleicht, ohne dass wir uns ihrer bewusst sind, leiten – genauso wenig. Denn letzten Endes bleibt ja nur der in der Klinik, der kranke Menschen behandeln will. Oder? Der, der wirklich psychisch Kranke behandeln will? Und was die verschiedenen, tieferen Gründe dafür sind, das spielt dann keine Rolle, nicht wahr?"

„Ja genau!", lächelte Iv.

„Wollen wir das?", fragte ich sie und neigte mich über ihren orangen Kopf.

„Ich ja!", sagte Iv.

„Ich bin nicht ganz sicher", sagte ich, seufzte und küsste sie dort, wo ihr Haar sich auf einen langen und gewundenen Weg machte.

The long and winding road.

Das Eine

Heute gab es in der Klinik nicht viel zu tun. Ich hatte die Visite hinter mir, ich hatte ein paar neue Dekurse in die KGs geschrieben und saß nun im Sprechzimmer auf der Rehabilitationsstation. Ich war allein auf der Station. Der einzige Arzt, meine ich. Die Schwestern wuselten im Gang der Baracke herum. Es herrschte Frieden und Ruhe. Im Schrank des Sprechzimmers hatte ich eine Flasche Whiskey, aus der ich einen Schluck nehmen konnte, wann immer mir langweilig oder traurig zumute wurde. Ich hatte ein Dutzend Bücher auf dem Bücherregal stehen. Ich hatte einen Computer, auf dem es irgendwelche Computerspiele gab, die ich zwar verachtete, der aber auch meine Schriften enthielt, die ich – von mitternächtlicher Erregung ergriffen – während der Nachtdienste in der Klinik verfasste.

Und gerade jetzt bekam ich Lust, ein wenig in den Tiefen des Computers zu wühlen. Der voll war von meinen geheimen Schriften, Kommentaren und düsteren Notizen; von Erzählungen, Auszügen, Gedichten, kurzen Sketchen, Humoresken, absurden Wendungen und grauenerregenden, verworrenen Klumpen aus Worten – der Computer verwandelte sich in einen geheimnisvollen und verlockenden, von Angst einflößenden Wundern wimmelnden Wald.

Ich war ein leidenschaftlicher Erforscher der dunklen menschlichen Tiefen. Sie zogen mich an. Nicht die fremden – meine eigenen. Ich wusste, dass man fremde Abgründe nicht erforschen konnte. Sie konnte man nur so ansehen, wie man ein tiefes Aquarium betrachtete, durch dickes Glas. Da ist kein Zutritt. Über sie kann man nur *Vermutungen* anstellen.

In meine eigenen Tiefen konnte ich hingegen eintauchen. Und da gerade, in dieser friedlichen Ruhe, mit dieser wunderbaren Flasche im Schrank, bekam ich tatsächlich Lust, in meine eigenen Tiefen abzutauchen. Herumzuwühlen und nachzulesen, was ich im Rausch geschrieben hatte; im Halbdunkel der nächtlichen, traumähnlichen Wachen, während der abgeschiedenen Nachtdienste, umgeben von flimmernden Neonlampen drinnen und riesenhaften Akazien draußen.

Eine halbe Stunde lang wühlte ich – mit angehaltenem Atem – im Gedächtnis des Computers, bis ich schließlich auf ein Dokument stieß, dessen Titel meine Neugier weckte. Ich rieb mir sogar die Hände, während ich mich anschickte, seinen Inhalt zu lesen. Ich stand auf, goss mir zwei Fingerbreit aus der Flasche ein, setzte mich, öffnete das Dokument und las.

Das Eine

Drei, vier Minuten lang scheuerte und kratzte Anton K. an der Tür wie ein Kater, der sich in den Raum mit dem Ofen hineinstehlen will. Am Ende schaffte er es aufzuschließen und ging hinein.

Er hatte ziemlich einen sitzen, war aufgekratzt und heiter. Das Gespräch, das er mit zufälligen Bekannten im Lokal im unteren Teil des Quartiers geführt hatte, hatte ihn in Erregung versetzt, war aber an der interessantesten Stelle abgebrochen worden; und nun war Anton K. aufgewühlt. Gerne hätte er weiter geredet, um die Gedanken, die sich auf seiner Zungenspitze angesammelt hatten, ganz auszuführen.

Ihr kennt diesen Zustand bestimmt, wenn man das Gefühl hat, dass man zu einer glänzenden Einsicht gelangt ist; dann aber stehen alle auf, tragen ihre leeren Gläser zur Bar, winken der Barfrau und machen sich davon. Und euch bleibt nichts anderes übrig, als mit hängenden Armen dazustehen und eure klugen Gedanken allein wiederzukäuen. Anton K. stand nun allein mitten im Flur, kniff die schlaffen Finger zusammen und kaute auf etwas herum. Er stand vor dem Spiegel und betrachtete seine volle Gestalt, deshalb fiel ihm auch auf, wie genau er diesen Zustand versinnbildlichte – eines Menschen, der unterbrochen worden war und jetzt das wiederkäut, was er hätte aussprechen sollen.

In diesem Moment trat seine alte Mutter aus ihrem Schlafzimmer und machte sich auf zum Bad am Ende des Flurs. Anton K. überkam ein leichtes Unbehagen – er hasste es, das vorwurfsvolle Gesicht seiner Mutter gerade in Momenten zu sehen, wenn er betrunken und erhitzt war. Er fühlte sich wie heißer Stahl, seine Mutter war das kühle Wasser, das in der Altersflasche auf dem Nachttischchen stand. Diese Unstimmigkeit bewirkte einen leichten Druck auf Anton K.s Herz.

Andererseits aber hatte Anton K. Lust zu reden. Er war jetzt wie eine übervolle Schüssel, die große Lust hatte, ihren Inhalt überschwappen zu lassen. Und alles rundherum zu besudeln.

„Mutter", rief Anton K. leise. Seine Mutter hörte ihn vom Bad her, gab aber keine Antwort. Sie gehörte einer Generation an, die sehr viel Zeit darauf verwendet hatte, alle Feinheiten des Sich-Zierens und des zurechtweisenden Verhaltens zu erlernen. Anton K.s Mutter konnte ihn mit nichts als einer kleinen Bewegung ihres Fingers in die Schranken weisen und ihn dazu bringen, sich dumm und schuldig zu fühlen. Sogar mit einer kleinen *Nichtbewegung* des Fingers.

Weil aber Anton K. seine Mutter gut kannte, schenkte er ihrem vorwurfsvollen Schweigen keine Beachtung. Er presste den Kopf an die Wand und wartete darauf, dass sie herauskam.

„Sag, was ist los?!", sagte seine Mutter mit ihrem zahnlosen Mund. Sie hatte die falschen Zähne herausgenommen, und das ließ sie ziemlich viel älter aussehen, als sie eigentlich war. Anton K.s Mutter war nicht älter als achtundsechzig, doch im Nachthemd und ohne Zähne schien sie zweiundsiebzig zu sein. Dafür ging sie mit den Zähnen und elegant gekleidet problemlos als sechsundsechzig durch. Simple Rechnungen.

„Nichts, Mutter. Ich wollte …" Anton K. richtete sich auf und geriet, gerade weil er sich bemühte, nicht zu taumeln, ins Taumeln. Und grinste wegen der lächerlichen Vorhersehbarkeit solcher Blamagen blöd vor sich hin. Immer, wenn ein Mensch in der Nacht im Flur vor seiner alten Mutter steht und versucht, nüchtern zu wirken, gerät er ungewollt ins Taumeln oder wirft etwas um. Eine komische Vorbestimmung.

„Was, nichts, du hast schon wieder getrunken. Wie lange geht das noch mit dieser Sauferei und den durchzechten Nächten?" Das kleine, vom Fehlen der Zähne faltige Gesicht der Mutter zog sich ruckartig zusammen.

„Na so lange, so lange halt …" Anton K. fuchtelte mit den Armen herum. Als würde er die Diskussion aus der Kneipe fortführen, von der ihm das Gefühl der Unabgeschlossenheit geblieben war. Als wollte er von Neuem hitzig losgestikulieren, ohne aber den passenden Ort dafür gefunden zu haben, weshalb seinen Gesten die Energie fehlte. „Schau, Mutter, ich möchte, dass wir endlich über jene Sache sprechen …"

„Was?", fuhr seine Mutter auf. Sie gehörte jener Generation an, die gegen Ende der diktatorischen Regime und der diversen weltweiten totalen Hypokrisien geboren war und die sehr viel Energie darauf verwendet hatte, das vorwurfsvolle, dramatische Auffahren bis zur Meisterhaftigkeit einzustudieren. Wenn sie vor Empörung auffuhr und erschrak, öffnete sie den Mund, weitete ihre Augen vom Kinn bis zum Haaransatz, verstummte und verharrte mindestens eine Minute lang in dieser grotesken Pose erstarrt – mit offenem Mund.

„Wann? Ha-ha-ha", lachte Anton K. über ihren fürchterlichen, bühnenhaften Auftritt. „Wann, meine ich, wann werden wir über jene Sache sprechen?"

„Über was, über welche Sache?" Die Mutter zermahlte jedes Wort einzeln mit ihrem Unterkiefer.

„Na über jene Sache, über die ihr nie sprechen wollt … jene Sache …"

„Was faselst du da um eins in der Nacht, Anton? Wieder besoffen, und schon fängst du auf dem Flur an – schäm dich!"

„So betrunken bin ich gar nicht, Mutter." Anton K. atmete tief ein und fühlte sich wirklich nüchtern. Und noch aufgekratzter. Wütend sogar. In der Kneipe hatten sie – nicht ganz konkret, aber im Großen und Ganzen – genau darüber gesprochen, worüber er auch mit seiner Mutter sprechen wollte.

„Ich rede nicht mit dir, solange du betrunken bist. Leg dich hin und schlaf dich aus … und wenn du morgen noch reden willst, dann werden wir reden", versuchte seine Mutter an ihm vorbeizukommen, um in ihr Zimmer zurückzukehren. „Geh zur Seite! Ich will ins Bett."

„Ach, du kommst schon in dein Bett …", drückte Anton K. wirklich heftig gegen die Tür zum Schlafzimmer und verspürte so etwas wie kindischen Trotz. So hatte er die Tür mit der Schulter zugehalten, als er ein kleiner Junge war. Der seine Eltern nicht gehen lassen und nicht allein bleiben wollte.

„Wenn du zu viel trinkst, wirst du streitsüchtig und aggressiv. Und warum willst du denn immer über … wüstes Zeug reden?"

„Was denn für wüstes Zeug? Wie kommst du denn jetzt da drauf?", wurde Anton K. wütend.

„Na, immer wenn du betrunken bist, willst du dich streiten!" Plötzlich ließ die Mutter ihre Wut heraus. „Willst uns Ältere beleidigen … und über … wüstes Zeug reden."

„Worüber will ich reden? Was für ein wüstes Zeug?" Er staunte über das Unverständnis seiner Mutter. Er wünschte, er würde sie nicht für kleinlich und einfach gestrickt halten. Die Tatsache aber, dass schon bei der Erwähnung eines ernsten Gesprächs über Dinge, über die man bislang nicht gesprochen hatte, über die aber gesprochen werden musste, die Tatsache, dass sie sich da nichts weiter vorstellen konnte, als dass man über etwas Wüstes und Unanständiges sprechen würde, kränkte ihn sehr.

„Mutter! Hör mir jetzt zu, ich will, dass wir über etwas Wichtiges sprechen – über das Eine, dem ihr euer ganzes Leben lang ausweicht … Und worüber nicht zu sprechen unmöglich ist … Schrecklich! …", fasste sich Anton K. an die Brust vor Aufregung und Wut. „Ich will dir eines sagen: Es ist unmöglich, nicht darüber zu sprechen, man kann dem nicht ein Leben lang ausweichen. Man kann nicht ein Leben lang mit geschlossenen Augen leben, nicht geschlossen, aber nur einen Spalt weit geöffnet, also – leben, ohne das wichtigste Thema zu beachten … Ich werd nicht schlau aus euch! Ihr weicht aus und weicht aus und weicht aus … Und wollt über das Wichtigste im Leben nicht sprechen, über das, was das Leben hervorbringt, es erschafft und ihm seinen Sinn gibt! Genau das erfüllt mich mit Schrecken – stets regt ihr euch auf, seid beleidigt und haltet euch die Ohren zu, wenn jemand mit euch über das Eine reden will! Warum, Mutter?"

„Du bist betrunken, und ich werde dir nicht länger zuhören!", zischte seine Mutter leise mit ihrem zahnlosen Mund. In diesem Augenblick empfand Anton K. einen ohnmächtigen Hass auf sie. Doch wie jedes Gefühl, das unserer Moral widerspricht, verwandelte sich sein Hass ins entgegengesetzte Gefühl. Und Anton K. wünschte sich plötzlich, seine Mutter zu lieben, sie in die Arme zu nehmen. Vermutlich wollte er sie tief in seinem Innern irgendwie vor sich selbst schützen.

Vor sich selbst – so, wie sie im Moment war und Hass in ihm hervorrief. Er wollte sie nicht böse und feindselig sehen, damit es keinen Grund gab, sie zu hassen. Er schämte sich natürlich auch wegen dieses Hasses.

„Mutter, meine liebe Mutter, warum, warum denn nur?", änderte Anton K. den Ton. Seine Stimme war voll Zärtlichkeit und Bitterkeit. So als wäre er ein kleiner Junge, der traurig war, weil man ihn nicht rausließ.

„Was, warum, hm? Du stellst dich hier um eins in der Nacht hin, weckst mich auf und willst dich unterhalten." Seine Mutter hob den Blick und riss die Augen in ihrer plötzlichen Anwandlung von Wut weit auf. „Über wüste Dinge reden ... Was stehst du so blöd da? Wirst du mich etwa schlagen? Ich will nicht mit dir über Scheußlichkeiten reden, wenn du betrunken bist."

„Aber wie kommst du darauf?", sagte Anton K. verblüfft. Er verstand gar nicht. Wie kam denn seine Mutter darauf, dass er ausgerechnet über Schweinereien sprechen wollte? Ihre Generation hatte nichts anderes im Sinn – lächelte Anton K. bitter zu sich selbst. Dann fiel ihm aber plötzlich ein, dass er zu seiner Mutter gesagt hatte: „Ich will über das Eine reden." Während für ihre Generation, die in Euphemismen schwamm, unfähig, was auch immer beim Namen zu nennen, „das Eine" nur eines bedeutete. Ein ganz bestimmtes Etwas. Das, was sowohl schweinisch als auch scheußlich war. „Das Eine" war der Ausdruck für den Reproduktionsakt. Oder wie es Anton K.s Generation nannte – für „Sex".

„Mutter! Ha-ha-ha." Anton K. brach in grobes Gelächter aus. Dann genierte er sich, dass er wie ein Saufbold gelacht hatte, und winkte mit der Hand ab. „Mutter! Darüber ... will ich überhaupt nicht reden."

„Worüber willst du nicht reden?" Seine Mutter versuchte ihn erneut zur Seite zu schieben, sich zwischen ihm und der

Wand vorbeizudrücken und in ihr Zimmer zu gelangen. „Denn ich will über gar nichts reden … mit meinem stockbesoffenen Sohn, um ein Uhr früh."

„Oh, là, là, jetzt bin ich auch noch stockbesoffen!", stieß Anton K. zwischen dem Lachen hervor. „Hör zu, Mutter! Ich wollte ernsthaft über die eine Sache reden, über die ihr nie redet und die ich als die Wichtigste erachte … Die wichtigste Sache der Welt … Es ist fundamental, dass die Söhne und ihre Mütter darüber sprechen, ihr aber versteckt euch und geht ihr aus dem Weg, geht diesem Gespräch immer aus dem Weg. Das ist das grundlegendste Gespräch, Mutter, in meinen Augen, das essenziellste! Ihr aber drückt euch davor, wann immer ihr könnt …" Anton K. ließ die Arme sinken, weil ihm das Gleiche wie in der Kneipe passierte – nicht angehört und verstanden zu werden, allein zurückzubleiben und seine Einsichten alleine wiederkäuen zu müssen.

„Ich habe es dir schon gesagt", sagte seine Mutter nun ruhiger, „ich will jetzt nicht reden."

„Aber weißt du denn, worüber ich mit dir reden will?", seufzte Anton K.

„Na …", zog seine Mutter voll Ekel die Lippen zusammen, „wahrscheinlich über die Beziehung zwischen Mann und Frau. Eure Generation ist extrem aggressiv. Immer wollt ihr uns dieses Gespräch aufdrängen, so als wolltet ihr … uns drohen mit diesen Gesprächen …"

Und es schien, als zöge sich Anton K.s Mutter in ihrem Nachthemd zusammen. Aus Ressentiment gegen die Worte, die sie aussprechen musste.

„Begreift doch endlich, dass dein Vater und ich und unsere Generation so erzogen worden sind, dass uns direkt übel wird … davon! … Darüber darf man nicht einfach so reden!"

„Worüber?", rief Anton K. wie ein Archimedes, der sich bis eben mit verwirrten Hellenen gestritten hatte und ihnen gleich ihren Fehler aufzeigen würde.

„Über die Frau-Mann-Beziehungen, über die darf man nicht einfach so reden!", sagte Anton K.s Mutter leise.

„Aber!", rief Anton K. voller Freude, da er seiner Mutter nun verzeihen konnte. Weil sie nicht böse und gemein, sondern in einer verworrenen Zeit aufgewachsen war und selbst darunter litt. „Mutter! Ich will über etwas völlig anderes reden! Über etwas völlig anderes! Mutter!", und Anton K. beugte sich vor und umarmte seine Mutter. Sie wich zurück und seufzte, weil er nach Kneipe roch.

„Ach, und worüber willst du um ein, na, es ist jetzt schon zwei Uhr nachts, mit mir reden? Was ist denn so wichtig, dass du mich jetzt quälst und nicht schlafen lässt?", sagte seine Mutter. Ihr Ton war nun wieder derselbe wie zu Beginn des Gesprächs. Jetzt, da sie sich keine Sorgen mehr zu machen brauchte, dass Anton K. sie mit Themen, die für sie und ihre Generation unerträglich waren, quälen würde, kehrte ihr alltäglicher Argwohn zurück.

„Ich will über … Gott, über Gott reden, Mutter, darüber, dass eure Generation nicht über Gott sprechen will und über den Glauben und darüber, wozu wir leben, über den Sinn des Lebens. Darüber wollte ich endlich mit dir reden, Mutter! Ja, darüber, Mutter, Mutter, meine liebe Mutter …" Anton K. beugte sich vor und grub seinen Kopf ins zerzauste, schöne und weiße Haar seiner Mutter.

„Ah-ha!" Sein Mutter staunte nicht schlecht. Ihre Lippen begannen sich lautlos zu bewegen. Offensichtlich gingen ihr in Sekundenbruchteilen eine Million Gedanken durch den Kopf. Dann breitete sich ein vollkommenes, gütiges Lächeln über ihr Gesicht aus.

„Mein Lieber." Sie streichelte ihren Sohn übers Gesicht. „Mein lieber Philosoph! Mein lieber Dummkopf. Warum muss es denn um eins sein …?"

„Es ist immer eins, Mutter, nie können wir reden. Für dieses Gespräch ist es nie die passende Zeit. Und also habe ich mir gesagt, dass jetzt der Moment ist."

„Nein, jetzt ist nicht der Moment, solche …, solches Stroh zu dreschen. Sei mir nicht böse, aber ich habe wegen der Schmerzen im Kreuz die ganze Woche nicht normal geschlafen. Jetzt müssen wir schlafen. Wenn du philosophieren willst, dann machst du uns morgen früh Tee und erzählst mir. Von diesem deinen Gott."

Und Anton K.s Mutter streichelte noch einmal sein nun entspanntes Gesicht.

„Ja, Mutter, jetzt scheint nicht der richtige Zeitpunkt zu sein", ließ Anton K. den Kopf sinken und machte seiner Mutter den Weg zum Schlafzimmer frei. Sie ging ruhig an ihm vorbei und kehrte in ihr dunkles Zimmer zurück. Als sie an seiner gebeugten, kraftlosen, schlaffen Gestalt vorbeiging, schien sie ihm leicht zuzulächeln.

„Gute Nacht, Mutter!", sagte Anton K. Seine Arme hingen kraftlos an seinem Körper.

Er fühlte sich irgendwie befriedigt. Er hatte nichts von dem sagen können, was er hatte sagen wollen, doch war ihm zum Ende des Gesprächs hin, gerade als seine Mutter in ihr Schlafzimmer zurückging, ein kraftvoller und plötzlicher Gedanke in den Sinn gekommen. „Jetzt werde ich ins Bett gehen und meine Mutter morgen nicht weiter mit diesen absurden Gesprächen behelligen. Ich werde sie in Ruhe lassen. Nein, gleichgültig werde ich ihr gegenüber nicht werden, ich werde einfach nur aufhören, so böse und aggressiv zu ihr zu sein, so fordernd, dieser verfluchten, hm, dieser traurigen … verwirrten Generation gegenüber.

Und! Wenn es mir gelingt, ihr heute Nacht zu verzeihen, dass sie nie mit mir über das Eine sprechen will, wenn es mir gelingt, ihr zu verzeihen …

Wenn es mir gelingt, ihr zu verzeihen …", dachte Anton K. weiter, während er einschlief.

„Wenn es mir gelingt, ihr zu verzeihen …

Dann wird alles … alles … in Ordnung sein!", dachte er. Und schlief ein.

Als ich die letzte Zeile zu Ende gelesen hatte, richtete ich mich kerzengerade auf, knackte mit den Gelenken und streckte mich. Ich war mit dem, was ich in den Tiefen des Computers gefunden hatte, zufrieden. Angenehme Abgründe. Wie die eines jeden gesunden jungen Mannes.

Gespräch mit meiner Mutter

„Kalin, wie geht es dir?", fragte mich an diesem angespannten und grauenvollen Abend meine Mutter.

Es war Dezember, und ich hatte meine Familie und mein bisheriges Leben so gut wie ruiniert. Es war nicht zu übersehen, dass ich drauf und dran war, die Medizin aufzugeben, die mich zwölf Jahre lang begleitet hatte. Sowie meine Ehefrau und mein Kind, mit denen ich etwa fünf Jahre lang gelebt hatte.

Mein Gesicht war heiß und rot – vor Scham, vom zu hohen Blutdruck, vor Verzweiflung. Und meine Mutter fragte mich, wie es mir ging. Und sie fragte es mich mit jenem fürchterlichen Vorwurf – klar und deutlich –, den nur Mütter in ihre Stimme legen können. Mag sein, nicht die Mütter aller Zeiten, sondern nur diejenigen aus dieser einen Generation, in der es Parteisekretärinnen und allerhand weibliche Gefängnis- und Schuldirektorinnen gegeben hatte.

Meine Mutter klang sogar ein wenig hämisch, so jedenfalls nahm ich ihre Frage wahr.

Nein – sie war nicht hämisch.

In ihrer Stimme lag viel Kummer, den sie aber unter der formellen Frage verbarg – „Wie geht's?"

Was für eine geistreiche Frage! Wie soll es mir schon gehen, Maminka? Sehr schlecht! Ich sterbe! Ich bin ein dreißigjähriger Mistkerl, der sich herausnimmt, seine Familie zu zerstören, eine Geliebte zu haben, die grandiose Tradition des Arztberufs auszuschlagen, ich bin ein Drecksack, der nichts als Scham empfindet …

Nein, auch Liebe, auch Liebe … für eine Frau, Maminka, doch von diesen Dingen verstehst du nichts, und wie solltest du denn auch etwas davon verstehen …

So was hat sich eure Generation, verdammt noch mal, nicht geleistet, wie könnte ich dir denn etwas erklären, was du für eine widerwärtige Schmach hältst – dass ich eine Frau liebe, aber nicht mit ihr verheiratet bin, sondern mit einer anderen, und dass ich ihretwegen mein ganzes bisheriges Leben wegwerfen werde ...

Ich werde alles wegwerfen ... Ja! Auch dich, auch dich. Ganz genau ...

... du bist eifersüchtig, Maminka, weil mein früheres Leben auch deins war ...

... du hattest es dir einverleibt, jenes mein vergangenes Leben, du hattest es erschaffen, es gehörte zu dir und deiner Welt. Nicht meiner. Und überhaupt, was sollten all diese Eheschlüsse in dieser meinen Generation, Maminka? Eheschlüsse, um die Eltern zu beschwichtigen! Ha! Horror! Und die dämliche Pflicht gegenüber den Eltern zu erfüllen, gegenüber der Tradition und dem Staat ... Ha! Horror!

Und jetzt renne ich davor weg und damit auch vor dir und habe dir nichts zu erklären. Warum sollte ich mich dir denn erklären, Maminka, ich bin ja kein Schuljunge mehr ...

Ich bin kein Schuljunge mehr, der an die Wand muss, nachdem du ihn in die Enge getrieben und ihn gefragt hast, warum er die Geometriestunde geschwänzt hat und geraucht ... und Zigaretten geraucht hat!

... ich werde dir keine Erklärungen mehr geben, ich werde weder dir noch eurer beschissenen, scheinheiligen Gesellschaft irgendwelche Erklärungen geben, Maminka, ich bin ein furchtbarer Sohn ...

... ich weiß, ich töte dich, du hörst nicht auf, es mir immer wieder vorzuhalten, seit meiner Geburt, immer wiederholst du nur, dass ich dich töte!

Eure Generation hat nichts Besseres als das im Sinn – die eigenen Kinder wissen zu lassen, dass sie sie töten!

Ich weiß, ich töte alle damit, dass ich mein eigenes Leben leben will, auf meine eigene Art und Weise … ich töte euch mit diesem meinem neuen Leben … und wie es überhaupt möglich ist, dass ich mich nicht dafür schäme, für diese meine wüste Liebe? Ich weiß es nicht, ich werde euch aber keine einzige Erklärung mehr liefern!

Ist das klar, Maminka? Ich werde furchtbar unglücklich sein! Zu deinem Entsetzen!

Denn die Menschen, die wie ich sind, wollen dem Grauen entkommen, dem Grauen, Schuldner zu sein – du verstehst mich doch, oder? Ich kann das falsche, vermeintlich glückliche und geordnete Leben, das ihr mir anbietet, nicht leben, da ihr später von mir verlangen werdet, für alles zu bezahlen, mit Zinsen obendrauf! Und die Zinsen, die heißen Gehorsam, trockene Hinnahme, hoffnungsloses Maßhalten, ewige Dankbarkeit und überhaupt – ewige Pflicht gegenüber dir, gegenüber der Familie und gegenüber der beschissenen Gesellschaft!

Ich will nichts von diesem anständigen und vermeintlich glücklichen Leben haben, weil ich mich keinem gegenüber schuldig fühlen will. Ja, ich werde so unglücklich sein, wie mir beliebt! Denn meine Freiheit ist mein Leid – ich werde nicht gewollt, dir zuliebe, glücklich sein!

Ich werde mir zuliebe unglücklich sein!

Das ist alles! … Maminka …

Das wollte ich dir sagen.

Ich sagte es ihr aber nicht. Ich sagte ihr nur:

„Es geht mir gut, Maminka. Mehr oder weniger."

„Mehr oder weniger? Also geht es dir nicht gut?", musterte mich meine Mutter kühl, wobei ich mich ein wenig zierte – wie jeder Mann, der fremdgeht. Und Rede und Antwort stehen muss … nicht seiner Frau. Nein! Sondern der obersten richtenden Instanz, seiner Mutter.

„Nein, es geht mir nicht so gut!", murmelte ich.

„Man sieht es – deine Hände zittern. Was hast du vor, Kalin?"

„Ich weiß es nicht, Maminka."

„Wie auch immer, du bist ein erwachsener Mann und wirst tun, was du für richtig hältst. Nur denk dran, dass du ein sehr unglückliches Kind zurücklassen wirst", sagte meine Mutter und klappte so den Deckel meines Sarges zu.

„Ja, mmmh, ja!", murmelte ich schleppend. Sodass ich innerlich darüber lachen musste. Von außen betrachtet, war das eine schauerliche Groteske. Meine Mutter sah, wie kraftlos und elend ich mich wand, und stocherte einfach so, mir nichts, dir nichts, immer weiter in meiner toten Seele herum. Als wäre sie eine Elster, die mit einem halb toten Wurm spielte. Sie spielte mit *meinem untreuen Kadaver.*

„Danke, Maminka, dass du's mir gesagt hast, ich wusste es nämlich nicht", murmelte ich mit grausamer Ironie; meine Ironie war aber nicht bösartig, sie war verzweifelt. Und in meiner Stimme steckte offenbar so viel Bitterkeit, dass meine Mutter plötzlich den Kurs änderte. Plötzlich zerfiel sie. Sie wurde weich, und ihre ganze Kühle und Strenge verschwanden. Ihr Gesicht verkrampfte sich zu einer leidvollen Grimasse, und sie kniff die Lippen zusammen. Dann streichelte sie mir über die Stirn. Nun fühlte ich mich nicht mehr so dreckig. Ich fühlte mich einfach unglücklich.

„Oh du mein liebes Kind, warum musste das denn so kommen?", streichelte meine Mutter mir über den Kopf.

„Ich weiß es nicht! Es kommt halt vor", murmelte ich. Ein ungeheurer Stein zermahlte meine Seele zu einem Pulver aus bitterem Gift. Und meine Stimme knirschte unter der Last wie Sand.

„Ich verurteile dich nicht, mein lieber Junge", sagte meine Mutter völlig unerwartet mit tiefer Stimme. Im ersten Moment habe ich nicht einmal verstanden, was sie sagte. Man kann sich an dieses gigantische, urmütterliche Pathos der Mütter nicht gewöhnen. Das sie aber stets, so erschütternd und tief es auch sein mag, irgendwie zu aktivieren wissen. Ich spürte es, und ein kindliches Gefühl ließ mich weich werden. Meine Mutter vergab mir. Schlecht – denn ich verdiente es nicht. Ich blieb kraftlos sitzen.

„Wir, dein Vater und ich, verurteilen dich nicht ...", fuhr meine Mutter fort und nahm mich in ihre Arme.

„Das glaube ich", sagte ich leise, und in meiner Brust ballte sich ein derart gigantisches und heißes Knäuel aus Trauer und Kummer und Tränen und Ausweglosigkeit, dass ich den Kopf senkte und zu weinen begann. Meine Tränen fielen bitter und heiß wie Gift zu Boden. Während meine Mutter einfach dasaß und mir mechanisch, langsam und traurig immer weiter über den Kopf streichelte. Sie war in Gedanken versunken. Wer weiß, woran sie dachte.

Maria

Seltsam war, dass ich einige meiner Patienten in der Klinik aus meiner Zeit als Jugendlicher kannte, als ich durch die Straßen und Bezirke Sofias streifte und alles Eindruck auf mich machte – die donnernden Straßenbahnen, die strammen Gardisten vor dem Mausoleum von Georgi Dimitrov, die Generäle ums Kriegsministerium, die Afrikaner in der Studentenstadt, die Verrückten und die Hiparen. Die Verrückten und die Hiparen am meisten. Die Hiparen waren langhaarig, wie manche Verrückte auch, wenn man darüber nachdenkt.

In meiner Vorstellung, in meiner Welt sind die Verrückten immer schon heilig gewesen. Sie sind die Ikonen ihrer Bezirke und ihrer Straßen – jeder kennt sie, und jeder empfindet eine mystische Angst, wenn er sie sieht. Ja nicht einmal Angst, sondern nachgerade eine sonderbare mystische Erregung, wenn er sie sieht – wie immer in ihren mausgrauen Regenmänteln und mit ihrem mausgrauen Haar. Über die schattigen Gehsteige wandelnd. Einsam durch die unbekannten Schluchten ihres Wahnsinns streifend. Allein.

Einige Patienten, Kranke, Verrückte kannte ich also von früher. Das war ein seltsames Gefühl. Früher war ich ein Kind – und sie einfach Verrückte. Jetzt war ich ein von Alter und Kummer verbogener Arzt – und sie waren immer noch dieselben. Ich sah sie wieder – aus meinem neuen, seltsamen Blickwinkel.

Heute zum Beispiel. Sah ich um zwölf Uhr mittags Maria. Sie war eine von den Patientinnen, die ich seit hundert Jahren kannte. Sie war höchstens achtundzwanzig. Oder vielleicht fünfunddreißig? Ich wusste es nicht.

Die Verrückten haben kein Alter. Ich hätte es wissen sollen, denn es stellte sich heraus, dass ich ihr behandelnder Arzt war. Irgendein Kollege hatte sie in der Nacht aufgenommen und mir auf die Rechnung geschrieben. Meinen Namen in die Spalte „behandelnder Arzt" eingetragen. Mhm, ja.

Sie wohnte irgendwo in der Nähe vom „Popa"[26] – daher kannte ich sie. Aus den Zeiten, in denen ich durch die Gassen und die Passagen am „Popa" herumgestrichen war, mit den liederlichen Mädchen Lieder von John Lennon gesungen hatte und ein zügelloser kleiner Hipar gewesen war.

Als ich sie auf der Station sah, erinnerte ich mich an ihre taumelnde und formlose Gestalt von vor zehn Jahren. Jetzt sah sie genau gleich aus. Jung, zerzaust, mit langem und lockigem Haar, ganz weichem Haar, mit einem weichen und weißen Leib. Schlapp und mit mehreren abgetragenen, weichen Kleidern bedeckt. Vielschichtig. Wie eine echte büßende Magdalena von Tizian.

Manchmal lugten zwischen den Falten des Morgenmantels ihre großen, schlaffen und bleichen Brüste hervor. Dann sah sie ganz wie Tizians büßende Magdalena aus. Sie hatte aber nicht viele Zähne. Von der langen Behandlung mit Haloperidol hatte sie viele Zähne verloren. Wer weiß – vielleicht hat auch Tizians Magdalena nicht so viele Zähne gehabt. Wenn man es recht bedenkt, so hat es im Mittelalter ja keine Zahnärzte gegeben.

Maria war von einem meiner Kollegen in der Nacht aufgenommen worden, wegen Bedrücktheit. Dieses psychiatrische „Unwohlsein" war ein lächerlicher Euphemismus, der besagen sollte, sie sei nicht bei sich, angespannt, verwirrt und aggressiv gewesen. Das waren die häufigsten Gründe für eine Notein-

---

26 Popa – geläufige Abkürzung für den Platz „Patriarch Evtimij" im
   Zentrum von Sofia. (Anm. d. Ü.)

weisung. Diese Zustände führten zu Konflikten zu Hause. Konflikte gibt es in allen Familien. Ist aber einer der am Konflikt Beteiligten verrückt, wird auf der Stelle entschieden, dass er in eine Psychiatrie gebracht werden muss.

Permanent musste die Psychiatrie Probleme lösen, die durch Mittellosigkeit hervorgerufen wurden. So befasste sich die Psychiatrie, anstatt mit den Störungen im Dopaminstoffwechsel, eigentlich mit der Misere. Mit der heiligen Armut.

Maria war aus dem einfachen Grund eingeliefert worden, weil sie verrückt war und sich mit ihrer Mutter stritt. Als könnte sich keiner auf dieser Welt vorstellen, dass einer verrückt ist und trotzdem daran glaubt, das Recht zu haben, sich mit jemandem zu streiten. Es haben doch alle das Recht, sich zu streiten, mit wem sie wollen? – dachte ich mir. Die Verrückten aber – offenbar nicht. Sobald sie sich mit jemandem entzweien, wird die heilige strafende Psychiatrie gerufen.

Also war Maria nun auf der Station und geriet durch Zufall auf die Liste meiner Patienten. Ich sah mir ihre Akte an, sprach mit ihr (albern, sinnlos und unzusammenhängend) circa zehn Minuten lang und schickte sie auf ihr Zimmer. Nun saß ich da und rief mir in Erinnerung, wie ich sie sich all die Jahre beim „Popa" dahinschleppen und irgendwas vom unbegreiflichen Kosmos, in dem sie lebte, vor sich hin faseln gesehen hatte – widersinnig heiter, weich und irgendwie liebenswürdig mit ihrem langen schwarzen Haar, mit ihrem fülligen Körper, mit ihrem weichen Gesicht. Ihr Kosmos war ein anderer, dem meinen benachbart. Und ich hatte nicht vor, ihr Vorwürfe zu machen, weil ich keine Ahnung von ihrem Kosmos hatte.

Eine entspannte Angelegenheit. Sie war auf ihrem Zimmer und hatte sich eingefügt. Sie würde eine Weile in Behandlung sein, ohne dass mir genau klar war, weswegen (ihre Schizophrenie war chronisch und praktisch unumkehrbar), würde aufgeräumter werden, sich beruhigen und nach ein, zwei

Monaten zu ihren schlappen, irren und gespenstischen Spaziergängen am „Popa" zurückkehren. Die chronische Schizophrenie, die ihre Persönlichkeit völlig verändert hatte (wie die beckmesserische Psychiatrie diesen Prozess nannte), hatte sie unveränderbar gemacht. Es war unmöglich, dass sie wieder normal werden würde, so, wie es sich ihre Verwandten wünschten. Ja, sie lebte in einer eigenen Welt.

Heute um zwölf aber passierte etwas. Ich schritt durch den Flur der Station. Und sah sie. Sie kam durch die große Stahltür herein. Sie hatte Ausgang gehabt. Den gab es auf der geschlossenen Station nur, wenn jemand Besuch hatte. Offenbar war ihre alte Mutter draußen.

Maria tappte in den Gang hinein und machte eine seltsame Geste zum Hals. Dann hielt sie inne, ihr Blick erstarrte, und sie drückte ihren Hals mit der Hand zu. Dann machte sie ein paar erschrockene Schritte in die Station hinein. Ich ließ mich einen Augenblick lang ablenken, doch sobald ich wieder zu ihr hinsah, lag sie auf dem Mosaikboden, und über ihr kauerte eine Schwester und schrie:

„Epi!", schrie die Schwester, im Jargon der Pfleger bedeutete das „epileptischer Anfall".

Ich stürzte los zur Gefallenen. Ich beugte mich über sie. Sie war bleich wie Käse – viel bleicher als üblich. Und ihre fleischigen und dicken Lippen färbten sich über den Splittern zerfallener Zähne im Handumdrehen blau. Sie machte qualvolle Versuche zu atmen, und bei jedem Atemzug pfiff es heftig und hoffnungslos aus der Brust.

„Das ist kein Epi!", rief ich gepeinigt. Mir wurde furchtbar schwer ums Herz, eine Wut auf die ganze verworrene Welt ergriff mich. Sie starb an etwas – sie erstickte, und das war überhaupt kein epileptischer Anfall, den die Schwestern zu sehen glaubten. Sie färbte sich blau und machte entsetzliche, vergebliche Versuche, Luft zu holen. Wobei ihr bleicher Brustkorb jedes Mal einen hohen Pfeifton von sich gab. Und ihre Brüste emporstiegen wie sterbende Wale.

„Her mit dem Aspirator", rief Doktor Blagova, die aus ihrem Sprechzimmer heraneilte. Doktor Blagova, eine schöne und lockenköpfige Füchsin mit lebhaften Fingern, steckte ihre Hand in Marias Mund und begann unter ihrer Zunge und in ihrem Rachen herumzuwühlen. Aus dem schleimigen Mund trat eine braune Masse.

„Ein Croissant", ächzte sie bitter und stand auf. Maria hatte aufgehört zu atmen und schluchzte nur mehr stoßweise. Ich kniete mich wieder hin, beugte mich über ihre Brust. Presste mein Ohr gegen die dünne Strickjacke. Ihr Herz blieb stehen. Ich erschrak furchtbar, richtete mich ein wenig auf, dachte einen Augenblick nach und knallte mit der Faust gegen ihre Brust. Aus Marias Mund kam noch mehr brauner Brei.

Und schon hämmerte ich rhythmisch gegen ihre Brust. Doktor Blagova baute den Aspirator zusammen, den die Schwestern hergebracht hatten. Dann hörte ich auf mit der Herzmassage und machte mit dem Aspirator weiter. Doktor Blagova wühlte im offen stehenden grauen Mund. Marias Gesicht war schon grau. Beinahe schwarz. Ich packte ihren Kopf, steckte eines der Röhrchen in ihren Mund. Und pumpte drauflos.

Ohne Erfolg. Doktor Blagova fuhr fort mit der Massage. Wir stießen und hämmerten gegen den leblosen Körper – wir griffen in den Mund und zogen an der Zunge. Der Aspirator nützte nichts. Wir hämmerten und rissen fünfzehn Minuten lang.

Wir verzichteten auf eine Mund-zu-Mund-Beatmung, weil wir voraussahen, dass das zerkaute Croissant dadurch nur tiefer einsinken würde.

In der fünfzehnten Minute hörten wir auf. Maria hatte sich entspannt. Ihr ganzes Leben lang war sie eine schlaffe Frau gewesen – jetzt war sie völlig schlaff. Ich richtete mich ein wenig auf und fühlte mich elend. Mein Herz hüpfte und zitterte – wie vor einem Infarkt. Ich sah Doktor Blagova an und sie mich. Wir waren Priester. Eben hatten wir einen Menschen auf die Reise in den Tod begleitet.

Nein, wir hatten ihn nicht begleitet, wir hatten ihn verloren. Wir hatten ihn wie einen Fisch entwischen lassen – direkt in den Tod. Jetzt ging mir jener entsetzliche, banale Ärztespruch aus allen dummen Ärztefilmen auf. Dieser furchtbare Spruch: „Wir haben ihn verloren!"

„Was machen wir mit ihrer Mutter?", fragte Doktor Blagova. Offensichtlich wusste sie, dass ihre Mutter draußen war.

„Keine Ahnung. Stell dir vor! Sie sitzt jetzt da vorne und weiß von nichts …", murmelte ich so gedämpft wie nur möglich. Ich hatte keine Kraft für viele Worte.

„Ja, ich weiß! Was für ein Horror! Was sollen wir ihr sagen – Sie haben ihr dieses Croissant gegeben, und jetzt ist sie daran gestorben … weil sie sich verschluckt hat. Verdammter Horror … Nein, das schaffen wir nicht!", sah mich Doktor Blagova an. „Die Mutter wird hysterisch werden. Jetzt müssen wir sie retten."

„Genau – jetzt geht's um sie. Das ist echt schiefgelaufen. Sollen wir Sami rufen?"

„Ja, so was … kriegt er bestens hin", lächelte Doktor Blagova freudlos.

Die schöne Füchsin Doktor Blagova. Was sie nur alles erleben musste, um halb eins am Mittag! Würde sie wohl im Laufe der Jahre so schön bleiben, während sie solche Dinge erlebte? An den unzähligen Halb-eins-Mittagen der Klinik? Ich wusste es nicht.

„Ich gehe Sami holen", sagte ich und schritt zum Sprechzimmer. Marias Körper lag unnatürlich auf dem Boden. Ein paar andere Patientinnen näherten sich wie stille Schatten und sahen sie mit ängstlicher Neugier an. Dann gingen sie zurück in ihre Zimmer.

Dann kam der große Doktor Sami, stolz wie ein Pfau, ein schöner bärtiger Perser mit den Augen Hārūn al Raschīds, musterte überheblich den Flur, die verstorbene Maria, hielt eine Weile ihre bläuliche Hand, richtete sich energisch und tatkräftig auf und schritt zur Tür, er machte auf, Marias Mutter stand ängstlich davor, offensichtlich hatte sie etwas vom Tumult mitbekommen, sie war eine winzige, verängstigte Oma.

Sami sagte zu ihr: „Ihre Tochter ist soeben verstorben."

Die Mutter sah ihn mit riesigen Augen an, öffnete ihren zahnlosen Mund, der klaffte wie der einer Toten.

Ohne einen Laut von sich zu geben, mit weit gegen den Himmel geöffnetem Mund, weinte Marias Mutter um ihr totes Mädchen. Um ihr verrücktes, geliebtes, großartiges, herumstreichendes, schlaffes, unglückliches, heiliges, einziges, totes Hippiemädchen.

Dann ging sie und setzte sich hin, ganz allein auf die Bank im Foyer. Und blieb so, bis zum Abend allein da sitzen. Sie war still.

Silvester

*„Und was sollen wir von der russischen Scharfschützin aus dem
Zweiten Weltkrieg halten, die in der Stille zwischen den
Attacken der Artillerie, in ihrem kleinen Taschenspiegel versunken,
nachdenklich und sorgfältig roten Lippenstift aufträgt?
Sie hört nicht auf, sich schön zu machen,
obwohl sie sich im Klaren darüber ist,
dass ihr Kopf beim nächsten Beschuss in unzählige kleine,
schleimige Fetzen zerbersten könnte?", fragte der Fremde.
„Dass die Leute prinzipiell nicht ganz dicht sind", sagte Kalin T.*
Aus Gespräche mit Unbekannten,
unveröffentlichter Roman von Kalin Terzijski

Ich ging die langen Klinikalleen entlang, streifte zwischen den
Stationen herum, schritt an den nebligen Morgen um die
großen Windungen des Iskärs, den ich stets mit einer riesigen,
schlammigen Schlange vergleichen wollte, der aber immer nur
ein brauner, trüber Fluss blieb und mehr nicht. Die Waffen der
Vorstellungskraft sind machtlos gegen das bleierne Gewicht
der echten Materie.

Iv und ich waren verrückt geworden. Es gab keine unglück-
licheren Menschen als uns. Und keine glücklicheren. Wir
waren die unglücklichsten und die glücklichsten Menschen
der Welt. Wir tranken, liebten einander und versteckten uns.
Wir waren Geliebte in einem Provinzkrankenhaus mit seinem
ganzen niederträchtigen Intrigantentum. Wir bewegten uns
wie Leprakranke. Und waren glücklich wie Kinder. Genauer –
wie Verbrecher-Kinder.

Wir hatten uns in einen geheimen und verkommenen
Tempel begeben und gaben uns da Ausschweifungen hin.

Ende Dezember hatte Doktor G., der Klinikdirektor, Iv zugerufen:

„Wie geht's, Messalina?"

Was hatte das zu bedeuten? – hatte ich mich damals den ganzen Tag lang gefragt. Na das: Messalina – die Kurtisane, derentwegen Nero Rom in Flammen gelegt hat! Offensichtlich wollte Doktor G. mit seiner allegorischen Ausdrucksweise sagen, dass Iv mich und meine traurige Familie in Brand gesteckt hatte.

Ha – ich war ein jämmerliches Rom. Ich war ein Lump, der als Arzt arbeitete und eine Geliebte hatte. Ich war zerrüttet, zitternd, wie ein Boot mit einem Leck – ich sank und weinte um mich selbst. Aber mich zu schämen, das gelang mir nicht.

Und nun – war wieder Silvester. Ich wollte bei Iv sein. Ich wand mich vor Entsetzen, weil ich bei ihr sein wollte. Dieser Gedanke brachte mich um. Ich sagte mir: „Der erwachsene Mensch hat kein Anrecht auf solche Dinge wie Liebe – sie ist für die Teenager bestimmt. Folge nicht dem Lustprinzip, du Mistkerl, beuge dich dem Prinzip der Notwendigkeit. So verhalten sich die Erwachsenen." Das sagte ich mir.

Ich ging die Flure der Klinik hoch und runter, vorbei an den stillen Schatten meiner Patienten, und mein Herz wand sich. Es wand sich wie eine Schlange.

Ich fragte mich, wie ich Silvester verbringen sollte. Das eigentliche Fest werde ich mit meiner Frau und meiner Tochter verbringen, aber in den Stunden bis zum Fest will ich bei Iv sein. Iv, Iv, Iv. Ich will bei Iv sein. Das sagte ich immerzu vor mich her wie ein betrunkener Buddhist. Mein sinnloses Mantra.

Am Morgen des 31. rief mich der ewige Doktor G. an. Ich empfand Bewunderung für ihn, und mir graute vor ihm. Ich hielt ihn für herausragend und mochte ihn, zeitgleich setzte er mir furchtbar zu. So als hätte ich einen massiven und sehr kantigen Schrank in meinem Kopf, gegen dessen Kanten ich prallte, wann immer ich an ihn dachte. Ich bewunderte ihn, weil er fähig war, am 31. Dezember um 8 Uhr anzurufen – dann, wenn alle gewöhnlichen Menschen, ganz versunken in selbstzufriedenen Träumen, schliefen.

Mich anzurufen und mir wirklich besorgt eine halbe Stunde lang von der Klinik zu erzählen.

„Kalin, man muss einen Kuchen hinbringen."

„Aha, alles klar, Doktor G."

„Du gehst einen Kuchen kaufen – das Geld werde ich dir nachher geben. Es ist aus der internen Spitalkasse – du bringst ihn in die geschlossene Männerstation. Dass sie ihn sich schmecken lassen."

„Die Kranken, oder?"

„Nicht nur! Komm, hört doch auf, immer nur an die Kranken zu denken! Jene, die arbeiten, sind nicht minder wichtig, nicht wahr? Du schaust, dass ihn sich alle schmecken lassen – soweit es reicht. An erster Stelle sollen die Kranken was abbekommen! Du bist ein kluger Junge", setzte Doktor G. nach einer kurzen Pause wieder an, „das kriegst du schon hin!"

Und mit diesem „klugen Jungen" wollte Doktor G., meiner Meinung nach, sagen, dass ich mich an den Gedanken gewöhnen sollte, von nun an furchtbar schwierige Entscheidungen treffen zu müssen. Zum Beispiel die Entscheidung, wie der Kuchen verteilt werden sollte. Allen etwas zu geben, damit Friede herrscht, aber vor allem sicherzustellen, dass unsere ausgestoßenen Kranken etwas abbekamen. Und doch ... zu bedenken, dass, wenn man nur an die Ausgestoßenen denkt, man drauf und dran ist, alle anderen auszustoßen ...

Ja, Doktor G. bereitete mich darauf vor, schwierige Entscheidungen treffen zu können.

„Ist gut, Doktor G., ich werde den Kuchen kaufen und hinbringen."

„Gut so, ich danke dir!", sagte Doktor G., und seine Stimme war verblüffend liebevoll und zärtlich. Er dankte mir ganz aufrichtig. Und ich begriff, warum. Ich ging seinen Kranken ein Geschenk bringen. Er hatte hundert Jahre seines Lebens für sie gegeben, zum Teufel. Ich war so zerschlagen und zittrig von meiner einjährigen Liebe, dass ich beinahe in Tränen ausbrach. Ich hoffte, dass Doktor G. nicht spürte, wie meine Augen feucht wurden. Aber er schien es zu spüren. Egal.

In solchen Momenten – wenn man dich über ein Jahr schikaniert, verdächtigt und gehasst hat, um dir dann plötzlich lieb zu begegnen – wirst du weich wie Watte und weinerlich wie eine alte Oma. Ich war wie Revane[27].

Ich stand auf und machte mich auf den Weg. Durch den Schnee und die matschigen Straßen von Sofia, Richtung Kurilo, wo – das wusste ich schon – meine Iv den ganzen Tag hindurch und bis zum Nachmittag Dienst hatte.

Ich schritt durch die riesigen braunen Wehen aus gefrorenem Matsch, von den Autos in der Nähe der Haltestellen zu Haufen gespritzt, und dachte an sie. Ich zitterte. So kann einen nur eine verhängnisvolle Liebe zum Zittern bringen, jene Art von Liebe, die in den Tod führt.

Früher gab es viele solche Lieben. Nun schien nur meine so zu sein. Die Welt staunte über diese zerstörerische Liebe, lachte mich mal aus, und mal verpasste sie mir einen groben Schlag auf mein gerötetes, seit gestern betrunkenes Maul.

Gestern hatte ich viel getrunken …

Als ich sagte, ich wolle mich an diesem Feiertag mit Iv treffen, bedeutete das nicht, dass ich sie lange nicht gesehen hatte. Im Gegenteil.

---

27 Revane – aus Eiern, Mehl und Grieß zubereitetes und in Zuckersirup getränktes, sehr weiches Dessert. (Anm. d. Ü.)

Gestern war ich nach Hause gekommen, in mein Eltern-
haus, wo ich mit meiner Frau und meiner kleinen Tochter
lebte. In der Wohnung nebenan wohnten meine Eltern. Wir
lebten zusammengepfercht, wie Millionen andere auch, in
kleinen Wohnungen. Einträchtig – auf eine seltsame Weise auf
engstem Raum, wie Mäuse, weil wir keine andere Wahl hatten.
Jeder von uns, so denke ich, würde, anstatt einträchtig, lieber
stolz und eigenständig sein und alles in allem das tun, was ihm
beliebt, aber wir hatten keine Wahl. Weil die Zeiten so waren
– der eine ging Schlange stehen, um Milch zu besorgen, die
andere gebar Kinder, der Dritte ging in einer Irrenanstalt
arbeiten – jeder tat etwas, damit wir am Leben blieben. Am
Leben bleiben – wie seltsam das klingt. Am Leben zu bleiben,
nachdem die Menschheit fünf Millionen Jahre Evolution
hinter sich hatte, kam mir irgendwie töricht vor … Oder
womöglich beschämend?

Ich kam also heim. Dort fand ich meine Frau traurig,
grimmig, genervt und vielleicht verzweifelt vor – aber wusste
ich denn, was sie fühlte, nur weil ich der war, der es ihr antat?
Wenn du jemandem etwas Schlimmes antust, ist es besser, du
interessierst dich nicht dafür, was genau dieses Etwas ist.

Ich gab mir Mühe, sie nicht zu provozieren, damit kein
Streit entbrannte, der sowieso die ganze Zeit über zwischen
uns schmorte, wo ein einziges Wort genügte, damit er mit aller
Kraft losbrach.

Aber dann begann sie selbst.

„Entscheide, was du tun wirst!", sagte meine Frau.

„Was, Liebes?", brachte ich flehentlich vor. Ich nahm die
Pose eines kranken und gemarterten Menschen ein, den seine
Superkräfte quälten. So als sagte ich: Quält mich doch nicht,
seht ihr denn nicht – ich bin krank! Ich betrüge meine Frau
und bin krank davon. Quält mich nicht auch noch! Bitte!

„Was ‚was'? Trennen wir uns, und wird das so weitergehen?"

„Wird was … so weitergehen?", fragte ich bockig, als hätte ich keine Ahnung. Alle meine Versuche drum herumzureden, waren ziemlich kläglich.

„Dass du … zu dieser Frau gehst … und nicht heimkommst." Die füllige Unterlippe meiner hübschen blonden Ehefrau bewegte sich in leichten Konvulsionen. Kein Zittern, sondern leichte Ticks, die die Frauen manchmal überkommen, bevor sie zu schreien beginnen.

„Aaah, komm, lass uns lieber nicht darüber sprechen", sagte ich und richtete mich auf. Mein Herz stolperte zweimal. Ich war wirklich krank. Vor Gewissensbissen.

In der Wohnung nebenan spielte still und unfroh unsere Tochter, und das war noch entsetzlicher. Sie war dort – und nicht bei uns. Es gibt nichts Traurigeres als die dreijährige Tochter sich trennender Eltern. Sie sitzt auf dem Boden und schaut sich schweigsam etwas an. Ihre Zukunft ist riesig, düster und ruiniert. Das wurde mir mit erschütternder Klarheit bewusst. In diesem Moment wollte ich sterben. Ich griff in den Kühlschrank und nahm eine Flasche Wodka heraus. Ich trank zwei Schlucke.

„Du trinkst arg viel in letzter Zeit." In ihrer Stimme lag nun weniger Anklage als vielmehr eine dunkle Vorahnung. So als sagte sie: „Der Vater meiner Tochter wird sterben!"

Diese düsteren Worte brachten mir aber irgendwie Erleichterung. Sie, oder der Wodka. „Ja" – sagte ich mir –, „hoffentlich verreck ich! Ich trinke, um zu verrecken, weil ich schuldig bin … Verzeih mir, meine liebe Frau!" – wollte ich sagen, sagte aber nichts.

„Was wirst du tun?", fragte Sali nach einer Minute Schweigen, in der ich aufrecht und erstarrt dastand, ohne Gedanken, in der Mitte der Küche.

„Ich werde Ivana anrufen", hörte ich mich voller Entsetzen sagen. Begeisterung und Grauen ergriffen mich. Ohne mir dessen bewusst zu sein, war ich bereit, das zu tun, was ich schon lange im Sinn hatte – die zwei Frauen zusammenzubringen und sie miteinander sprechen zu lassen. Ich wünschte mir sogar, sie würden die Entscheidung um mein zukünftiges Leben treffen. Ohnehin kann ich allein nichts entscheiden – ist es nicht ehrlicher, das Schicksal entscheiden zu lassen? Oder genauer – diese zwei Frauen?

Diese zwei meine Schicksale?

Das hatte ich zu tun beschlossen. Der mutige und unvernünftige Teil meiner selbst hatte beschlossen, so vorzugehen, ohne den schwachen, unentschlossenen davon zu unterrichten. Und also empfand nun der schwächere Teil meiner selbst, dieses anfällige Aas, Grauen und helle Begeisterung.

„Ruf sie an!", sagte meine Frau, von meiner Entschlossenheit angesteckt.

„Wirst du mit ihr sprechen?"

„Ich werde mit ihr sprechen!", sagte sie bestimmt und klug. Sie war so schön in dieser gequälten Entschlossenheit, dass ich sie gern in die Arme genommen hätte. Und ich nahm sie in den Arm. Sie antwortete mir mit einem geringschätzigen kurzen Lachen, so wie man über ein Kind lacht, das Dummheiten macht.

Eine Stunde später trafen sich die beiden. Ich hielt es nicht aus – schon ihr Händeschütteln hätte mich um ein Haar getötet. Ich machte ohne einen Mucks die Wohnungstür auf (wir hatten beschlossen, das Ganze in der großen Wohnung meines Bruders stattfinden zu lassen) und schlich mich davon. Draußen im Treppenhaus traf ich meinen Bruder an. Er hatte uns empfangen und sich dann länger bei seinem Wagen aufgehalten. Auch er hatte keine Lust, hineinzugehen. Ohne Erklärungen zog ich ihn mit. Wir schritten still dahin und erreichten eine kleine Bar.

Wir setzten uns hin, und ich bestellte zwei doppelte Wodka. Er lehnte seinen ab, ich aber nahm ihn. Ich trank einen Schluck und dann das erste Glas auf ex. Eine Welle warmer Verzweiflung ergoss sich über mich. Es war so schlimm, dass es regelrecht angenehm war. Alles sah derart abgewrackt aus, man hätte einfach mit der Hand abwinken und alles zurücklassen können. Und das ist das befreiendste Gefühl der Welt, das ich kenne.

Ich begann meinem lieben Bruder von meiner Liebe zu erzählen. Er hörte mir zu und legte sein Gesicht in Falten wie ein Mensch, der etwas Saures und Rohes aß.

Ja, so war sie, die Liebe zwischen Iv und mir – dachte ich –, sauer und roh. „Gut, mach du nur saure Grimassen und hör mir zu, Brüderchen, während ich dir erzähle und vor mich hin trinke. Bis ich ganz schwammig und ruhig werde."

Nach viereinhalb Stunden kamen wir beinahe heiter, ich aber ziemlich fiebrig und mit jenem tiefen und quälenden Gefühl von einem halbwegs begrabenen schlechten Gewissen, wieder in der Wohnung meines Bruders an. Beide hatten wir ziemlich viel getrunken. Ich zwar mehr, aber das Adrenalin in meinem Kopf hielt mich aufrecht wie das Geschlechtsteil eines Erhängten. Ich war so traurig vom Anblick meiner düsteren Zukunft, dass ich das ganze Tote Meer hätte austrinken können, ohne meinen Durst zu löschen.

Ich grinste und traf die Treppenstufen nicht. Eigentlich war ich stockbesoffen.

Wir gingen in die Wohnung. Im schönen Halbdunkel der Lampenschirme saßen die zwei Frauen sehr gemütlich nebeneinander und unterhielten sich leise. Es war ein angenehmer

Anblick. Meine Beine knickten ein vor Schwäche. Da flog durch meinen Kopf wie ein einsamer Waggon, der sich von der Lokomotive losgerissen hatte, ein erstaunlicher Gedanke: „Könnte ich denn nicht vielleicht alle beide heiraten und mit beiden gleichzeitig zusammenleben?" Mit diesen schönen, klugen und ruhigen Frauen, die sich so gut miteinander unterhalten in der ruhigen Winternacht? Sie sind so schön im Feuer des Halbdunkels der Lampenschirme. Schön und weich in ihrem vernünftigen Geflüster.

Warum lieben wir uns alle nicht gegenseitig? Warum trennen wir uns? Ich liebe sie beide – warum sollte ich mich von der einen trennen? Muss das sein?

So sah er aus, dieser einsame Gedanke, doch er flog in der Finsternis meines Suffs davon, und ich blieb allein da und sah ihnen noch zwei Minuten lang zu – mit leerem Kopf, kranker Brust und hängenden Armen.

Die Frauen meines Lebens waren extrem betrunken – genauso wie ihr lächerlicher Mann.

Das war gestern.

Und jetzt war der 31., und ich ging den Kranken einen Kuchen bringen. Und nicht nur ihnen. Allen in der großen Klinik. Ich musste mit einem Kuchen Hunderte Menschen satt machen. Unsinn.

Ich besorgte die absurde Torte, nahm den Dorfbus nach Novi Iskăr, legte den letzten Kilometer des matschigen Wegs den Fluss entlang bis vors Portal der Klinik zurück und trat erneut ins Reich des Wahnsinns ein.

Wo Iv auf mich wartete. Sie war fiebrig. Sie bebte geradezu vor angestauter innerer Unruhe. Ich hatte das Gefühl, dass, wenn ich sie nur ein bisschen unvorsichtiger angerührt hätte, sie eingestürzt wäre und sich wie zitterndes Gelee über den Boden verteilt hätte. Sie war warm und gerötet. Vom Trinken gestern Abend und vom Weinen heute früh.

Verdammt, nebst allem anderen ruiniere ich auch noch ihr Leben – sagte ich mir.

Zu all dem vielen Leid konnte ich aber nicht auch noch dieses hinzufügen. Iv war ja hier, und ich musste mich nicht um sie sorgen. Sie konnte ich unverzüglich trösten. Wenigstens sie. Ich umarmte sie und küsste sie fest. Wir waren in ihrem kleinen Sprechzimmerchen. Hier war es gemütlich wie im Schoss dieses riesigen und grausamen, matschigen und bösen Winters – gefüttert mit Schnee gleich Daunen.

Iv holte eine Flasche Cognac hervor. Öffnete sie und füllte zwei schartige Porzellangläser. Wir saßen da, tranken und sahen einander an. Unsere Liebe wurde riesig, weil unsere Schuld riesig war. Wäre da nicht genug Liebe gewesen, hätte uns die Schuld zerstört.

Nachdem wir eine Weile zusammengesessen hatten, ging ich in die Männerstation und brachte den Kuchen. Auf der Station waren irgendwelche französischen christlichen Missionare eingetroffen. Sie stampften durch den Schnee vor dem Eingang und fragten sich, warum keiner sie empfing. Da war keiner, um den ganzen Lastwagen voller Kleider und Nahrungsmittel, die sie hergefahren hatten, in Empfang zu nehmen.

„Ja!", sagte ich mir traurig. „Meine lieben Bulgaren wollen nicht einmal Geschenke entgegennehmen; so klein haben sie Unzufriedenheit und Groll gemacht. Keiner will Neujahrsgeschenke", sprach ich voller Zorn vor mich hin.

Und doch wusste ich, dass sie die Geschenke eigentlich wollten, sich aber nicht trauten und zu faul waren, sie sich zu holen. Ich warf meine Lederjacke in den Schnee und winkte mit der Hand dem ältesten Franzosen zu: „Komm her!"

Er war etwa dreißig. Ein Altersgenosse.

„Lass uns ausladen!", sagte ich in der internationalen Sprache der Verlader von Neujahrsnothilfe. In der Sprache der einsamen und absurden Weihnachtsmänner aus aller Welt.

Der Franzose verstand mich, und wir machten uns ans Ausladen. Eine Stunde später waren wir fertig. Nachdem wir mit einem guten Beispiel vorangegangen waren, packten alle mit an. Aus allen Stationen kamen Leute herangelaufen, Kranke und Pfleger, die Witze machten, rauchten und eine Stunde lang Kartons und Säcke ausluden und hineintrugen.

Am Schluss setzten wir uns alle in den Speisesaal auf der geschlossenen Männerstation, und ich – einem beschwipsten Zauberer gleich – zog eine Flasche Cognac hervor. Nein, keinem Zauberer gleich – ich ging einfach in mein Sprechzimmer und schnappte mir eine von den zehn Flaschen, die ich da im Schränkchen stehen hatte.

So saßen wir eine Weile zusammen und tranken mit den Franzosen, mit den Pflegern, mit den Schwestern, mit den Kranken, mit den Spatzen vor den Fenstern. Neben mir saß Iv. Sah den Vögeln zu und brach am Ende, glaub ich, in Tränen aus. Ich aber war heiter, wütend, frei, erhitzt und betrunken und zog sie zu mir heran.

Ich drehte ihr verweintes Gesicht zu mir und küsste sie. Vor aller Augen. Die Spatzen begannen zustimmend ins Fensterglas zu picken. Dann stand ich auf, taumelte und trat mit aller Kraft gegen ein Schränkchen. Es flog in Stücke. Die Franzosen brachen in Beifall aus.

Ich hatte mein ganzes altes und unfreies Leben zertreten. Oder etwas in der Art. Ich hatte die ganze Normalität dieser Welt zertreten.

Dann lachte ich und küsste Iv noch einmal. Ich genierte mich nicht. Ich wollte unsere Liebe nicht mehr geheim halten. In einer Stunde würde das neue Jahr anbrechen, und ich würde rein hineingehen.

Die Flike

Vor wenigen Tagen hatte jenes grauenvolle Gespräch zwischen Iv und meiner Ehefrau stattgefunden. Ich war nach Hause zurückgekehrt, und wir hatten in den paar Tagen friedlich zusammengelebt. Wie Überlebende nach einem Bombenangriff. Wir schwiegen vor uns hin.

Bis mir eine kranke und vielleicht wunderbare Idee kam: neu zu beginnen.

Das ist sie, die Erhabenheit des Menschen. Ich sag es euch, hört auf mich! Der Mensch …

… kann von hundert Tonnen schweren Felsblöcken zermalmt worden sein; sein ganzes Leben mag wie ein verstaubter und lebloser Turm zu Bruch gegangen sein; die ganze Welt kann ihn hinausgeworfen und im Nichts ausgesetzt haben, blutüberströmt und unbedeutend …

Zerstört liegt er da, der elende Mensch, dann aber wird er vorsichtig zu atmen beginnen, wird sich vorsichtig umsehen und beschließen, neu zu beginnen. Alles von null auf anzupacken – mit neuen Kräften, so viel er hat, so viel ihm geblieben sind. Zu leben und auf seine kleine Zukunft zu hoffen. Die eigentlich so groß ist wie die Welt selbst. Wie die ganze Welt.

Also beschloss ich, neu zu beginnen.

„Lass uns in die Berge gehen, Liebes …", sagte ich zu meiner Frau schüchtern, mit jener künstlichen, übermäßig munteren, zitternden Stimme der Schuldigen.

„Na …", sah sie mich misstrauisch an. Ihr Blick war sogar weniger misstrauisch als vielmehr gelangweilt. Die Frauen, bei Gott, sind erfahrene Katzen – sie wissen alles, oder wenn sie nicht alles wissen, dann werden sie es zumindest bald herausbekommen. Sie sah mich also gelangweilt an. „Was", schien sie mir sagen zu wollen, „was spielst du mir den Reumütigen, den Geläuterten und den was weiß ich noch vor. Ich kenne dich doch", schien sie zu sagen, „aber egal, wenn du dich anständig benimmst, dann tue ich so, als nähme ich es dir ab. Von mir aus."

Ich wusste aber, dass sie sich zwar mit den Entschuldigungsmaschen der Männer auskannte, aber auch sehr verängstigt war. Sehr, sehr verängstigt. Diese liebe, zarte und gequälte Frau – sie litt aufrichtig. Sie fürchtete die Einsamkeit und das Verlassenwerden. Und hoffte tief in ihrem zitternden Herzen darauf, dass das Gute in unser gemeinsames Leben zurückkehren würde. Ja, sie hoffte.

„Magst du hochgehen …", lebte ich auf, „auf den Vitoša? Wie früher? Du, ich und die Kleine …?

„Na ja …", sagte sie ein wenig weicher, „bist du dir sicher? Bei dem, was vor… vorvorgestern geschehen ist?

„Oh!", stöhnte ich, ich heulte beinahe auf, und meine Augen füllten sich mit Tränen. Ich war ausgesprochen weinerlich geworden, seit ich in meinem Leben so schlimme Dinge anstellte. So als produzierte ich Gift, von dem ein Teil durch die Augen abfließen musste. Während ich eigentlich für die Liebe kämpfte. Aber wollte, dass sie nicht zweigeteilt wurde. Ja – ich wollte mit zwei Frauen leben. Offensichtlich war das unmöglich, also weinte ich und verging täglich vor Kummer und Gewissensbissen. „Oh! Liebes, ich weiß, das war schrecklich! … Aber lass, lass, lass es uns doch versuchen … Lass uns einen Versuch starten … Nicht daran zu denken und … wieder zu leben."

„Ach, was!", stieß sie mit einen grausam-bitteren Lachen hervor. „Dass wir wieder wie vorher leben können – das glaubst du doch selbst nicht!"

„Nicht wie vorher, aber wir werden leben! Wir sind nun, wir sind weiser geworden nach dem, was passiert ist!" Ich wand mich, und aus meinem Rachen stiegen faulige Seufzer und

Bitterkeit auf, als litte ich an Diphtherie und als wäre mein Rachen voller nekrotischer brauner Beläge.

„Ich persönlich bin furchtbar verletzt, Kalčo[28]. Von solchen Dingen wird man nicht weiser …", sagte meine Frau plötzlich schrecklich nachdenklich und klar. Sie sah mich aus ihren himmelblauen Augen an und strahlte eine enorme Weisheit aus. Weisheit und Weichheit. „Solche Dinge vergiften das Leben nur. Wir werden nie wieder leben können!", und sie schwieg furchtbar lange, präzisierte aber am Ende dann doch, „… so, wie früher."

„Na gut, dann leben wir halt nicht wie früher – aber wir werden trotzdem leben!", rief ich vor Aufregung und wusste überhaupt nicht, was ich da sagte. Plötzlich biss sich etwas mit grausamer Kraft in meinem Herzen fest. Ja, das war er – der Gedanke, dass ich drauf und dran war, furchtbare Dummheiten anzurichten. Grauenvolle! Ich wollte ja mit Iv zusammenleben. Und wäre ich, zum Beispiel morgen, zu ihr hingegangen und hätte gesagt: „Ich habe beschlossen, zu meiner Frau zurückzukehren, und wir werden uns nicht mehr sehen …" Wenn ich das getan hätte – dann wäre ich gestorben und sie wahrscheinlich auch. Oder ich hätte sie getötet, damit sie nicht allein zurückblieb – ohne mich, nachdem ich gestorben wäre.

Ich gab schauderhafte, tödliche Dummheiten von mir, hatte sie aber nun einmal ausgesprochen.

---

28 Wie Kajčo (von der Rufform Kajo) ist auch Kalčo eine Verkleinerungsform von Kalin. Während aber dem Klang nach Kajo/Kajčo die Assoziation von „kaja se", bereuen, wachruft, läßt Kalčo „kal", Schlamm, anklingen und bezeichnet den Protagonisten damit als Beschmutzer, der mit Schlamm hantiert, oder ein Kind, das mit Schlamm spielt. Daneben klingt in Kalčo allenfalls auch „kalja se" an – sich abhärten, stählern. In den Verkleinerungsformen des Namens wirken jedoch alle diese Anklänge ironisch. (Anm. d. Ü.)

Eine Stunde später gingen wir auf dem weißen und stillen Pfad oberhalb von Simeonovo. Der Schnee knirschte. Unsere kleine Kuki stampfte unsicher durch den noch nicht ganz festgetretenen Schnee. Meine Ehefrau und ich schritten schweigsam dahin. In diese Höhe hinaufbefördert, blähte sich unser Problem – offenbar vom tiefen Luftdruck – auf und wurde größer als die ganze Welt.

Wenn Menschen sich lieben und zusammenleben wollen, wird die heilige Natur zu ihrem Verbündeten und wäscht die kleinen und großen Probleme, die zwischen ihnen stehen, wie Schlamm von ihnen ab. Die Anstrengungen und die frische Luft kräftigen den kranken Organismus der zerrütteten Familie. Wenn aber jenes wundersame Etwas, das die Menschen zusammenbringt, nicht mehr da ist, dann bringt die Natur das Problem nur noch deutlicher zum Vorschein. Und das Problem glänzt gefährlich auf, weiß und rein wie eine Leiche, lange umspült von den Wassern eines Wildbachs.

Wir schritten dahin und schwiegen. Ich dachte an Iv. Mein Rachen zog sich zusammen, ich vermisste sie. Als hätte ich sie verlassen – sie. Wegen meiner rechtmäßigen Frau. Wirklich schrecklich.

„Aua!", kreischte Kuki auf.

„Was ist denn, Kuki?", fuhr ich aus meinem Taumel auf. Kuki hatte ihre kleinen Arme erhoben und schlug einmal mit dem einen, dann mit dem anderen ängstlich über ihren Kopf.

„Flike!", rief Kuki und schrie, den Tränen nahe.

„Was ist denn los, Liebes? Was denn für eine Fliege mitten im Winter?", nahm meine Frau sie in den Arm und kniete zu ihr nieder, fürsorglich und traurig.

„Ja, Flike!", rief Kuki, und in ihrer Stimme war etwas zugleich Launenhaftes, Unglückliches und Hoffnungsloses.

„Aber, Liebchen, hier gibt es keine Fliegen …", sagte ich, hoffnungslos über sie gebeugt. Machtlos.

„Doch, Flike!", schrie Kuki und begann leise zu weinen. Verzweifelt. Ein solches Weinen darf es nicht geben, sagte ich mir. Gleich werde ich daran sterben, sagte ich mir.

„Lasst uns heimgehen!", sagte meine Frau leise und bitter.

Wir machten uns auf. Ich ging als Letzter. Aus fünf Schritten Entfernung sah ich meiner Frau zu, wie sie das kleine und erschütternd traurige Bündel vor sich hertrug – unsere Tochter. Unterwegs kam es mir vor, als spräche sie ganz, ganz leise vor sich hin, „Daraus wird nichts ... Nichts, nichts, nichts."

Opa Săjko

Und glaube mir nur, Freund Höllenlärm!
Die größten Ereignisse – das sind nicht unsre
lautesten, sondern unsre stillsten Stunden.
Nicht um die Erfinder von neuem Lärme:
um die Erfinder von neuen Werten dreht sich
die Welt; unhörbar dreht sie sich.
Friedrich Nietzsche, Also sprach Zarathustra

Ja, mein Opa Săjko musste in die Klinik. Er war achtundneunzig Jahre alt und hatte vor drei Jahren begonnen, zu vergessen. In letzter Zeit erkannte er niemanden wieder. In der Psychiatrie heißt es, die arteriosklerotische Demenz spitze im Anfangsstadium die Charakterzüge zu und steigere sie ins Groteske. Er war von herrisch-grotesk despotisch geworden. Er war jähzornig.

Da er sich in keiner Minute erinnerte, wo genau er sich befand, verlief er sich sogar auf seinen kleinen Reisen vom Zimmer in die Küche. Vor einigen Jahren waren er und meine Großmutter in die Wohnung meiner Eltern umgezogen, und meine Mutter pflegte ihn. Die Demenz machte die Pflege schwierig. Nicht ohne Trauer hielt ich mir vor Augen, dass es meiner Mutter schwerfiel, aus nächster Nähe zuzusehen, wie ihr weiser Vater dumm in der Gegend herumirrte.

Die verheerende Verwirrung rührte indes daher, dass ich verliebt war und dies einen verantwortungslosen Vater aus mir machte.

Die Familie erschien mir als etwas, was mich wie eine Kette fesselte und mir einen Haufen Unfreiheiten bescherte. Sie fesselte mich an meine Verwandten, an meine Eltern, an meine zwanghafte und ungeliebte Arbeit, an die Gesellschaft der normalen, gewöhnlichen Menschen.

Während in meinen Augen die korrekten Menschen langsam, aber sicher wie Intriganten und Schweinehunde auszusehen begannen, die einzig und allein damit beschäftigt waren, einer den anderen schuldig zu sprechen. Einander zu überwachen und zu quälen, weil sie das Glück anderer nicht ertragen konnten.

Also kümmerte sich meine Mutter gleichzeitig um meine Kuki, die in einer zerfallenden Familie lebte, und um ihren Vater – Opa Säjko. Der unter dem Einfluss seiner Demenz alles vergessen hatte. Er erinnerte sich weder daran, wo er sich befand, noch daran, was er gefrühstückt hatte. Er erinnerte sich einzig an seine gewaltige Vergangenheit. Ja, an seine Vergangenheit, die aus achtundneunzig langen Jahren bestand und wirklich beachtlich war.

Doch wie beachtlich kann die Vergangenheit eines Menschen sein?

Ich werde an dieser Stelle keine Reflexionen darüber anstellen. Ich sage nur, dass, wenn Opa Säjkos Vergangenheit nicht mehr als beachtlich gewürdigt wird, mir das Ganze hier gestohlen bleiben kann. Ich glaube, dass, wenn wir es nicht schaffen, gewisse Dinge beachtlich zu nennen, das Leben es nicht mehr wert ist, gelebt zu werden. Davon bin ich überzeugt.

Lasst mich also von meinem Opa Säjko erzählen. Meinem berüchtigten Großvater, Vater meiner Mutter – gebildeter Mensch, Lehrer, Philosoph und Backgammonspieler aus dem Dorf Sadovec.

Immer schon habe ich Abneigung und Misstrauen empfunden, was Traditionen anbelangt. Denn eine Tradition zu befolgen ist leicht. Dazu braucht es kein Rückgrat und keine

Nerven. Dazu braucht es weder Verstand noch Herz. Du lässt dich einfach vom fetten, schlammigen Strom des Flusses Tradition mitschleifen, und es geht dir gut. Zu meiner Zeit, so wie höchstwahrscheinlich auch in allen anderen dunklen Zeiten, wurden die Anhänger der Tradition geehrt.

Das alles sage ich, weil Opa Säjko ein wahres Denkmal der Tradition war. Mit seinem Panamahut und dem Stock klapperte er durch sein patriarchales Dörfchen und war die Verkörperung der poetischen Dorfdenker-Tradition selbst. Hanf und Leinen von Kopf bis Fuß, mit silbrigem und krausem Haar. Mit einem ernsten und schönen Gesicht – wie ein alter Strunk.

Nachmittags legte er sich zwei Stunden lang hin – einer alten Tradition gemäß, die er selbst ins Leben gerufen hatte. Sprich, er folgte keinen fremden Traditionen – er schuf sie sich selbst. Kein anderer im Dorf legte sich am Nachmittag hin. Er schon. In Strickweste und Krawatte lag er da, die Hose aber zog er stets aus. Damit wirkte er wie ein Provinz-Voltaire, der in halblangen Unterhosen ein Schläfchen machte.

Er las jede Menge Bücher, die in den Regalen seiner großen und kühlen Bibliothek standen. Er las Hegel und Kant, Spinoza und Makarenko[29], alles Sachen, die ganz zu seiner monolithischen Lebensweise passten, solide gebaut wie ein Turm mit mächtigen Grundmauern. Ich glaube nicht, dass er gelesen hat, um etwas Neues über das Leben zu erfahren. Viel eher hat er gespürt, wie prestigeträchtig und absurd es ist, in der eigenen Bibliothek auf dem Dorf zu hocken und gerade dort europäische Philosophie zu lesen. Zudem hat er wahr-

---

29 Makarenko, Anton (1888–1939), sowjetischer Pädagoge und Schriftsteller, der sich der Umerziehung minderjähriger Delinquenten und obdachloser Kinder widmete, und zwar unter Anwendung unkonventioneller Methoden, die Prügel und grausame Bestrafungen einschlossen, aber auch die Umerziehung durch Arbeit, Spiel und das Kollektiv. (Anm. d. Ü.)

scheinlich nach Bestätigung für seine absolut unerschütterlichen Überzeugungen gesucht. Bestimmt hat er diese Überzeugungen von klein auf gehabt. Seine Überzeugungen waren provinziell, profan und klar wie Brot. Sie setzten sich aus folgenden Dingen zusammen: das Haus, der Hof, der Vater, das Brot, das Messer, das Kind küsst die Hand, der Vater weint vor Rührung, der Vater altert, das Kind wächst, der Vater stirbt, das Kind wird Vater, übernimmt die Herrschaft über das Haus, das Brot, das Messer und so weiter – bis in alle Ewigkeit.

Opa Säjko war Dorflehrer, und er war ein ganz traditioneller Dorflehrer. Ehrfurcht heischend. Ich bewunderte ihn. Und er ging mir auf die Nerven.

Wie ich schon sagte, spitzte die Demenz seit drei Jahren die grellsten Züge seines Charakters zu und ließ ihn grotesk erscheinen. Wodurch er in seiner Erhabenheit immer absurder wurde.

Als ich meiner Mutter vorschlug, ihn in die Psychiatrie einweisen zu lassen, wurde sie bleich. Ich weiß, wieso sie so bleich wurde. Weil auch sie viel darüber nachgedacht hatte. Ich war mir sicher, dass sie eine Nacht nach der anderen in Gedanken über die Möglichkeit zugebracht hatte, ihren dementen Vater an einem Ort unterzubringen, wo man sich um ihn kümmern würde.

Ich war überzeugt, sie hatte Hunderte Nächte damit zugebracht, sich in endlosen inneren Kämpfen selbst zu zerfleischen. Sie hatte sich vorgestellt, wie sie sich von der Pflege ihres Vaters befreien würde. Und hatte lautlos geheult – aus Scham und Entrüstung über sich selbst. Nacht für Nacht. Für sie war die Vorstellung, ihre Eltern im Stich zu lassen, schmerzhaft wie ein kranker Zahn. Dessen war ich mir sicher.

Generation für Generation pflanzten die patriarchalen Menschen ihren Kindern dieses Gefühl einer vorauseilenden Schuld gegenüber den im Stich gelassenen Eltern ein. Und deshalb hatte ich – stolzer Taugenichts und Zerstörer von Traditionen – beschlossen, dass ich die Rolle des Gewissenlosen spiele und meine Mutter von der Notwendigkeit, über das Schicksal ihres Vaters zu entscheiden, befreien musste.

Ich war ein Mensch, dem Schuldgefühle egal waren; mich schuldig zu fühlen war für mich so etwas wie ein Hobby. In den vergangenen Jahren, in denen ich unter den Verrückten gearbeitet hatte, verwirrt und einsam, ohne moralische Orientierungshilfen, ohne Klarheit in der Frage nach dem Guten und dem Bösen, dem Normalen und Anormalen, in diesen Jahren, in denen man mir ständig für alles Mögliche Vorwürfe gemacht hatte, hatte ich mir angewöhnt, mich selbst als einen Sünder zu begreifen.

Ich war böse, zynisch, gefühllos, infantil, verantwortungslos und alles in allem – ein Mistkerl. So dachte ich über mich. Und das quälte mich nicht.

Ich trank viel und hatte keine Probleme mit meinem Gewissen. Es war schmutzig, und ich warf ihm das nicht vor. Ich war meinem Gewissen gegenüber tolerant. Wie soll ich sagen? Mein Gewissen war eine dreckige und ruchlose Zigeunerin, ich aber war tolerant. Ich duldete sie.

Und so war ich geneigt, den Bösen zu spielen und die Entscheidung betreffend Opa Säjko zu fällen.

Um Opa Säjko auf der Altersstation unterbringen zu können, brauchte es einen Menschen, der sich nicht davor fürchtete, Mistkerl genannt zu werden. Irgendeinen ganz erbärmlichen Alexander den Großen. Dem es fernlag, irgendeinen gordischen Knoten zu durchtrennen, aber leichtfiel, seinen Opa in die Psychiatrie zu stecken.

Mithilfe von Beziehungen. Ja. Um mit einer Demenz in die Psychiatrie eingewiesen zu werden, brauchte man Beziehungen. Ha-ha.

Also war ich diese Beziehung.

Meine Mutter dachte fünf Tage lang nach. Ich glaube, sie hatte längst entschieden.

Zu Beginn des Sommers des neuen Jahrtausends lieferten wir Opa Säjko in die Klinik ein. Nachdem er ziemlich lange und ziemlich erschöpfend im alten gelebt hatte. Nicht die ganzen tausend Jahre. Die ersten neunhundert hatte er verpasst. Aber das war ihm nicht anzumerken.

Ich hingegen wusste überhaupt nicht, in welcher Zeit ich lebte. Und es war mir auch egal. Ich hasste die Zeit und die Traditionen. Aber um Opa Säjko war ich besorgt. Wie viele herzerweichende Dinge hatten wir in diesem verfluchten Jahrtausend zusammen erlebt!

Ich erinnerte mich, wie wir Brot und Käse mit Trauben auf den Hügeln über dem Dorf aßen. Er schnitt mit dem kleinen Messer Käse und brach das Brot, und von Zeit zu Zeit nahmen wir die eine oder andere Weinbeere in den Mund. Gleichzeitig erzählte er mir im Singsang irgendwelche Lügenmärchen. Von der Burg über dem Dorf. Sie hieß Kaleto. Es war ziemlich aufregend und magisch, wenn man darüber nachdenkt. Deshalb war ich um Opa Säjko besorgt.

Er aber war unruhig und verwirrt, die Demenz machte ihn besonders reizbar. Schon mit seinem Eintritt in die Klinik begannen die Probleme. Ich hatte ihn mit der Hilfe meiner Kollegen und der Schwestern im schönsten Zimmer auf der Station von Doktor Sami untergebracht.

Den Tag über war alles mehr oder weniger in Ordnung, aber nachts wurde es schlimm. Bei Demenzen ist der Kranke meistens in der Nacht verwirrt. Opa Säjko begann wie ein böses Nachtgespenst durch die Flure zu wandeln, die Omas anzuherrschen und die Greise bedrohlich anzubrummen. Er

war der Despot Dobrotica[30] in einer Burg voller Geisterer-
scheinungen. Ein zorniger Herrscher der Altersstation.

Eines Nachts – vielleicht eine Woche nach seinem Eintritt –
hatte Karastojanova Dienst. Opa Săjko sei wieder unruhig
gewesen, sei umhergewandert und habe gewettert, er wolle
nach Hause. Er habe sich herrisch benommen, wie sein ganzes
Leben lang. Er habe kommandieren wollen, wie es ihm
beliebte.

Karastojanova war von seinen despotischen Manieren
genervt. Und hatte angeordnet, ihm zwei Ampullen Antiallersin zu geben. Das Antiallersin hat neben den antialler-
genen auch gewisse beruhigende Eigenschaften. Manchmal
wird es in der Psychiatrie als Ergänzung zur Beruhigungsthe-
rapie besonders unruhiger Patienten verwendet.

Das Schlimme ist, dass das Antiallersin den Blutdruck zum
Absinken bringt und die Dynamik des Blutkreislaufs stört.

Opa Săjko hatte die Spritze wütend über sich ergehen
lassen und war eingeschlafen. In der Früh war er mehr schlecht
als recht aufgewacht, hatte aber kein Gehirn mehr. Von seiner
Hirnrinde war kaum mehr etwas übrig geblieben. Nach dem
Ausfall der Durchblutung war sie verwelkt und abgestorben –
dieses dünne Zigarettenpapierchen der Gefühle und Gedanken.
Mit ihr war die ganze Lektüre von Hegel und Spinoza verschwunden. Sowie die Fragmente der gemeinsamen Erinnerungen, wie wir zusammen Trauben und Brot gegessen hatten.

Als ich die Klinik erreichte, saß Opa Săjko nur noch mit
offenem Mund da und bewegte die Augen hin und her. Er war
stumm. Sein Kiefer hatte sich ausgerenkt und klaffte hässlich.
Ich versuchte, ihn zu schließen, spürte aber, wie zerbrechlich

---

30 Dobrotica – Добротица – war ein bulgarischer Boljar, ein Adliger
   mit tieferem Rang als ein Fürst, und selbstständiger Feudalherr
   und Herrscher über des Despotat (Fürstentum) Dobrudža von
   1347 bis 1385. (Anm. d. Ü.)

er unter meinen Fingern war. Wenn ich fester drückte, würde er zerbrechen.

Es hatte überhaupt keinen Sinn, Opa Săjko weiter zu quälen. Ich musste mich gedulden, bis er starb. Ich schlich eine Weile um ihn herum. Ich setzte mich nicht hin, weil mich sonst die Trauer übermannt hätte. Das wusste ich. Vielleicht hatte ich aber auch Angst davor, mich hinzusetzen und doch nicht traurig zu werden?

Dann überließ ich Opa der Obhut der Schwestern und ging in Ivs Sprechzimmer. Wir wussten beide, dass wir indirekt der Grund dafür waren, dass er in der Klinik war. Wäre unsere Liebe nicht gewesen, hätte sich meine Mutter nicht so oft um meine Tochter kümmern müssen. Sie hätte sich dann nur um ihn gekümmert. Wir beide spürten unsere Schuld. Wir wagten nicht, darüber zu sprechen. Wir spürten sie nur.

Als ich sagte, ich sei an Schuldgefühle gewöhnt, habe ich gelogen. Ich war nicht daran gewöhnt, und mir wurde schwer ums Herz.

Teuflisch schwer und schmerzhaft.

Eine halbe Stunde lang blieben wir im Sprechzimmer, in stiller und schuldhafter Umarmung. Dann ging ich wieder, den lieben Greis besuchen. Er war mit offenem Mund gestorben.

Der Peiniger

Ich hielt mich im Empfangsbereich auf und schaute aus dem Fenster. Feine Rinnsale aus klarem Wasser flossen übers Glas, der Regen fiel langsam und unaufhörlich; auf der ganzen Welt da draußen war es feucht, trist und kühl. Ich wartete auf Doktor I., damit er mir sagte, was ich mit der neuen Patientin machen sollte. Sie war nicht völlig neu, da sie im vergangenen Jahr mindestens drei Mal in der Klinik gewesen, mir aber nicht aufgefallen war, weil ich auf anderen Stationen gearbeitet hatte.

Ich war jetzt auf der Geschlossenen Frauen. Ich verbrachte fünf Minuten bei besagter neuer Patientin, und schon teilte mir Doktor I. seine Diagnose mit, die er offenbar für abschließend hielt. Es handle sich um eine tiefe Depression. Um einen depressiven Stupor. Um eine tiefe psychogene Depression. Sprich, um eine Depression, die durch einen zwischenmenschlichen Unfall hervorgerufen worden war.

„Stupor" bedeutet ein Zustand völliger Unbeweglichkeit. Oder wie die alte russische Psychiatrie das nannte – eine tiefe motorische Verstimmtheit.

Die neue Patientin war eine Frau um die vierzig, sympathisch, irgendwie glich sie ziemlich der Schauspielerin Katja Paskaleva. Ihre braune Haut wies da und dort dunkler pigmentierte Flecken auf, das aber machte sie nicht weniger schön, sondern ließ sie wie eine Frau aussehen, die die Sonne liebt und gerne Blumen pflanzt. Ihr Mann war vor Kurzem bei einem furchtbaren Autounfall ums Leben gekommen.

Ich hatte diese ewigen Unfälle satt. Sie fanden irgendwie gesetzmäßig in den Leben der psychisch Kranken statt und wurden zu einer einfachen Erklärung für alles. Und vor allem für den Wahnsinn. Ich wollte mit der Faust auf den Tisch hauen und sagen: „Schluss mit diesen Ausreden für den Wahnsinn!" Der Wahnsinn tritt doch nicht deswegen zutage, weil jemand gestorben ist oder weil etwas im Leben nicht so läuft, wie es laufen müsste! Im Prinzip ist alles ein Unfall, das ganze Leben ist ein Unfall, und der Wahnsinn hat nichts damit zu tun. Das hätte ich gerne laut gesagt.

Doch da war keiner, der mir zuhörte. Gäbe es zwischen den Unfällen und den Tragödien im Leben und dem Wahnsinn einen Zusammenhang, dann wären alle verrückt. Ja! Wir alle wären verrückt. Aber sieh an, wir sind es nicht!

Manchen stirbt die ganze Familie weg, Welten brechen zusammen, sie aber bleiben unheimlich normal – du siehst, wie sie morgens ihre Zeitung holen gehen, mit einem vollkommen normalen Gang, wie sie Nachrufe[31] auf das aufhängen, was ihnen brutal genommen wurde, mit völlig entspannten und sicheren Gesten.

Es gibt Leute, die die Normalität wie eine Axt benutzen – sie zerhacken und spalten die Welt und sortieren die Scheite dann leidenschaftslos. Damit rauben sie der Welt buchstäblich den Sinn. Ich habe sie gesehen: Mütter, die die Blumen auf den Gräbern ihrer Söhne ertränken und sich mehr um die abgefallenen Äste am Fuß des Denkmals kümmern als um ihren Schmerz. Ich habe Söhne gesehen, die die Kosten für den Imbiss nach der Beerdigung ihres Vaters drückten und wie Engroshändler feilschten. Die normalen Menschen sind und bleiben normal, und nichts kann sie verrückt machen. Da kann die Welt in einer Sintflut mit Regen und Donner untergehen, die Normalen werden ihre Schuhe akkurat binden.

Also nervte mich das mit der Neuen und ihrem depressiven Stupor. Ich glaubte, ja mehr noch spürte ich, dass der Wahn-

---

31 Todesanzeigen werden in Bulgarien üblicherweise von den Verwandten der verstorbenen Person in der näheren Umgebung ihres Heims an Bäumen und Wänden aufgehängt. (Anm. d. Ü.)

sinn unabhängig von den verschiedenen äußeren Ereignissen auftrat. Mich nervten die Mütter, die ihre Söhne, von einem offensichtlichen, unbegreiflichen und heiligen Wahnsinn völlig erledigt, oder eher völlig *verändert,* herbrachten! Dass mir diese Mütter, diese aggressiven Idiotinnen und Unterdrückerinnen, mit größtem Nachdruck weismachen wollten, dass ihr Sohn an diesem Wahnsinn, an diesem Etwas erkrankt sei, weil seine Tante vor einem Jahr gestorben war!

Bei Gott! Ich drohte selbst den Verstand zu verlieren. Der Wahnsinn, mystisch und tief wie der Marianengraben, wurde mit irgendwelchen beschissenen, unbedeutenden Tanten erklärt. In meinen Augen nahmen sie seiner Enormität den Sinn. Ihre Dummheit machte mich krank!

Sie erklärten mir, dass ihr von der Unbegreiflichkeit selbst zerschlagener Sohn verrückt geworden sei, weil er es mit den Zigaretten übertreibe. Heilige Maria! Ich verstand bestens, dass die armen Frauen (die ich überhaupt und gar nicht bemitleidete) versuchten, sich den Wahnsinn so einfach wie möglich zu erklären. Sie versuchten, ihm einen bequemeren und verständlicheren Anschein zu geben. Das machte mich rasend. Es machte mich rasend, weil ich selbst NICHTS und immer weniger vom Wahnsinn verstand. Sie kamen mir wie jene Wilden vor, die den Vulkan Krakatau als qualmenden Topf voller Bohnen beschrieben. Wohingegen ich so etwas wie ein Schamane war, der den Vulkan Krakatau nicht einfach als Topf voller Bohnen, sondern als heiligen, unbegreiflichen Topf voller Bohnen beschrieb. Ja!

Die anderen Psychiater beschrieben ihn indes auch als Topf, aber voll mit gluckerndem Dopamin und Serotonin. Trottel! Ich war auch nicht besser.

So stand ich da und legte von Zeit zu Zeit meine heiße Stirn an das Fenster. Draußen regnete es immer weiter, und ich wartete auf Doktor I. Schließlich rief mich eine der Schwestern zu sich.

„Doktor I. hat gesagt, du sollst die Kranke untersuchen. Na, die Neue mit dem Stupor. Doktor I. sagte, sie habe eine Depression. Für mich sieht das nicht wirklich nach einer Depression aus."

Ich lächelte. Von den Schwestern, die so alt waren wie Höhlenzeichnungen, konnte ich einiges lernen. Sie hatten Gespür. Für die ungeheuren Dinge.

Ich ging Richtung Zimmer. Ich war noch vergleichsweise unerfahren beim Stellen von Diagnosen. Mir wurde klar, dass ich mir ja nicht einbilden sollte, überhaupt über Erfahrung zu verfügen. Ich war hinreichend selbstkritisch. Hoffte aber irgendwie auf meine starke Intuition. Ich war mir sicher, über viel Intuition zu verfügen. Und also schritt ich zum Zimmer der Kranken und war ein wenig unentschlossen. Ich wünschte, ich würde voller Selbstvertrauen wirken, konnte es aber nirgendwo hernehmen.

Im letzten Jahr hatte ich nur nach Lust und Laune gelesen. Irgendwas war immer los – mal arbeitete ich für irgendwelche Fernsehsendungen, mal schrieb ich für irgendwelche Zeitungen, dann trank ich mit diesem und jenem alt gewordenen Jugendlichen auf quasistudentischen Partys. Und hatte deshalb nicht das Selbstvertrauen eines Menschen, der Tag und Nacht las und alles wusste. Doch so gesehen – Gott sei Dank. Gott sei Dank, dass ich kein Selbstvertrauen hatte, meine ich. Es passierte ziemlich viel Unsinn in meinem Umfeld, das durch Menschen mit reichlich Selbstvertrauen verursacht wurde.

Ich ging ins Zimmer der Patientin. Wie ich schon sagte, war sie um die vierzig. Ihr schwarzes Haar war glatt und glänzte wie das Fell einer Saanenziege. Wahrscheinlich würde man sie als schön bezeichnen, aber welche Frau ist schön? Doch die, die in uns Vorstellungen von einer schönen Zukunft wachruft.

Wir stellen uns vor, wie wir zusammen Kinder machen und wie sie das Hemd für den Sonntagsspaziergang bügelt. In dieser Frau lag kein Versprechen für irgendetwas Schönes im Leben. Ihr Gesicht war zu einer grausigen, vollkommen ausdruckslosen Maske erstarrt. Ölig und straff wie das Gesicht eines Frosches, wie das Gesicht eines Menschen, den man gerade im Ofen briet. Sie lag da und rührte sich nicht, ihre Kiefer waren zusammengepresst, ihr Kopf ins Kissen gerammt. So sehen Menschen aus, die an Tetanus sterben. Sie aber litt bestimmt nicht an Wundstarrkrampf. Aber warum nicht? Nein, sie hatte keinen Wundstarrkrampf. Hätte sie den, dann hätte sie auch andere Symptome, gewiss aber einen Trismus, was so viel wie ein verkrampfter Unterkiefer bedeutet, gezeigt – sagte ich mir und machte einen Schritt aufs Bett zu.

„Guten Tag!", sagte ich und blieb neben dem Bett stehen. Ich hatte noch keine routinierte Pose parat, die ein Arzt am Bett des Patienten einnimmt. Ich wusste nicht genau, wo ich mich hinstellen sollte und was mit meinen Gliedmaßen tun. Ich beugte mich leicht über sie und nahm ihr Handgelenk. Das war ein wenig plump, hatte aber seinen Sinn. Beim katatonischen Stupor tritt neben Unbeweglichkeit auch eine schwere Erstarrung auf, der Muskeltonus ist derart erhöht, dass sich die Gliedmaßen so sehr auseinanderbiegen lassen, wie sich eine Wachskerze verbiegen lässt. So nennt sich denn auch dieser angespannte Zustand – Flexibilitas Cerea, wächserne Biegsamkeit. Ja, sie war angespannt wie geflochtener Bambus.

„Aber der katatonische Stupor, der ist ja ganz verschieden vom depressiven! Nicht wahr, Doktor I.?", fragte ich meinen Kollegen in Gedanken und blickte zur Decke. Ich starrte, dachte nach und hielt den wie ein Bleistab biegsamen Arm.

„Typisch ist der katatonische Stupor nur für die Schizophrenie ... Richtig, Doktor I.?", sagte ich mir und versank noch tiefer in Gedanken. Ja. Der Wahnsinn war weder das, was ich wollte, noch das, was Doktor I. wollte. Und irgendwie freute mich das. An Schizophrenie erkrankst du keinesfalls, weil ein Verwandter ums Leben gekommen ist. Sie ist ungeheuer eigenständig und unerklärbar. Als würde der Ozean einen Tsunami gebären, weil irgendein Verwandter des Imperators von Japan gestorben ist. Ja. Das sagte mir zumindest mein Gespür. Der Wahnsinn war nichts, was zu unserer Erleichterung eintrat, um unser verworrenes Leben zu erklären. Er selbst war Leben. Ein anderes Leben. Ja. Kompliziert.

„Hey, schau mich mal an!", sagte ich und senkte den Kopf zum Gesicht der kranken Frau. Es war so ölig und angespannt, als wäre sie gerade dabei zu gebären. Sie biss auf die Zähne, atmete in kleinen und schnellen Zügen und schwieg – sie schwieg so laut, dass sogar ein leichtes Wimmern zu hören war.

„Wie … fühlst du dich denn?", fragte ich und zog leicht an ihrer Hand. Es störte mich nicht, dass meine Fragen albern in der Luft hängen blieben.

„Mmh …", kam aus dem Mund der Frau, doch das war keine Antwort auf meine Frage. Bloß ein Laut, den ihr angespannter Rachen gebildet hatte. Ihre Lippen dehnten sich langsam zu einer Froschgrimasse, und aus den Mundwinkeln trat ein wenig schaumiger Speichel. Die Frau konnte nicht sprechen. Für mich sah das ganz und gar nicht wie eine Depression aus. Allmählich packte mich der Ärger. Langsam, aber sicher staute sich in mir – um die Sinusse oberhalb meiner Nase herum –, prickelnd wie Sodawasser, eine herbe Wut. „Was soll dieser Blödsinn!", sagte ich mir. „Was sollen diese Depressionen!"

Warum stehe ich denn hier, über diese Frau gebeugt, die wirklich grotesk unbegreiflich ist, nicht sprechen kann, sich nicht bewegen kann, und versuche ihrem Zustand irgendeinen gespreizten Namen zu geben? Ha!

Dann erinnerte ich mich wieder daran, dass Schizophrenie in wörtlicher Übersetzung aus dem Altgriechischen „zerrissenes Zwerchfell" bedeutete. S'chizein und phrēn. Wie absurd! Ich versuchte, mit einer ganz offensichtlich verrückten Frau zu sprechen, der es ging, als wäre sie von einem Zug überfahren worden. Ihre Seele war wie von einem Zug überfahren, und sie brauchte eine Reanimation ... oder einen Patho-Anatomen.

Aber in der Psychiatrie gab es keine Reanimation. Und also musste ich mich darum kümmern und herausfinden, ob sie nicht doch eigentlich um ihren verstorbenen Mann trauerte! Gott, was für Spinnereien! Sie sah wirklich genauso aus, als wäre sie überfahren worden. Aber nicht von etwas Begreiflichem oder aus dem Leben Gegriffenem. Das konnte aufgrund keines noch so schlimmen Verlustes geschehen. So etwas konnte nur der gewaltige, hässliche und unbegreifliche Wahnsinn bewirken. Nur zu, soll einer den Versuch wagen, ihn mit Serotonin und Dopamin zu erklären. Er wird trotzdem die fürchterlichste und mystischste Sache der Welt bleiben – sagte ich mir. Und warum soll er denn überhaupt fürchterlich sein? Weil ich ihn nicht verstehe?

„Hey, wann ist dir das passiert? Seit wann geht es dir so?", fragte ich und hob den Kopf der Kranken mit der rechten Hand an. Ihr Kopf leistete Widerstand. Noch ein Zeichen für einen katatonischen Stupor – sagte ich mir ... Nur das mit ihrem Mann passt wirklich nicht in die Geschichte. Letztendlich aber, wenn es eine sehr ... sehr, sehr schwere Depression wäre, könnte das schon auch ein depressiver Stupor sein und kein katatonischer. Im Falle aber, dass es noch andere schizophrene Symptome gibt, werden diese die Depression verdrängen. Zerrissenes Denken, zum Beispiel ... Oder akustische Halluzinationen ... Mhm! Was soll ich nun machen?

Die Kranke antwortete nicht und sah mich an. Jetzt aber ließen mich ihre Augen nicht mehr los. So sieht womöglich ein

Mensch aus, den man mit einem Nylonbeutel überm Gesicht würgt, er will dem, der ihn würgt, etwas sagen, aber das Nylon ist im Weg. Also versucht er es mit den Augen zu sagen. Die Kranke sah mich mit ihren schönen schwarzen Augen an, und es war, als wollten sie heraustreten und durch die Luft zu mir kommen, um mir etwas Wichtiges mitzuteilen.

Ich fühlte mich wie ein Folterknecht, der einen Häretiker verhört. Der Häretiker will sich alles von der Seele reden, und einzig sein ungeheurer Wille bringt ihn dazu, die Zähne zusammenzubeißen. Im vorliegenden Fall stand der Frau nicht ihr Wille im Weg. Im Weg stand der Nylonbeutel des Wahnsinns.

„Sag schon! …", begann ich zusammenhangslos und wütend. „Hörst du Stimmen?"

„Mhhh …", sagte die Kranke, und die Augen starrten mich noch krasser an.

„Bist du bedrückt?", fragte ich. Die Stimmen, verdammt, weisen auf Schizophrenie hin, die Bedrücktheit – auf Depression. Ich war überhaupt nicht stringent. Na und? Dieses ganze Verhör war so absurd, dass ich selbst kaum mitbekam, welche Fragen ich stellte. Ich war ein Junior-Inquisitor und stellte meinem Inquisitionsopfer unnötige Fragen. Was auch immer sie antwortete, das Ergebnis wäre dasselbe gewesen. Ich würde ihr eine der zwei Diagnosen stellen – depressiver oder katatonischer Stupor – und ihr die entsprechende Therapie verordnen. Das heißt – so etwas wie den Scheiterhaufen. Neuroleptika oder Antidepressiva.

Natürlich stimmte das ganz und gar nicht. Wie Ebbe und Flut überkamen mich Verzweiflung und Mut. Für einen kurzen Augenblick sagte ich mir: Trotzdem ist es ungeheuer, ungeheuer wichtig, die Schizophrenie von der Depression zu unterscheiden. Zu bestimmen, was von beidem vorliegt. Die Behandlung ist ja jeweils von Grund auf verschieden! Verordne ich einer Depressionskranken dieselbe Behandlung wie für schizophrenen, katatonischen Stupor, wird sie bis zum Geht-nichtmehr erstarren, die Depression wird sich furchtbar ver-schlimmern und ... was dann? Na, Tod. Tod aufgrund einer Depression ... an einer sehr schweren Depression kann man sterben – wirklich. Wenn es aber Schizophrenie ist, und ich gebe ihr Antidepressiva? Auch schrecklich. Schreck-lich. Was soll ich nun machen?

Bis ich mir plötzlich sagte: Das ist nichts, das ist völlig widersinnig, was ich hier mache. Ich mache mich einfach wichtig ... in Wirklichkeit bin ich ein junger, frischgebackener Scharlatan, der sich einbildet, er könne mit seinen Gauner-tricks auf den unbegreiflichen Wahnsinn einwirken!

Das dachte ich. Und hielt ihre Hand.

„Sag mir, bist du bedrückt?", wiederholte ich, beugte mich über sie. Und roch. Manchmal sondern die Katatonie-Kranken den Duft von Ammoniak ab. Sie roch nach nichts. Aber viel-leicht – doch ein wenig nach Ammoniak. Ich war ein raffi-nierter Inquisitor.

„Mh", sagte sie.

„Weißt du was ...", sagte ich wütend. Die Absurdität machte mich fertig; ich wusste, dass ich darüber sprechen musste, aber ich wusste nicht genau, warum. Denn, bei Gott, sie war ja eindeutig verrückt! Sie ist eine der Deinen, lieber Gott! Sie ist eines deiner schwarzen Schafe – schrie ich in Gedanken. Komm, lieber Gott, und kümmere dich um sie!

„Weißt du was ...", neigte ich mich erneut über sie, „ich weiß, dass dein Ehemann gestorben ist ... vor Kurzem ..."

„Mh", sagte die arme Frau. Sie tat mir leid, sie tat mir furchtbar leid. Das war nun pure Verhöhnung. Ihre Augen starrten jetzt tief und fest in meine. Sie wollte etwas sagen, aber ihre Augen konnten keine Laute von sich geben. Oder konnten sie es doch? Ich wurde ganz Ohr.

„Sag doch etwas, irgendwas!", wiederholte ich monoton. Ich hatte mich ganz nah zu ihr hingebeugt, blickte aus zwanzig Zentimeter Entfernung in ihre schmerzgeweiteten Augen. Sah die dunklen Unebenheiten und die schwarzen Krater in ihren gelblichen Irides. Ihre Irides sahen aus wie die Böden kleiner reiner Bergpfützen.

„Mh", sagte die Kranke, und ihr Kopf blieb in der Luft über dem Kissen hängen. „Ein echtes katatonisches Symptom, nicht wahr, Doktor I.?", sagte ich mir und hob meinen Kopf.

„Du willst offenbar nicht mit mir reden", sagte ich scheinbar überheblich und tat so, als würde ich gehen. Ich hatte es nicht bemerkt, doch seit ich zu ihr hineingegangen war, waren zwanzig Minuten vergangen.

„Ein Astraltempel, Doktor – ich will ihnen sagen – ein gewaltiger Astraltempel in der Finsternis der Blitze!", sagte sie mit aufgerissenen Augen. Ihre Stimme strotzte vor mystischer Ekstase.

„Ach, ja?", lächelte ich. Ich war sehr und angenehm überrascht. Mein Opfer, die hermetisch geschlossene Büchse, hatte sich geöffnet. „Wo ist denn dieser Astraltempel? Hm?" Ich war ein selbstzufriedener Henker.

„Im Kosmos ... im Kosmos ... fliegt der Tempel durch die Blitze!", flüsterte sie und lächelte sogar. Um genau zu sein, verzog sie fürchterlich und ausdrucslos ihre Lippen.

„Alles klar!", sagte ich und richtete mich ganz auf. Hätte all das im Mittelalter stattgefunden, so hätte ich die großen, stählernen Folterzangen in die Kiste geworfen und meine Lederschürze abgerissen. Doch ich hielt keine Zangen in den Händen. Das war nicht das Mittelalter. Aber eigentlich ... konnte ich mir da so sicher sein? „Im Kosmos also? Und die glauben, du trauerst um deinen Mann!", sagte ich zu mir selbst und ging zur Tür.

„Mh", sagte sie.

„Richten Sie Doktor I. aus, dass das keine reaktive Depression ist. Da ist nicht die Spur einer psychogenen Depression – das hat mit ihrem Mann nichts zu tun! Hörst du, Schwester Andreeva. Du sollst Doktor I. ausrichten, dass es sich hier auf keinen Fall um eine Depression handelt!", rief ich munter und zugleich aufgebracht. Ich hatte mich vors Behandlungszimmer gestellt und wandte mich lautstark an die Schwester, die die Becher mit den Mittagsmedikamenten füllte. „Und alles Gute, dem Doktor I.! Das ist reine Schizophrenie. Der Tod ihres Mannes hat nicht das Geringste damit zu tun … Nichts hat mit irgendetwas zu tun!", lachte ich voller Schadenfreude auf. „Also dann! Ich habe die Therapie festgelegt. Kümmert euch gut um diese Frau, sie wird kaum aufstehen, also müsst ihr sie im Bett betreuen. Später werden wir weitersehen", sagte ich und verließ die Station.

Ich sagte das mit dem zufriedenen Gefühl eines Menschen, der seine Arbeit getan hat. Wie ein Henker, der einem Sünder Geständnisse abgerungen hat. Wie ein Teufel mit einer halben Stelle. Mir ging es ausgezeichnet. Ich machte mich auf, den Flur entlang, in mein Sprechzimmer. Dort hatte ich eine halbe Flasche Whiskey. Dort wartete sehr wahrscheinlich auch Iv auf mich. Ich würde ihr alles erzählen. Dort würde ich dieses schmierige und zufriedene Gefühl von mir waschen. Bei Iv.

Gefesselt

Schon wahr, unser Leben in der Klinik hätte man auch so sehen können – auf eine ungerührte und prosaische Art und Weise: Dieser Hohlkopf zerstört seine gerade erst entstehende Familie – nichts anderes! Simpel, fade, banal.

Aber ich war ein Poet, ich musste immer in Bewegung sein, in Bewegung bleiben. Ich konnte nie dauerhaft einfach so dahinleben – prosaisch und stumpf. Das konnte ich nur manchmal.

Ekelte mich dann aber vor mir selbst. Ich wollte mein Leben als Tragödie erleben und nicht als Buchhaltungsjournal. Und das tat ich auch: Ich litt an Gewissensbissen, wandelte wie ein Gespenst durch die Flure der Stationen und die Alleen des großen Parks, schrieb Epikrisen mit scharfen und traurigen Worten – als wären es Gedichte; ich sah betrübt und verträumt Iv zu, die sich zwischen den Akazien des großen Klinikhofs langsam entfernte; zog mich in die seltsamen kleinen Sprechzimmer der stillen Baracken irgendwo in der Klinik zurück, las alte Bücher, trank, weinte. Und die Monate vergingen …

Die Monate vergingen …

Opa Săjko war vor Kurzem gestorben. Ich hatte mich so gut wie von meiner Ehefrau getrennt, traf sie immer seltener, litt grausam um meine kleine Kuki. Und bemühte mich, nicht an beide zu denken. An sie zu denken, wäre tödlich gewesen.

Ich trank immer mehr. In jedem dritten Sprechzimmerschrank fand ich die geheimen Vorräte mit den abwechslungsreichsten Spirituosen – die meisten Schwestern und Ärzte hatten solche – und nahm heimlich und schnell den einen oder anderen Schluck. Häufig und oft. Ich hatte das Gefühl, gefesselt zu sein.

Gleichzeitig hatte ich das Gefühl, ich könnte einfach mit einer kräftigen Bewegung meines Herzens und meiner Seele – nach vorn und aufwärts – völlig aus meinem Körper und meinem Leben treten. Und endlich – fliegen, leicht, von nichts und niemandem gehalten. Vielleicht – sagte ich mir – ist so der Tod.

Am heutigen Tag hatte ich Dienst und ging von Station zu Station. Alle Ärzte und die meisten Schwestern waren gegangen. Ehrlich gesagt, gefiel mir die Klinik so, praktisch ohne Personal. Sie war ein heimeliger Ort. Ich mochte sie an diesen gesegneten Nachmittagen, an denen nur ein einsamer und weicher, schlapper, angeheiterter oder niedergeschlagener Arzt durch die Alleen streifte; während der Park und die alten Gebäude nichts Hektisches und Bedrohliches an sich hatten. Und der Wahnsinn entspannt dalag, wie ein Kater – weil er die entspannteste Sache der Welt ist, wenn man ihn in Ruhe lässt –, wie ein Meer, das der Wind nicht aufwühlt …

An solchen gesegneten Nachmittagen sagte ich mir: „Wo soll's denn hingehen, wenn du diesen Ort verlässt, diese rettende Insel? Na, du Dummkopf …? Wird man dich anderswo haben wollen? Hast du dich in deiner ganzen Unangepasstheit hier nicht gut versteckt, hast du dich nicht perfekt vor der Welt versteckt, hier in diesem wunderbaren Irrenhaus? Wo willst du denn hin, nachdem du über die Mauer gesprungen bist? Schon gefährlich da draußen, was?! Stimmt's, mein lieber Dummkopf?"

Nun schlenderte ich die linke Allee entlang und sah aus der Ferne einen weißen Fleck. Er kam immer näher. Eine der Schwestern vielleicht? Nein, etwas ließ mich spüren, dass es keine Schwester war. Da war über dem weißen Kittel ein orangefarbener Fleck, darunter – ein extrem grüner Fleck. Ja! Das waren die grüne Hose, das orange Haar, der weiße Kittel meiner Iv. Und mittendrin die gelb schimmernden Augen, die schlauen Lippen, das weiche Herz … Ich stürzte auf sie zu. Ich war ein kleiner Junge, ich war ein von Schatten zu Schatten tänzelnder Lausebengel, ich war ein Satyr aus den Niederungen des Helikon und ein aufgeschreckter Rehbock. Oh, là, là, was für ein verliebter und zerquälter Dummkopf ich war. Ich sagte mir: „Du bist lächerlich mit dieser Freude." Und rannte wie ein Kind auf Iv zu. Ich war frei. Ich sang wortlos vor mich hin!

„Ehey!", rief ich, und meine Kehle zog sich vor Aufregung zusammen. Zwei Jahre lang – ununterbrochene Aufregung. Auch das kommt vor. Ich wusste, dass diese Aufregung daher rührte, dass unsere Treffen unrechtmäßig und eigentlich eine Art Kampf waren.

„Ehey!", grüßte mich Iv ein bisschen träger. Sie freute sich nie übermäßig, mich zu sehen. Aber ich musste natürlich begeistert sein. Je größer die Begeisterung, umso kleiner meine Schuld. Schließlich war ich dabei, meine Familie zu verlassen und – inzwischen wies alles darauf hin – auch meinen Beruf als Arzt aufzugeben. Also brauchte ich so viel ungesunde, unbewusste Begeisterung wie möglich. Ich brauchte den Rausch. So wie die Verbrecher mehr Wein brauchen, um die Kraft zu finden, das blutige Messer abzuwaschen.

„Bist du noch … also … du bist noch nicht weg? Hast du etwa den Bus verpasst?", fragte ich, streichelte über ihre Wange, und sie neigte ihren hellen Kopf zu meiner Hand.

„Nein! Ich habe noch was zu erledigen. Ich muss eine Untersuchung schreiben."

„Aha!", sagte ich und hakte mich bei ihr unter.

So spazierten wir zusammen die Allee entlang, umgeben von Akazien. Mit leichten Herzen. Meines war leicht.

„Du hast Dienst ...", sagte Iv beiläufig. Sie sprach einfach vor sich hin und ging entspannt neben mir her. „Was hast du vor?"

„Was für eine Frage!", stieß ich lachend hervor. „Was soll das heißen? Meinst du, was ich mit meinem Leben überhaupt vorhabe? Ist es das, was du mich fragst? Pah! Ich weiß es nicht! Wenn's dir darum geht ...", sagte ich und fuchtelte unbekümmert mit den Armen herum. Ich machte Spaß. Mir war wohlig und leicht zumute – so durch die leere und stille Klinik zu gehen. Als wären Iv und ich allein. Nur von Zeit zu Zeit ging jemand aus der Rehabilitation an uns vorbei und nickte uns zu – im Pyjama, mit rasiertem Kopf oder qualmender Zigarette. Frieden herrschte ringsherum und sogar in meinem Herzen.

„Ach was!", sagte Iv und schmunzelte über mein unbekümmertes Pathos. „Wer fragt dich nach dem ganzen Leben!? Was machst du jetzt, während des Dienstes?"

„Ich habe vor, in der Geschlossenen Männer vorbeizuschauen und Damjan zu besuchen."

„Aha, diesen Jungen – den Schläger, nicht wahr? Den großen, der letztes Mal über den Iskăr gewatet ist?", ging Iv neben mir her und zündete sich eine Zigarette an.

„Ja! Er ist wieder in der Klinik. Kommst du mit?"

„Wohin?", blickte mich Iv an.

„Ihn besuchen und nachsehen, was auf der Station los ist. Nachher können wir einen Whiskey trinken. Ich habe eine Flasche."

„Gut!", sagte Iv zögernd. Sie mochte es nicht – trotz allem, obwohl alle über uns Bescheid wussten –, sie mochte es nicht, wenn man uns zusammen sah. So als wären wir die Aktmodelle, die ihre Blöße mit einem Leinentuch verdeckten, sobald der Maler fertig war. Verschämt, nachdem sie stundenlang nackt gewesen waren.

„Na, dann los!", sagte ich, und wir machten uns zur Geschlossenen Männer auf.

Auf der Geschlossenen war es ruhig. Damjan lag auf seinem Bett in einem leeren, düsteren Zimmer, allein. Manche Kranke, solche wie er, kamen und gingen und kamen wieder – wie ein Traum in einer Endlosschlaufe.

Im Zimmer herrschte bei aller Leere ein furchtbares Durcheinander. Das Bett war schräg gestellt und stand hässlich und absurd in der Mitte des Zimmers. Damjan lag mit einem breiten Riemen – am Stahlrahmen festgezurrt – über der Taille gefesselt da. Er und die Matratze waren mittig aneinandergefesselt. Er war schwer neuroleptisiert. Das heißt, wahrscheinlich hatte man ihm in den letzten Tagen nicht weniger als zehn Ampullen Heloperidol gespritzt.

Er schnarchte gelegentlich in seinem matten und schleimigen Halbschlaf. Aus den Mundwinkeln trat ein wenig Schaum hervor. Er war vollkommen ruhig, sodass mir der Riemen widerlich und überflüssig vorkam. Ja, Damjan war gefesselt. In der Psychiatrie nennt man das „fixieren". Er war fixiert und schlummerte, sabberte sich voll und schnarchte im unordentlichen, leeren Zimmer. Seine Decken waren auf den Boden gerutscht. Alles wies darauf hin, dass es schwierig gewesen sein musste, ihn zu fesseln.

Ich sah ihn mir an. Seine Haut wies ziemlich viele aufgeschürfte Stellen auf, Spuren eines heftigen Kampfes. Ekel überkam mich. Vor allem wegen der weißen und dumpfigen Haut, die nach Urin roch. Ob der Nichtigkeit des menschlichen Fleisches, das jederzeit gefesselt, zerschlagen und verletzt werden konnte, in allen vergleichbaren düsteren Zimmern der ganzen Welt. Aber auch wegen des breiten Riemens, dieses skrupellosen Schlags ins Gesicht der Freiheit. Damjan war so etwas wie ein Denkmal der Unfreiheit. Neuroleptisiert, vollgesabbert und gefesselt.

„Die Dienstschwester soll sofort herkommen!", rief ich erbost und griesgrämig, mit einem dicken Kloß in Magen und Hals.

„Was brüllst du denn jetzt so?" Iv zog leicht an meinem Arm.

„Es gibt keinen Grund, diesen Menschen zu fesseln! Vor einer Stunde vielleicht, doch jetzt nicht mehr!"

„Woher weißt du denn, dass es keinen Grund gibt?! Du weißt doch, wie sehr er letztes Mal getobt hat!"

„Jetzt braucht er aber nicht gefesselt zu sein …", sagte ich zornig und hörte mein Herz wummern; so wie bei einem besoffenen, stämmigen Mann, der mitten in der Nacht an der Tür hämmert und seine Frau weckt.

„Ich glaube, du nimmst das alles zu persönlich!", griente Iv.

„Ganz genau!", sagte ich und ging zum Fenster, um auf die Schwester zu warten. Ich war gefesselt und wollte alle Gefesselten dieser Welt entfesseln. Wenigstens Damjan. Und sagte mir: „Ich werde sie entfesseln, auch wenn sie dann alles zerstören."

„Ganz genau!", sagte ich leise, aber nicht zu Iv. Ich stand am Fenster und schaute hinaus. „Wir sind gefesselt, Iv, wir sind gefesselt, aber bald wird das ein Ende haben!", sagte ich in Gedanken und dann laut: „Genau, das nehme ich durchaus persönlich!"

Die Schwester war gekommen.

„Na mach ihn schon los, diesen Damjan!", sagte ich und nickte ihr zu.

„Aber er ist doch viel zu wild, Doktor", schimpfte die alte Schwester scherzhaft über ihre Brillengläser hinweg.

„Ach was, ich bin auch wild!" Ich trat wütend an sie heran und packte sie ohne jede Rücksicht bei den Schultern. Die alte Schwester sah mich erschrocken an. Sie gehörte zu den Menschen, die fesselten. Ich schob sie wie eine leichte Puppe zur Seite, ging an ihr vorbei und aus dem Zimmer. „Auch ich bin wild", wiederholte ich, „aber willst du mich fesseln?", sagte ich mit ruppigem Spott und ging hinaus.

Iv folgte mir rasch. Mir kam es vor, als schaute sie mir zu und als läge in ihren Augen zumindest ein Hauch Zustimmung. Wir traten ins Ärztezimmer, ich griff in den Schreibtisch, zog die Whiskeyflasche heraus, hob sie und trank lange. Dann nahm ich zwei Gläser heraus. Und schenkte uns beiden ein. So war es gut.

Nun war ich nicht mehr Dionysos mit Glas und einem Gefolge herumhüpfender Satyrn. Ich war ein vor Müdigkeit krummer Arzt, der sich ein wenig hinsetzen wollte. Doch nicht das machte mir Angst. Angst machte mir die Tatsache, dass sich vor mir nichts Großartiges auftat. Nur in manchen schlimmen Nächten fiel mir ein, dass meine Jugend zur Neige ging, dass darauf nichts als eine traurige Dämmerung folgte, in der da und dort diffuse Schemen trauriger und langweiliger Gespenster aufschienen.

Ich wusste, ich würde lernen, mir vorzumachen, dass das, was mir zustieß, das Wichtigste auf der Welt war. Ich würde weise werden, auf jene langweilige, tödliche Art und Weise, die für Henker und Provinzärzte bezeichnend ist. Ich kannte zwar keine Henker, aber ich stellte sie mir deutlich vor. Sie waren träge und weise, die Augen voller langweiligem, menschlichem Horror – genau wie die Provinzärzte.

Ich war einfach ein Dorfarzt. Aber ich arbeitete nicht in einem Dorf mit seinen freundlichen dorfeigenen Greisen und Omas, sondern in einer riesigen Klinik voller psychisch Kranker. Und das war gar nicht lustig. Mindestens zweimal täglich brachten mich die absonderlichen Situationen in der Klinik, die abstrusen Geschichten, die mir der Wahnsinn bot, zum Lachen. Aber das Lachen war ein freudloses Lachen. Die Verrückten, meine freundlichen, armen, irren, glücklichen, heiligen und göttlichen Verrückten, waren elend und bedauernswert.

Ich ertränkte das Leben in viel Alkohol und machte weiter. Manchmal, wenn ich in einem der gemütlichen Sprechzimmer der Klinik saß, fühlte ich mich wie der alte Priester einer recht eigenartigen Religion. In diesen Momenten war ich ruhig und erfüllt von einem traurigen Glücksgefühl.

Ich ging spazieren.

Ich spazierte durch die Alleen der Klinik, zwischen den Baracken, um die riesigen Bäume herum, einige davon wirklich eindrucksvolle Akazien – mit Trieben, so groß wie spanische Dolche. An manchen Nachmittagen, an denen ich Dienst hatte und die Klinik sanft wie eine müde Oma atmete, war es schön.

Ich ging spazieren.

Eines Tages – als ich wieder einmal Dienst hatte, wie mindestens fünf Mal im Monat – streifte ich durch die lautlosen Alleen. Die Stille in einer psychiatrischen Klinik auf dem Land ist einzigartig. Jede Stille ist einzigartig, diese aber ist besonders stumpf. Da sie manchmal von einem hässlichen, unmenschlichen Schrei eines Patienten durchbrochen wird.

Du horchst, überlegst, aus welcher Station er kommen könnte, und gehst weiter, wobei du dir vornimmst, die Station zu besuchen und mit den Schwestern zu schimpfen. „Kümmert euch gefälligst darum!" zu sagen, wichtigtuerisch und müde. Worauf die Schwestern dann still *loswuseln*.

Wenn sie nämlich beschließen, auf der Station Ordnung zu schaffen, dann kommt alles an seinen Platz. Die Schreie verstummen. Die Schwestern verfügen über irgendwelche geheimen, den jungen Ärzten unbekannten Mittel, um Ordnung herzustellen. Meistens erhöhen sie die Dosen aller ein wenig. Geben in die kleinen Becher, in denen die Medikamente verteilt werden, das eine oder andere Chlorazin dazu. Fünfzig Milligramm zusätzliche Ruhe. Und die Klinik wird still.

So ging ich an diesem Tag herum – benommen von den letzten warmen Sonnenstrahlen, die der September aus dem Ärmel zog, um seine friedlichen Kinder – die Verrückten – zu beschenken. Auch ich war verrückt. Ein Verrückter im Kittel, ein schludriger, schlapper, verwirrter junger Mensch, der sich für alt hielt, der nicht wusste, warum er lebte und wohin er ging, aber voranschritt, durch die Klinik streifte, als Gott oder Clown – egal.

Neben einer der großen Akazien sah ich Atanas Nakov stehen. Dieses winzige Männlein brachte mich stets in Verlegenheit. Er war nicht zu verstehen. Manchmal, wenn ich ihm begegnete und an ihm vorbeiging, hatte ich das unangenehme, penetrante Gefühl, einen Hund in meinem Rücken zu haben. Er ist nicht aggressiv und bellt nicht. Er steht nur still da und schaut dich mit seinen gelben Augen feindselig an.

Atanas war klein und glich einem Knäuel aus Lumpen. Sogar sein Kopf war lumpenartig, mit kleinen, aggressiven Äuglein und gesträubtem Flaum – grau und gelblich wie das Fell eines Hundes. Ein struppiger Lumpenmensch mit einer mindestens dreißigjährigen Schizophrenie – das war Atanas Nakov. Dürr wie ein abgenagter Knochen, gegürtet mit *einer Sisalschnur,* ein endloser Murmler. Er hatte Wahnvorstellungen, die ich mindestens fünf Mal in diversen KGs beschrieben hatte.

Er machte mich nervös. Er war viel zu brav, schaute viel zu böse und schien in letzter Zeit irgendwie feindselig geworden zu sein. Wie gewöhnlich ging er hin und her und murmelte etwas über den goldenen Nagel vor sich hin, den man in seinen Ellbogen implantiert hatte. Ich wusste nicht, ob es da wirklich einen Nagel gab.

Manchmal passieren in der Klinik solche Dinge: Ein Kranker behauptet etwas, verbissen und widersinnig. Zum Beispiel, dass er einen goldenen Nagel im Ellbogen hat. Keiner glaubt dem Gerede des Kranken. Ein jeder glaubt, das seien die üblichen Wahnvorstellungen. Am Ende stellt sich heraus, dass das, was der Kranke behauptet hat, eine lustige, absurde Wahrheit ist. Oder eine furchtbare absurde solche.

Einmal hat sich ein alter Alkoholiker immer wieder beschwert, Nacht um Nacht, dass eine Ratte in der Ecke seines Zimmers säße. Die Schwestern haben ihm jedes Mal zusätzlich zu seiner Therapie eine Spritze Haloperidol gegeben, damit diese verfluchte Ratte verschwindet, die – so glaubten sie – eine ganz normale, für das Delirium tremens typische Halluzination ist. Der alte Alkoholiker wurde vom Haloperidol immer schlapper, bis er am Ende überhaupt nicht mehr gehen konnte. Am siebten Tag aber schlurfte er mit letzter Kraft ins Schwesternzimmer und hielt eine riesige Ratte am Schwanz hoch.

Solche Geschichten.

Oder wie jener, der sagte, er höre Stimmen in seinem Mund, worauf man ihn ewig lang mit allen möglichen Mitteln behandelte, bis endlich ein Arzt in der Nähe seines Mundes horchte und ein leises Geräusch hörte. Da stellte sich heraus, dass der arme Mensch Zahnfüllungen aus Metallen mit verschiedenen elektrischen Eigenschaften im Mund hatte, die im Verbund mit dem Speichel einen primitiven Radioempfänger ergaben.

Atanas Nakov hatte also einen oder hatte keinen Nagel in seinem Arm, aber das spielte keine Rolle. Ich konnte seinen Wahnsinn nicht begreifen. Er war derart abgeschnitten von allem, was als normal angesehen wird, dass er eher einer seltsamen mobilen Pflanze glich. Und er war ganz und gar nicht unangenehm. Einer zahmen und zerzausten Pflanze mit flaumigen Blättern aus Lumpen gleich.

Jetzt aber war er still geworden. Wie ich schon sagte, er war eher friedlich, üblicherweise pflegte er sich an jeden dranzuhängen und irgendwelche Dinge über den Nagel in seinem Arm von sich zu geben: „Hey, ich habe einen Nagel im Ellbogen, einen goldenen Nagel. Sterne in der Hand, einen Nagel im Ellbogen."

Er redete monoton vor sich hin, in unbegreiflichen Ton-
fällen – man konnte nicht heraushören, ob ihn das quälte oder
im Gegenteil dazu brachte, stolz zu sein. So ist das bei den
Verrückten – sie sind uns fremd, weil wir ihre wunderlichen
Anwandlungen nicht nachvollziehen können. Und derart rief
Atanas und quengelte vor sich hin, jetzt aber blickte er mich
einfach nur unter seinen strubbligen Brauen an.

Wieder zurück auf Station, setzte ich mich in den Sessel im
schönen, alten Sprechzimmer und schlief ein. Ich schlief drei
Stunden lang. Als ich aufwachte, war es draußen dunkel, und
die Finsternis machte die Klinik *unheimlich; sie strahlte Unruhe
aus.* Es gibt keinen einsameren Ort als eine Psychiatrie am
Abend. Dort bist du allein, weil es keine Gedanken gibt, die
deinen ähnlich sind. Oder es gibt sie, du traust dich aber nicht,
sie zu suchen. *Es war ein Stück weit beängstigend.*

Das Telefon klingelte. Ich sprang auf und stieß mit dem
Fuß heftig gegen den Schreibtisch, stöhnte und hob ab.

„Ich höre!“, knisterte röchelnd meine verschlafene Stimme.

„Für eine Aufnahme auf der Männer“, schreckte mich die
Pflegrinnenstimme auf der anderen Seite auf.

„Ich komme.“

Mein Herz stolperte vor Unlust. Ich holte tief Luft und
stakste rasch, nervös und voller Schwung in meinem weiten
Kittel durch den Flur. Dann durchs Foyer, bis ich mich am
Ende ins dunkle Labyrinth zwischen den Baracken der Rehabilitationsstation stürzte.

Ich rannte, weil man sich, aus dem Schlaf in die Dunkelheit
der Nacht in der patriarchalen Klinik erwacht, so perplex fühlt,
wie ein eben dem Körper entnommenes, lebendiges Organ.
Ich rannte.

Plötzlich löste sich von einer der Baracken ein Schatten.
Der Schatten schimmerte weißlich und merkwürdig flaumig
in der Finsternis. Ich machte im Eiltempo zwei riesige Schritte,

um an ihm vorbeizukommen, aber beim zweiten war es, als würde mein Kopf bersten.

Bummmm!

Ich prallte zurück, klappte zusammen und kauerte mich hin. In meinem Kopf explodierte ein ganzes Weltall aus Sternen. Absolut richtig – Sterne. Das mit den Sternen ist kein Hirngespinst – sagte ich mir, während ich versuchte, mich auf den Beinen zu halten. Wirklich wahr, bei einem heftigen Schlag stieben Sterne vor deinen Augen hoch!

Ich kauerte und taumelte einige Sekunden lang. Dann verschwanden die Sterne, und ich merkte zu meinem Entsetzen, dass mein rechtes Auge die Welt aus einem ganz anderen Winkel sah. Wie lustig. Ich sah zwei Welten, und in der einen, der linken, glaube ich, stand Atanas Nakov über mich gebeugt. Er hatte die Faust geballt und sah mich mit einem grausamen, seltsamen Gesichtsausdruck an.

In Sekundenbruchteilen wurde mir bewusst, dass dieser Mensch in Wirklichkeit genau das war – ein Mensch, eine Welt für sich, dem ich nicht die geringste Beachtung geschenkt hatte und der sich nun rächte.

Ich erhob mich leicht. Atanas Nakov spürte meine Riesenhaftigkeit – ich war mindestens einen halben Kopf größer als er. Mein weißer Kittel war vollgespritzt mit meinem schwarzen Ärzteblut. In meiner Brust schwoll fürchterlicher Ingrimm. Die Wut des verletzten Menschen, das Rasen des angegriffenen Tieres. Und dann kam die Lust, den kleinen Menschen mit den Füßen zu zertreten und zu zerstampfen, bis er zu flaumigem Gelee wurde. Ich knurrte ihn an.

Dann gab es ein Geräusch, als zerplatzte etwas: „Plopp." Und alles – mein Ingrimm, meine Bosheit – floss heraus wie Eiter aus einer aufbrechenden Zyste. Was hätte ich mit diesem Ingrimm und mit dieser Bestialität sonst getan? Nichts. Ich hätte die Bestialität und den Ingrimm auf der Welt vermehrt.

Zum Wahnsinn des kleinen Atanas wäre mein Wahnsinn hinzugekommen. Nachdem ich wie eine wilde Bestie geknurrt hatte, krächzte ich nun tief aus der Kehle. Iiih. Och.

„Was soll denn das, Atanas?", fragte ich, doch meine Stimme war weich, und das erstaunte mich völlig.

„Ich habe einen goldenen Nagel im Arm", sagte Atanas leise und entspannte sich. Er wurde so schlaff wie ein zerknittertes, vom Kleiderhacken gefallenes Kleidungstück.

„Aha!", räusperte ich mich. „Aha!"

„Ich habe Sterne in der Hand. Ich habe einen goldenen Nagel im Arm."

„Was du nicht sagst!" Ich hob meine Hand und rückte, ganz vorsichtig, mein Auge ein wenig zurecht, wobei das Blut unangenehm warm an meinen Fingern entlanglief.

„Ich habe einen goldenen Nagel ...", flüsterte Atanas und stellte sich friedlich vor mich hin.

„Lass uns gehen!", sagte ich und fühlte mich großartig – ich spürte, dass ich meine Wut besiegte. Ich spürte, dass das ein eitles Gefühl war. „Komm, mach schon, geh!", sagte ich ein wenig schroffer, damit nicht alles zu barmherzig wurde, wie in irgendeiner christlichen Farce. Mein anderes Auge hätte ich ihm nicht hingehalten, damit er mit seiner knochigen, schizophrenen Faust auch darauf eindrosch. „Mach schon, geh voraus, du verfickter Armleuchter ..."

Und gestand mir ein, dass ich ihm mein anderes Auge nicht hingehalten hatte, nicht weil etwa der Schmerz so furchtbar war, sondern weil übertriebene Güte irgendwie geschmacklos ist.

„Beweg dich ...", räusperte ich mich schroff und führte ihn in die Geschlossene Männer.

„In Ordnung", murmelte Atanas ganz friedlich und machte sich, weich wie gezähmte Watte, auf den Weg, indem er brav vor mir herging. Er war befriedet. Ha! Ich spürte, dass meine geheuchelte Güte ihn befriedet hatte. Nicht zu glauben, dachte ich.

„Doktor!", murmelte Atanas, während wir dahinschritten.

„Ja!"

„Ich habe einen Nagel im Ellbogen."

„Weiß ich schon! " Ich stieß ihn vorwärts und spürte, dass dieser kleine Mensch mir lieb war, weil ich seinetwegen zumindest einen kleinen Teil meiner Wut gebändigt hatte.

„Wohin gehen wir?"

„In die Geschlossene Männer."

„Aha, gut!", und nun war Atanas Nakov zum ersten Mal seit hundert Jahren ein irgendwie normaler Mensch. Der Wahnsinn war zwei Schritte zurückgewichen und sah sich an, was in dieser Nacht geschah.

„Gib Atanas eine große Spritze – Haloperidol, Chlorazin, je einmal, und eine Antialersin dazu. Und in einer separaten Spritze, du weißt doch? Diazepam und die andern darf man nicht mischen. Also das Diazepam in einer separaten Spritze", sagte ich zur Schwester auf der Geschlossenen Männer, während sie beim Anblick meines zerschlagenen Auges ächzte und staunte.

Ich schaute in den Spiegel über dem Waschbecken im Behandlungszimmer. Zum Fürchten sah ich aus. Zerzaust und blutig, mit dem purpurnen Blut auf dem weißen Kittel. Als wäre ich absichtlich für irgendeinen Film geschminkt und herausgeputzt worden.

„Und seine Therapie …", fuhr ich gleich darauf fort.

„Was ist mit der Therapie, Doktor?", sah mich die Schwester ganz eifrig an, sie spürte, dass das wichtig war.

„Seine Therapie muss geändert werden. Bislang hat sich anscheinend keiner genug um ihn gekümmert. Er braucht …", und mir fiel nicht ein, was ich genau sagen sollte, „eine neue Therapie. Kümmert euch hier um ihn! Auf der Rehabilitation irrt er nur herum, und keiner würdigt ihn eines Blickes, stimmt's?"

„Stimmt!", sagte jemand aus dem Gang. Ich machte die Tür weit auf. Dort stand ganz ruhig in Erwartung seines Schicksals Atanas Nakov.

„Ab auf die Station mit dir!", herrschte ich ihn streng an, doch er bekam keine Angst, er war irgendwie ruhig und froh. Und lächelte. Ja genau, freundlich und breit … ein sonniges Lächeln. Als leuchteten die Strahlen aus seinem Ellbogen auch durch sein Gesicht.

Im Laufe der folgenden Tage begann Atanas Nakov erstaunlicherweise praktisch verständig zu werden. Er begann mich aufzusuchen und mir etwas sagen zu wollen. Und, seltsam, er sagte mir ganz verständliche Dinge. Dass er für den einen oder anderen Tag nach Hause wolle. Dass er dieses Leben in der Klinik satthabe. Und so fort. Manchmal unterhielten wir uns sogar. Über Kleinigkeiten. Über irgendwelche Nägel in den Ellbogen.

Und so flog die Zeit in der Klinik dahin.

Wie so häufig saßen Doktor Karastojanova und ich zusammen im Ärztezimmer auf der Geschlossenen Männer und tranken Bier. Es war elf Uhr und zehn Minuten, und irgendein munterer Hohlkopf im Radio war eben dabei, das zu verkünden.

Doktor Karastojanova und ich konnten den ganzen Tag so weitertrinken, bis zu unseren besoffenen Hälsen in süßem Geplauder versunken. Ich jammerte, sie lächelte mich an. Diese Frau war wirklich eine Meisterin darin, jeden, der jünger war, herablassend anzulächeln. Und wie! Sie konnte auf mindestens sieben verschiedene Arten herablassend lächeln: verächtlich, kokett, fragend, unbekümmert, drohend … sind's schon sieben?

„Wie, meintest du, sei dein Leben, Doktor Terzijski?", fragte sie und sagte „Doktor Terzijski" so, wie Pippi zu ihrem Affen „Herr Nilsson" sagt.

„Ruiniert!", seufzte ich und nahm noch einen Schluck.

So verbrachten Karastojanova und ich unsere Tage – in angenehmen Gesprächen und beim Biertrinken. Jemand hätte behaupten können, dass wir nicht arbeiteten, doch wir arbeiteten ziemlich hart, verdammt. Wir waren schnell und genau bei der Arbeit, wie echte Säufer. Die gewöhnlichen Menschen haben keinen Grund, hart zu arbeiten – sie bekommen keine schöne und goldene Belohnung nach der rasch und akkurat getanen Arbeit. Wir hingegen schon. Nachdem wir unsere Arbeit auf der Station getan hatten, erwartete uns das mildeste, goldenste und bittersüßeste helle Bier der Welt!

So lebten wir – beim Arbeiten, beim Abhaken unserer Pflichten, wir lebten zielgerichtet auf unsere goldene Belohnung hin. Unseren flüssigen Preis. So war das, zumindest wenn wir zusammen Dienst hatten.

Die Luft um uns vibrierte vor guter Stimmung und Gelassenheit. Wir machten Visite, dann untersuchte ich die Kranken, die in der vergangenen Nacht aufgenommen worden waren, schrieb Dekurse (jene kurzen Notizen, die die Krankengeschichten der Tausenden Kranken füllen und in denen es von diversen Plattitüden wimmelt, wie etwa „äußerlich angespannt, innerlich ruhig“, wo es aber auch Beschreibungen von Prügeleien und Zwischenfällen mit Messern gibt und manchmal auch – den absurden Tod selbst), wechselte die Therapien derer, die nicht in bester Verfassung waren, ließ die Kranken so werden, wie Karastojanova sie haben wollte – munter, fröhlich und grinsend –, indem ich das eine oder andere Haloperidol oder Fluperin dazugab, verschrieb, wem nötig, Depot-Spritzen, und kritzelte mich unter den Augen der Schwestern eifrig durch die Haufen Dokumentation.

Die Schwestern taten so, als sähen sie mir aufmerksam zu und als interessierte sie das, was ich schrieb.

Und vielleicht interessierte es sie tatsächlich, verdammt. Denn wohlbemerkt, die Schwestern in der Klinik waren alte und glorreiche Wölfinnen; sie nahmen ihre Arbeit ernst, wie Wölfinnen ihre Höhlen; sie hatten schon mehr als den einen oder anderen Romulus oder Remus mit Chlorazin und Flupentixoldecanoat großgezogen.

Um elf Uhr, pünktlich wie Atomuhren, waren Karastojanova und ich fertig mit unserer Arbeit. Wir trafen uns im Ärztezimmer, tauschten Blicke aus und waren uns einig.

Dann suchte ich unverzüglich nach „Kosjo dem Rettungswagen“ und schickte ihn Bier holen.

Kosjo der Rettungswagen war ein ehemaliger Mathematiker und gegenwärtiger Patient der Geschlossenen Männer. Er liebte Sport. War groß und schlank. Und rannte ziemlich

viel. Er rannte und rannte. Manchmal, wenn er den Stations-
flur oder die Alleen entlangrannte, gab er ein furchterregendes
Gebrüll von sich, ein andermal stieß er donnernde Fürze aus.
Er sah aus wie ein blonder, krachender, brüllender, furzender
Besen. Grundsätzlich war er ein friedlicher und lieber, anständiger Mensch. Er hatte seinen Vater und seine Mutter mit
Fäusten und Steinen angegriffen. Aber vielleicht dachten sie
sich das auch aus. Gerade wegen dieses aggressiven Verhaltens,
das auf Station niemals zum Vorschein kam, hockte er immer
auf der Geschlossenen herum.

Karastojanova und mir war das willkommen.

Wir schickten ihn um elf zum kleinen Laden hinterm Fluss,
und er kam um elf Uhr zehn mit einem Dutzend Bieren
zurück. In diesem Moment klopfte auch ich mit der Hand auf
meinen Schenkel und rief: „Iihaa!" Kosjo übergab uns höflich
die Tüte mit den Bieren, Karastojanova schenkte ihm dankbar
ein Dutzend Zigaretten, dann verneigte er sich, und wir setzten
uns zum Trinken hin.

Wer noch nie um elf vormittags, nach der Visite in der
Geschlossenen Männer, mit Karastojanova Bier getrunken
hat, der hat eigentlich noch nie Bier getrunken.

Wir fühlten uns wohl. Wir beide tranken recht viel am
Abend, also floss das Bier durch unsere Kehlen wie der Strahl
eines edlen Feuerwehrmanns durch die Flammen eines erlö-
schenden Feuers. Zisch.

Und: bla-bla-bla-bla-bla. In alle Ewigkeit. Bis zum Ende
der Arbeitszeit.

Und ich jammerte ungehemmt los.

Ich saß mit hängenden Armen da, und wie ich so dasaß,
begann ich zu reden: „Mein Leben ist ruiniert! Mein Leben
ist ruiniert, Doktor Karastojanova. Mein verdammtes Leben,
mein verdammtes Leben. Ja ja …"

Karastojanova sah mich neugierig an. So, als wollte sie sagen: „Ach! Wie viel hast du denn schon gelebt, dass dein Leben ruiniert sein könnte?" Aber sie schien auch zu sagen: „Was für ein sensationelles Liebesdrama das noch werden kann! Los, erzähl's mir! Ich bin eine alternde Frau, ich bin eine romantische Klatschtante, mein Herz brennt vor Verlangen nach Gefühlen anderer, mich dürstet nach den herzzerreißenden Geschichten der Jungen und unglücklich Verliebten. Los, erzähl!", schienen mir ihre theatralisch weit aufgerissenen Augen zu sagen.

„Na jaa … Ich meine, es ist alles … falsch gelaufen, glaube ich … und ich habe vor, aufzugeben und …", sagte ich und hielt inne. Ich hatte viel zu plötzlich von irgendeinem Aufgeben zu sprechen begonnen, über das ich noch gar nicht nachgedacht hatte. Ich wusste nicht einmal, was ich damit sagen wollte, mit diesem „ich habe vor, aufzugeben". Offenbar hatte mein Kopf unabhängig von mir darüber nachgedacht. „Also, ja …", setzte ich schleppend wieder an und hob das Bier, blickte Karastojanova durch die Flasche an und trank. „Ja! So will ich nicht mehr weiterleben. Ich sterbe! Ja, Doktor Karastojanova, ich sterbe."

Ich sprach diese Worte aus, und mich überkamen furchtbare Zärtlichkeit und Trauer um mich selbst. Vielleicht weil ich mich im gemütlichen Sprechzimmer und zusammen mit Doktor Karastojanova als eine Art dicke archetypische Mutter einerseits und mit dem Bier andererseits wohlfühlte. Fast brach ich vor Rührung und Selbstmitleid in Tränen aus. Ich fühlte mich erledigt und beschwichtigt wie eine gekochte Muschel.

„Kalin, du machst mir Angst! Hör auf, leeres Stroh zu dreschen, Junge, so was durchleben wir alle. Du bist ein Mann, lass dich nicht so hängen, das ist unwürdig. Wie soll ich dir's nur sagen – es ist irgendwie unschön. Sich so hängen zu lassen.

Was? Die Psychologin und du, ihr habt was miteinander? Das ist die natürlichste Sache der Welt. Wenn es ernst ist, dann lässt du dich scheiden, wenn nicht – wird es vorbeigehen. Mir scheint, du hast angefangen, zu viel zu trinken. Das beunruhigt mich. Doch du bist jung und wirst aufhören. Nur verzweifle nicht, denn sehe ich verzweifelte Männer, kommt mir das Kotzen."

Und sie richtete sich kerzengerade auf, so stolz wie überhaupt möglich.

Ja – sie gehörte der anderen Generation an! Der vergangenen Generation. Sie war eine von der Sorte Frauen, die von Legenden über die Würde und allen möglichen anderen Spinnereien nur so strotzen. Frauen, die imstande sind, in irgendeiner eisigen, grauenerregenden Mansarde an Cognacsuff zu sterben, wobei sie sich einen Augenblick vor dem Tod aufsetzen und ihre Frisur richten. Um ja mit perfekter Fassade und in Würde zu sterben. Die Bohemiennes aus den 60er-Jahren. Ich kannte sie.

Karastojanovas Generation – selbstvergessene Ingenieurinnen ihres eigenen, in ihren Augen bedeutenden und kolossalen Lebens. Vor Bedeutungsschwere strotzend. Herr im Himmel! Sie platzten vor herablassenden Ratschlägen.

„Mein Leben ist ruiniert! Inzwischen ist es so weit, dass ich kündigen will. Ich habe mich bereits entschieden!", sagte ich und seufzte.

„Ich verstehe dich nicht", sagte Karastojanova. Und mir war vollkommen klar, dass sie mich unmöglich verstehen konnte. Wir gehörten zwei verschiedenen Generationen an.

„Ich werde etwas schreiben", sagte ich und starrte den Monitor an. Mir war schwer ums Herz, aber nicht unwohl. Ich empfand Doktor Karastojanova als einen von Algen bedeckten Felsen in einem trügerischen Meer, auf den man tritt und sich auf der Stelle beruhigt.

„Schreib!", sagte sie.

Ich hob meine Bierflasche und trank, bis sie leer war. Dann, geleitet von jener heiligen Entschlossenheit des morgendlichen Trinkers, nahm ich noch ein Bier aus der Tüte, zündete mir eine Zigarette an und begann zu schreiben.

Ein Gleichnis vom Buddha – dem sich Wandelnden

Sehr erschöpft von seinen langen Streifzügen und dem ewigen Fasten und Hungern, von den schweren Leibesprüfungen und den harten Versagungen, hatte sich Siddhartha Gautama unter einen Feigenbaum gesetzt.

Er hatte festgestellt, dass er sich noch fern der Stadt Varanasi, auch Benares genannt, befand. „Hier will ich eine Weile bleiben", hatte Siddhartha gesagt. „Genug herumgestreift, das hat mich nur erschöpft. Ich bin zu keiner Einsicht gelangt. Einzig meinen Körper und meinen Geist habe ich erschöpft. Mit diesen Prüfungen erreicht man, scheint mir, doch gar nichts. Was weiß ich denn jetzt mehr als vorher! So ein Unsinn. Weise werde man nur durch Prüfungen! So was kann nur ein übermütiger Idiot von sich geben. Ich stelle mir vor, wie er, vollgefressen von Leckereien, in seinem kühlen Zimmer sitzt und sich vor lauter überflüssiger Energie gern selbst strafen würde. Eine Welle überschüssiger Kräfte überrollt ihn, und sogleich will er ein Märtyrer und Held der Selbstlosigkeit werden. Er wäre gern wütend und hart und würde gern aus lauter Ungeduld etwas Gefährliches unternehmen, also streckt er sich kräftig, dass seine Gelenke knacken.

Nur einer wie er kann einen solchen Unsinn erfinden, dass die Prüfungen des Leibes und des Geistes zur Weisheit führen. Ja jaaa …" Und Siddhartha seufzte.

Doch siehe, unter dem diffusen Schatten des Feigenbaums tauchte wie aus dem Nichts ein kleiner Junge auf. Er hatte sich vor Siddhartha hingestellt und ihn unverwandt angesehen. Dann die Nase gerümpft.

„Was willst du denn hier?", fragte Siddhartha.

„Nichts!", nuschelte der kleine Junge, offensichtlich war er nicht besonders gesprächig.

„Wie, nichts?", ärgerte sich Siddhartha ein wenig. „Suchst du denn nicht auch nach Antworten?"

„Was?" Die feine Stimme des kleinen Jungen klang etwas kieksig.

„Ach nichts", griente Siddhartha verärgert über sich selbst. Vom Hungern waren sogar seine Scherze langweilig und hohl geworden. Wenn ein Mensch hungert, kann er nicht sonderlich lustig und unterhaltsam sein, dachte er bei sich, und wenn er übermäßig gerecht ist, auch nicht – ergänzte er still.

„Du hast wohl ziemlich gehungert?!" Der kleine Junge schaute ihn mürrisch an.

„Ja, sieht so aus", entgegnete Siddhartha.

„Und warum das?"

„Na … um … um Weisheit zu finden." Der totale Widersinn seiner Worte beklemmte Siddhartha sehr. Jahrelang hatte er über diese Worte nachgedacht, jedoch ohne sie jemals auszusprechen, und nicht gewusst, wie albern sie klingen würden, sollte er sie einmal wirklich aussprechen. Nun, endlich ausgesprochen, klangen sie furchtbar albern. Umso mehr im Angesicht dieses Jungen.

„Aha, verstehe!", sagte der Junge.

„Und weißt du, warum?", sprach Siddhartha weiter, ein wenig verärgert über seine missliche Lage. „Weil Weisheit nur durch die Anhäufung vieler Erfahrungen, vieler Qualen erlangt werden kann. Nun ja, du, du kannst dir gar nicht vorstellen, wie viel Weisheit man erlangt … bei all den gefährlichen und harten Prüfungen, denen ich mich unterzogen, all den Versagungen, denen ich mich ausgesetzt habe ... Kein Zweifel! Ich glaube, so erlangt man ziemlich viel Weisheit. Das kannst du aber nicht wissen!" Siddhartha hatte den Bart in den Himmel gereckt und sah im Wunsch, die Albernheit seiner Worte mit ein paar Scherzen und Clownerien zu kaschieren, den Jungen mit schalkhafter Überheblichkeit an.

„Phh", entgegnete der Junge und blickte Siddhartha weithin mitleidig und verdrossen an. So wie man einen Volltrottel anschaut.

„Ach komm!", nickte Siddhartha. „Ist es denn nicht so? Muss nicht jeder, der zur Weisheit gelangen will, allerhand Wandlungen durchmachen, jede Menge für Körper und Geist tödliche Abenteuer durchleben, zugrunde gehen und Gipfel erklimmen, tausendmal sterben, um nur ein einziges Mal wiedergeboren zu werden ... Muss er nicht äußerste Gefahren und glanzvollste Erfolge, den Alb von Krankheit und Elend, den unerträglichen Abglanz von Reichtum und Ruhm meistern? Muss er nicht gleich einem Meteor durch all das hindurch, um endlich müde und entspannt auf den Boden zu kommen ...? Und dann weise zu werden?"

Das alles sprach Siddhartha in einem Atemzug aus und war von seiner eigenen Rede nun ziemlich erhitzt. Tausende Male hatte er diese Worte gedacht, sie hatten in den sechs oder sieben Jahren seinen Geist bewohnt, seitdem er seine Familie verlassen hatte – seine liebe Frau Yasodhara und seinen Sohn Rahula. Bis er sie endlich in einem Atemzug ausgesprochen hatte, und sie ganz und gar nicht überzeugend klangen ...

„Unsinn!", sagte der kleine Junge und ließ den Blick auf dem erhitzten Siddhartha, der sich am Kopf hielt, ruhen.

„Was?", entgegnete Siddhartha bestürzt von der Klarheit des Wortes, das der Junge ausgesprochen hatte.

„Du glaubst doch nicht, dass du weiser bist als ich?", fragte der Junge schroff zurück, und da merkte Siddhartha, wie gebieterisch und Furcht einflößend die kindlichen Gesichtszüge dieses Jungen waren. Wie ein Gott aus Stein sah dieser ihn an.

„Na …", würgte Siddhartha voller Zweifel über sich und die Welt hervor. Vor Anstrengung wurde ihm ganz schwindlig, seine Knie wurden weich, und er geriet ins Taumeln.

„Offenbar hat dir irgendein Trottel gesagt, dass der Mensch an sich nicht weise ist und sich deshalb quälen muss, um weise zu werden. Wie idiotisch ist das denn!", murmelte der Bengel schroff und wie zu sich selbst und stützte dann Siddhartha, da dieser gerade sanft zu Boden glitt. „Hey, geht's dir gut?", erkundigte sich der Bengel ernsthaft.

„Na ja … nicht besonders", brachte Siddhartha kraftlos über die Lippen. Und erst da spürte er, wie viel Kraft er in all diesen Jahren verloren hatte.

„Na! Das, das ist alles andere als weise! Schau mich an, fehlt mir was? Also …" Damit richtete der kleine Junge sich auf und wischte die Stirn mit seinem Ärmel ab. Er sah wie die Personifizierung von Weisheit und Reife aus. „Also, ruh dich jetzt aus und vergiss diesen Blödsinn, von wegen der Mensch sammle Weisheit, indem er viel durchlebt, viel erleidet und viele schwere Erfahrungen durchmacht. Ruh dich aus, und sowie du dich ausgeruht hast, wirst du erwachen! Und sowie du erwachst – wirst du Buddha sein."

„Weise ist, wenn es dir gut geht!", sagte der Junge wie zu sich selbst, klopfte Siddhartha leicht auf die Schulter und war seines Weges gegangen. Während Siddhartha, der in nur wenigen Stunden als ein erwachter Mensch, mit anderen Worten, als Buddha, aufwachen sollte, schon leise durch die Nase schnarchte. Unter dem Feigenbaum, irgendwo auf dem Weg nach Benares.

„Da, ich habe was geschrieben! Sie dürfen es lesen", sagte ich zu Doktor Karastojanova, die, während ich schrieb, still und regungslos dagesessen hatte. Sie saß da und rauchte wie eine reglose aztekische Statue. Und offenbar waren Visionen von gefiederten Schlangen und Jaguaren durch ihren Kopf geschwirrt, wie sich das für die Köpfe aztekischer Statuen gehört.

„Was meinst du?", fragte sie, aus der Erstarrung gerissen, dass sogar das Bier in ihrer Hand hochschwappte und ein wenig Schaum auf den Boden sprang.

„Sie dürfen lesen, wenn Sie Lust haben."

„Aha." Und sie setzte sich hin und las, wobei sie hin und wieder die Stirn runzelte und da und dort ein wenig überheblich lächelte. Schließlich war sie fertig und zündete sich eine Zigarette an.

„Wo wirst du das publizieren?" Doktor Karastojanova stieß eine große Menge Qualm aus. „Denn ich glaube, dass … Nun, du liegst falsch! Ich bin mit vielem nicht einverstanden. Aber das ist Literatur."

Dann richtete sie sich energisch auf und sagte:

„Wie dem auch sei! Lass uns aufstehen, Doktor Terzijski (ha-ha), denn der Bus wird nicht auf uns warten."

„Oh! Ist es schon halb drei?" Ich fuhr zusammen und schaffte es nicht einmal, ihr böse zu sein, dass sie meine Parabel so trocken abtat.

„Das ist es. Gehen wir. Wenn du Lust hast, lass uns noch im ‚Unter den Linden' eins trinken. Geht auf mich."

„Können wir machen", sagte ich, und meine Verzweiflung war vergessen.

Am Anfang habe ich gesagt, dass Doktor Karastojanova und ich gern bis zum Ende der Arbeitszeit tranken. Ich muss mich korrigieren – oft auch darüber hinaus.

Zuweilen wird man so zufrieden mit dem Leben und so glücklich, dass man mit dem Raum, der einen umgibt, verschmilzt und unsichtbar wird. Und die schlimmen Dinge des Lebens einem nichts anhaben können. Das stille Glück ist eine verwerfliche Sache, ich weiß. Sich dem Leben wie eine Alge angepasst zu haben und sich von den Strömungen hin und her wiegen zu lassen, das nennen manche Menschen süffisant „vegetieren". Die dünkelhaften Menschen verachten jeden, der so lebt. Eigentlich leben aber ziemlich viele Menschen so, und zwar ohne Aufsehen zu erregen.

Baj Munter war genauso ein Mensch, einfach eines dieser heiligen Algengewächse. Ich wusste nicht, ob er wirklich so glücklich und zufrieden war, aber seinem Leben nach zu urteilen musste er genau das gewesen sein. Ich an seiner Stelle wäre glücklich gewesen.

Gab es ihn wirklich, oder war er bloß ein Gespenst, das nur von Zeit zu Zeit dort-in-der-Ecke-des-Hofs auftauchte? Flimmernd, während ich durch die Alleen der Klinik streifte? Existierte er tatsächlich, wenn ich glotzäugige Schizophrene im Empfangszimmer empfing oder vor dem Computer saß und mein gescheitertes Leben durchkaute? Wusste ich das Geringste über ihn?

Nein. Ich hatte noch nicht einmal ernstlich über ihn nachgedacht. Baj Munter lebte unabhängig von mir, zweihundert Meter entfernt, unauffällig wie ein altes, von Unkraut bewachsenes Grab.

Er war der Wächter des kleinen Klosters hinter dem Klinikhof.

Ich würde überhaupt nicht von Baj Munter sprechen, von seinem stillen und geregelten Leben, trist und einsam wie das Leben eines Einsiedlerkrebses, wenn ich denn nicht mit Mečo[32], meinem Freund aus der Geschlossenen Männer, über ihn gesprochen hätte. Mečo war ein junger Mann, nicht älter als neunzehn und geistig zurückgeblieben. Er war nicht weniger intelligent als jeder Pfleger. Nicht, dass das was zu bedeuten hatte.

Mečo war ein cleverer Junge mit einem kleinen Köpfchen und wachen Augen. Er lachte über alles Mögliche, seine Augen rollten, während sein pickliges, angenehmes und winziges Gesicht ganz rege war und an eine Maus erinnerte.

Mečo war der Liebling der Pfleger, eine heimatlose Seele, die keine Verwandten hatte. Er lebte in der Klinik in der Erwartung, in eines der Heime für geistig zurückgebliebene Erwachsene aufgenommen zu werden. Bis ein Kind, nachdem es das achtzehnte Lebensjahr erreicht hatte, in ein solches Heim aufgenommen wurde, musste es warten. Manchmal recht lange. Beispielsweise bis es dreiundzwanzig wurde. Oder zweiunddreißig.

Und also wartete Mečo bei uns, und während er wartete, half er den Schwestern, den Kranken, den Pflegern, den Ärzten und, wie es aussieht, auch Baj Munter.

Heute überraschte mich Mečo. Ich schrieb an etwas und plötzlich – tapp.

„Doktor Terzijski", tippte Mečo auf meinen Rücken, und ich sprang hoch. Ich war gestresst und stand kurz vor dem Infarkt. Es hätte nicht viel gefehlt, und ich wäre umgekippt – blau und mit Schaum auf den Lippen. Worauf die diversen nekrophilen Klinik-Klatschmäuler vorwurfsvoll die Köpfe geschüttelt und gesagt hätten: „Ach, wie jung er nur von uns

---

32 Mečo – Мечо – zu Dt.: der Bär; wie in „Pu der Bär". (Anm. d. Ü.)

ging! Oh Schreck, oh Schreck, aber er passte auch nicht auf sich auf – er trank, rauchte und schien die Frauen gar sehr zu lieben."

„Was ist denn los, Mečo?", sagte ich genervt. Mein Herz stolperte und blieb kurz stehen – ich war ein Mensch, der wirklich nicht mit seinem Gewissen im Reinen war, und deswegen setzten mir alle möglichen Mečos, die mir auf den Rücken klopften, extrem zu.

„Lässt du mich zu Baj Munter?"

„Was?", fragte ich griesgrämig und sah ihn mir dann an. Er war irrsinnig aufgedreht. Wir beide gaben ein grandioses Bild ab: ein von matter Hoffnungslosigkeit erschlagener Doktor und sein in unbegreiflicher Munterkeit erblühter Patient.

„Zu Baj Munter, sagte ich" Mečo zog eine lächelnde, affenartige Grimasse.

„Was soll denn das, zu Baj Munter? Es ist zehn Uhr abends."

„Na, er hat uns eingeladen. Es ist doch ein Festtag", wiegte Mečo seine hageren Glieder und seinen länglichen Körper in einem sanften Tanz. Er war ein wirklich lebhafter Bengel.

„Wer seid denn ihr?", fragte ich und spürte, dass an der Sache was faul war.

Plötzlich stieg Entrüstung in mir hoch. Über mich selbst. Ich versank in Gedanken – mein Privatleben, das ich stückweise verschenkte und tonnenweise vergeudete, flog nur so dahin und entzog sich meiner Kontrolle, während ich mich mit den kleinen Intrigen von irgendwelchen harmonischen, verrückten Menschen abgab, die ihr Leben ganz gut lebten. Und die Wut packte mich, einerseits, weil mich das Leben meiner Patienten kaltließ, andererseits, weil ich mich zu wenig um mein eigenes kümmerte.

„Wir …", und Mečo senkte den Blick.

„Und warum lädt er euch denn um zehn Uhr abends ein? Und was soll denn das für ein Fest sein?"

„Na …" Mečo lebte auf und verlagerte sein Gewicht von einem Fuß auf den anderen. Er blickte mir in die Augen, ich begegnete seinem Blick. Er schaute zu Boden.

„Na was?", tat es mir leid, ihn so zu quälen.

„Na, er gibt uns zu essen …", sagte Mečo und lächelte. Er hatte ein sanftes und sehr angenehmes Lächeln. Das kommt manchmal vor bei den Oligophrenen. Sein Lächeln war unschuldig, weil kaum Zweifel an ihm nagten.

„Und wem gibt er zu essen? Wer seid ihr, denen er zu essen gibt?"

„Na, heute Abend hat er mich und den Petjo, den aus der Rehabilitation, eingeladen."

„Warum nur euch beide?"

„So macht er das immer – er holt uns auf Station, und dann ab in sein Zimmer. Dort zündet er den Ofen an, wir waschen uns – er wäscht uns und gibt uns dann zu essen. Er gibt uns zu essen, und wir essen uns satt … Dann – Sex, und dann gibt er jedem zwei Leva."

„Was denn für Sex, Mečo?", fragte ich, und eine unangenehme und völlig unangebrachte Erregung stieg mir zu Kopf. Ich glaube, es kommt bei jedem Mann vor, dass die jämmerlichsten und absurdesten Signale unerwartete Assoziationen wecken. Eine Vorstellung regte sich in meinem Geist: das kleine, vom Ofen beleuchtete, heiße Zimmer, der Alte und die zwei nackten, verrückten jungen Männer. Eine lästige Homophobie ergriff mich. Ich zuckte vor Abscheu und schüttelte meinen Kopf. Immerhin bin ich ja Arzt – sagte ich mir –, ich sollte mich nicht so leicht ekeln.

„Ha-ha …", lachte Mečo und lebte auf, wie jemand auflebt, der seine Verlegenheit überwunden hat. „Na … er bläst uns einen."

„Na bravo!", lächelte ich. Diese Situation gefiel mir. Ich applaudierte ihr in Gedanken.

Ja, ich war mit dieser Situation zufrieden. Auf eine ziemlich perverse Art und Weise. Mečo hatte mir etwas eröffnet, was ihn quälte. Und ich hatte die Gelegenheit zu zeigen, was für ein toleranter Mensch ich war. Wie gut und alles verzeihend ich war.

Heilige Maria, was für ein Dünkel in mir steckte! Ich war erfreut, mich als einen Menschen zeigen zu können, der über allen Vorurteilen stand. Gleichzeitig ekelte ich mich, ehrlich gesagt. Und ich gefiel mir dann wiederum darin, auch meinen Ekel überwinden zu können.

„Also – er ruft euch zu sich, gibt euch zu essen, und Peng!, los geht's mit dem Blasen?" Ich stieß ein gezwungenes Lachen hervor, wobei ich meine Heiserkeit zu kaschieren versuchte.

„Ja genau, Doktor Terzijski", lächelte Mečo und sah mich an. Er war ja ein Oligophrener, und die Welt zwang ihn zu allen möglichen Handlungen. Von Irrenanstalten in Heime umzuziehen, den Pflegern beim Heraustragen von Leichen aus der Altersstation zu helfen, abends allein in der Dunkelheit am Fenster seines dicht bevölkerten Zimmers zu stehen, hinter ihm zehn schnarchende Rachen, sich von Baj Munter einen blasen zu lassen und welche Bagatellen nicht sonst noch.

Und all das tat er mit großen runden Augen, fröhlich und unschuldig. Weil er scheu von der Welt erwartete, dass sie gut zu ihm war. Wie jedes Kind, das die Welt mit großen Augen anschaut.

Und ist die Welt etwa nicht gut zu ihm?, fragte ich mich. Was bietet ihm diese Welt so Schlechtes an? Schlecht ist sie zu mir und zu den vielen Trotteln, wie ich einer bin! Schlecht ist sie zu uns – denjenigen mit der falschen Moral, den Misstrauischen, den Paranoiden und vor Vorurteilen Strotzenden! Aber zu ihm doch nicht!

Für mich war Baj Munters Blasen eine monströse Perversion, eine Sünde und eine Schandtat. Für Mečo war es schlicht und einfach angenehm – genauso wie das fettige Essen und der warme Ofen in Baj Munters Zimmer.

„Mečo, gehst du gerne dahin?", fragte ich mit leicht gehemmter Stimme. Ich wusste, dass diese Frage wichtig war.

„Ich gehe gerne dahin", sagte Mečo schüchtern.

„Hör zu …", sagte ich gedehnt und ernsthaft, „das mit dem Blasen ist zwar nicht so gut, aber wenn es dir gefällt …"

Müdigkeit und Niedergeschlagenheit überkamen mich. Auch das musste ich bewältigen. Es in den Katalog meiner Seele aufnehmen, um es später einmal zu verstehen. Ich fühlte mich wie ein Mensch, der bis eben schwere Lasten geschleppt hat und der nun, anstatt sich hinzusetzen und auszuruhen, einen weiteren Berg Feldsteine, den es abzutragen gilt, vor sich liegen sieht. Einen richtigen.

Wahrscheinlich würde Mečo das Ganze innerhalb einer Stunde glücklich vergessen haben. Mit seinem klugen kleinen Kopf.

„Na, ich weiß, dass das nicht gut ist, aber er ist ein alter Mann. Das ist nicht schlecht, oder?! Weil, wenn er jung wäre, dann wäre es schlimm. Aber er ist ein alter Mann!", rechtfertigte Mečo sich und seine Verhaltensweise ganz entspannt und mit einem Schlag.

„Ja, das stimmt! Geh und pass auf dich auf, Mečo!", sagte ich, und er machte sich den Flur entlang eilig davon, zum Zimmer der Pfleger. Mir wurde klar, dass einer der Pfleger ihm aufmachen und ihn hinauslassen würde. Also hatte er ihre Erlaubnis bekommen. Wow! Was für tolerante und über die Vorurteile erhabene Pfleger ich habe! Adlige des Geistes! – sagte ich mir und lachte lautlos.

„Ciao, Doktor! Danke!", rief Mečo, während er hinter der Ecke verschwand.

Habenichts

Ich hatte mich bereits entschieden. Ich hatte nichts und war kurz davor, die Klinik zu verlassen.

Was redest du denn da, Doktor? Wie kommst du darauf, du hättest nichts gehabt? Frage ich mich jetzt, Jahre später. Du hattest doch deine Liebe und vor allem, verdammt noch mal, das, worum einen alle am meisten beneiden – du warst immer noch jung … Wer will denn nicht neunundzwanzig oder dreißig Jahre alt sein, mit einem tausend Meilen langen Weg vor sich, mit gesundem Magen und starken Beinen – um durchs Leben zu gehen und es in großen, dampfenden Brocken zu verschlingen?

Ich wollte das nicht. Ich war müde. Was die Liebe betrifft, so dachte ich mir: „Wer will – soll sie haben!"

Sie ist ein Gift, ein Tod, der das Herz auffrisst. Hat sie das einmal gemacht, die alte und grausame Großmutter, dann bleibt sie sitzen und wärmt sich am schwachen Feuer, das sie aus deinem zerstörten Leben schürt. Sie sitzt da und lacht dich leise aus …

Ich hatte nichts. Ich hatte meine Eltern beleidigt. Den Sinn ihres Lebens beleidigt. Ich höhlte es aus und trieb dann hässliche und unwürdige Dinge in meiner mickrigen und ekligen Grube. Wer in dieser wunderbaren Zeit würde mich nicht für das brandmarken, was ich tat?

Und was hatte ich getan? Ich hatte geheiratet, eine Tochter bekommen, eine anständige (ha-ha-ha-ha) Anstellung gefunden und mithilfe des zerfallenen Staates und meiner verarmten Eltern zu leben begonnen. Ja, irgendwie hatte ich zu leben begonnen.

Und dann – bummm!

Plötzlich zerstörte ich, mit einem Hieb (na ja, vielleicht auch mit zweien oder dreien), all das unerbittlich, um mich frei zu machen und so leben zu können, wie ich es wollte …

Aber wer, du Schwein, lebt so, wie er will? – fragten mich die menschlichen Schattenexistenzen. Diejenigen, die nicht ihr eigenes Leben lebten und überzeugt waren, dass es unmoralisch sei, sein Leben so zu leben, wie es einem gefällt …

Die große Masse der Ankläger. Ihr wisst schon – diejenigen, die in deinem Kopf leben und nur darauf warten, dass in deinem Gehirn irgendein Gedanke oder Wunsch aufkommt, um dann prustend aus dem Halbdunkel hervorzustampfen und unter Drohungen und Anschuldigungen über dich herzufallen.

Über die Leute in meiner Umgebung dachte ich Folgendes: „Ihr seid so was von faul, dass ihr nicht einmal in Betracht zieht, jemand könnte sich ändern! Weil ihr dann eure Meinung über ihn ändern müsstet. Was aber anstrengend ist. Heilige Faulheit!"

Ich sagte mir: „Ist einer Alkoholiker oder verrückt, dann wollt ihr ihn genau so haben und nicht anders. Denn würde er sich ändern, müsstet ihr eure ganze Haltung und eure elenden Gefühle ihm gegenüber ändern. Eine mühsame Angelegenheit!"

Ich dachte mir: „Ob ich glücklich oder unglücklich sein werde, das interessiert die Leute nicht. Sie interessiert ihre

Ruhe. Das Wichtigste für sie ist, dass ich sie nicht mit irgendwelchen blöden Veränderungen in meinem Leben belästige!"

Deswegen ging ich als Verlierer aus.

Ich saß in meinem Sprechzimmer und dachte all diese Dinge. Ich wühlte in den Schubladen herum und sammelte Zettel mit Sachen ein, die ich geschrieben hatte. Unbewusst bereitete ich mich auch damit auf meine Kündigung vor. Ja, ich würde kündigen und alles mitnehmen, was ich geschrieben hatte. Im vergangenen Jahr hatte ich etwa hundert Erzählungen für diverse Zeitungen und Zeitschriften geschrieben. Also hatte ich nicht alles verloren. Neben der Liebe und der Jugend, derentwegen ich mich schämte, hatte ich noch meine bescheidene Kunst. „Ach, wie lächerlich", dachte ich – mein Leben zerfiel, und ich dachte an meine blöde Kunst.

Während ich eine lustige Erzählung über Khan Krum[33] las, die ich für eine humoristische Zeitung verfasst hatte, klopfte es an der Tür. Bald begann der, der draußen stand, mit der Klinke in der Öffnung herumzustochern und machte schließlich genervt die Tür auf. Es war Načo – der rasende Pfleger mit den blutunterlaufenen Augen. Jetzt waren sie noch blutiger, weil er sauer war und getrunken hatte.

„Doktor, der im Zimmer Nummer eins ist gefallen."

„Wer denn, Načo?", fragte ich und blickte ihn unverwandt an.

„Na, wer? Der! …", machte Načo eine unbestimmte Geste. „Der Alte, der mit dem Kind, das er, du weißt schon …"

„Aha!", sagte ich und richtete mich auf. „Und warum ist er denn gefallen?"

---

33 Krum – Крум – Khan des ersten Bulgarischen Reichs von 803 bis 814. (Anm. d. Ü.)

„Na, hab ich denn seine Mutter gefickt?"[34], Načo breitete die Arme aus und zuckte mit dem ganzen sinnlosen und heiteren Zorn eines Schopen die Schultern. Er hatte die Mutter von allem gefickt.[35] Zumindest kam mir das in dem Moment so vor. Und ich winkte heiter und genervt mit der Hand ab.

„Wo ist er jetzt?", fragte ich. „Habt ihr ihn aufgehoben?"

„Wir haben ihn aufgehoben", versuchte Načo gesitteter zu sprechen und klang lächerlich. „Wir haben ihn aufgehoben und ihn auf ein Bett ins Zimmer drei gepackt, weil's leer ist. Da lag der …, na der Kleene, aber Sie haben ihn ja entlassen."

„Aha! …", sagte ich und dachte kurz nach.

Der Patient, der gestürzt war, war „Der mit dem Kind". Für mich war es genau das. Mehr brauchte ich nicht. Er war etwa fünfundfünfzig, ein sehr stattlicher, älterer Mann von einem ziemlich geordneten und sinnigen Benehmen. Vor einem Jahr hatte er einen zwölfjährigen Jungen getötet. Und deswegen war er für mich einfach „Der mit dem Kind".

Er habe es aus irgendeinem Fenster geworfen. Soweit ich mich erinnerte, hatte er den Mord aus psychologischen Gründen begangen. „Welcher Mord passiert denn nicht aus psychologischen Gründen?", dachte ich mir. Ist es denn möglich, jemanden einfach so zu töten – und ganz normal dabei zu sein? Wer weiß?

Ich erhob mich hinter meinem Schreibtisch. Und verglich mich im Vorbeigehen mit dem glotzäugig dastehenden Načo. Ich war größer. Also konnte ich Načo verprügeln, wenn nötig. Irgendwann einmal, wenn er sich wieder wünschen würde, die Mutter von allem gefickt zu haben, diesmal aber hätte mir das wenig Spaß gemacht, ich war eher genervt.

---

34 Jargonausdruck – steht für: „Was weiß ich!" (Anm. d. Ü.)

35 Ähnlich wie der oben genannte Jargonausdruck – steht für: „Ihm war alles egal." (Anm. d. Ü.)

Ich ging zum Zimmer Nummer drei und machte mich rasch mit der Situation vertraut. Der Alte, ein fünfundfünfzigjähriger Schizophrenie-Kranker und Kindsmörder, lag im Sterben. „Sehr lustig, Načo, sehr lustig." Das sagte ich zu mir. „Er ist gefallen, weil es ihm sehr, sehr schlecht geht, Načo." Das sagte ich zu Načo.

„Hey, Načo …"

„Was, Doktor?"

„Dem da, sag ich dir, geht's gar nicht gut. Sein Puls ist filiform", sagte ich zu Načo, damit es bizarr klang. Immer schon habe ich gerne auf unpassende Art und Weise zu unpassenden Menschen gesprochen. Načo konnte kaum lesen, und dieser Begriff „filiform" (fadenförmig) sagte ihm mit Sicherheit gar nichts.

Mir aber sagte er genug. Ich erinnerte mich, dass mit solchen Menschen oft Folgendes passiert: Ihr von den Neuroleptika ruiniertes Immunsystem bricht plötzlich zusammen, und sie bekommen so eine blitzartige Lungenentzündung, ohne Fieber und nur mit minimen Symptomen von den Lungen her – sie husten nicht, sie röcheln nicht, sie haben nicht einmal merklich Atemnot. Sie legen sich einfach hin und sterben. Manchmal in nur drei, vier Tagen. An einer fulminanten Pneumonie. Wie ein Blitz.

„Načo!", rief ich, obwohl Načo hinter mir stand.

„Hä", meldete sich Načo.

„Hol die Schwestern. Hol sie alle! Sonst verlieren wir den noch."

„Jawohl!", rief Načo und stürzte rasch und bedrohlich den Flur hinunter.

In einer halben Stunde schafften wir es, den schlaffen und massigen Körper des Mannes zu entkleiden. Er lag einfach da und stöhnte von Zeit zu Zeit leise auf. Ich hatte kaum mit ihm gesprochen. In seiner Gegenwart war mir grundsätzlich unwohl. Nicht einmal bei seiner Einlieferung hatte ich richtig mit ihm gesprochen. Sondern mir vor allem seine Papiere angeschaut.

Aufgrund dieses trockenen Gesprächs war ich zum Schluss gelangt, dass der Mord, den er begangen hatte, ihn völlig ruhig und kalt ließ. Er nannte ihn „den Mord" und diskutierte darüber, als wäre er ein eher ungebildeter Gerichtsexperte.

Mit anderen Worten – er hatte sich diesen Mord verziehen.

Er hatte ihn seiner Krankheit angehängt und lebte nun in einem absurden Frieden mit seinem Gewissen. Von diesem impulsiven Akt der Bestialität abgesehen, hatte seine Schizophrenie seit Jahren kaum andere Symptome gezeigt.

So war das. Die Tatsache, dass er ein Kind getötet hatte, schien ihn nicht sonderlich zu stören. Mich hingegen störte sie durchaus.

Natürlich hatte ich als Arzt meinen Packen rationaler Erklärungen und schlauer Modelle, um damit umgehen zu können. Um es zu verstehen. Und mich dann unparteiisch, erhaben und weise zu geben. Ich konnte mich wie ein Mensch verhalten, der sein menschliches Entsetzen vor dem Kindsmord überwunden hat. Oh ja! Ich konnte mich wie ein kühler und weiser Altruist benehmen, der alle liebte und allen half, unabhängig davon, was sie in ihrem Leben getan hatten. Oh ja! Die Psychiatrie produzierte genau solche allesverzeihende Furzköpfe.

Nur hatte auch ich so wie Načo die Mutter von allem gefickt. Ich hielt es nicht für nötig, weiterhin den kühlen und ewig guten Arzt zu geben, der über die menschlichen Gefühle erhaben war. Ich hatte die Nase voll davon, unparteiisch und gütig zu sein. Wie jeden gewöhnlichen Jungen machte mich dieser Mörder beklommen. Ebenso wie die Tatsache, dass ich Ehrfurcht empfand. Als wollte ich damit angeben, ihn zu kennen! Es kennt ja nicht jeder einen Kindsmörder! Also

sprach ich nicht mit ihm, half den Schwestern nur, ihn zurecht-
zumachen, ihn bequem ins Bett zu legen und ihn gut in Laken
einzuwickeln. Er hatte schon begonnen abzukühlen. Das war
ein äußerst schlechtes Zeichen. Der Mörder ging uns verloren,
und während er mit seinem trockenen Rachen etwas vor sich
hin keuchte, sah er mich befremdet an. In seinem Blick lag
Grauen. Und natürlich – er würde sein Geheimnis, wie man
mit einem getöteten Kind im Kopf lebte, mit ins Grab nehmen.
Ja, sein Blick war unheimlich. Deshalb mied ich ihn.

Gleich nachdem wir ihn eingewickelt und Wärmeflaschen
um seinen Körper gepackt hatten, verordnete ich eine neue
Therapie für ihn. Ohne die Internistin, die alte Doktor Todo-
rova, dazuzuholen, verschrieb ich ihm Infusionen und Antibio-
tika und notierte das in seiner Krankenakte. Ich hoffte, sie
würden ihm helfen. Ich war ein wenig gespalten. Es kam mir
irgendwie biologisch natürlich vor, ihm gegenüber fahrlässig
zu sein. Irgendein dreckiger und normaler, faschistischer Teil
meiner selbst sagte: „Na, was jetzt? Ist ja ein Mörder! Soll er
doch verrecken!"

Das normale Tier in mir riet mir, so zu tun, als wäre ich zerstreut, und ihn aus Versehen sterben zu lassen.

Gleichzeitig meldete sich aber auch ein schlauer Teil meines
Ichs: „Was gäbe es denn für eine seltsamere und aussagekräfti-
gere Gelegenheit, einen Mörder zu retten? Wie könntest du
deine Überlegenheit über die dämliche, spießbürgerliche
Moral besser unter Beweis stellen, wenn nicht gerade indem
du einem Kindsmörder hilfst?"

Ganz allein legte ich eine Kanüle in die kollabierende
Cubitalvene (ich hatte reichlich Erfahrung als Krankenpfleger)
und ließ das Antibiotikum schnell einströmen ins dunkle
Flussbett seines Blutes und seine Zellen retten. Die Organe
eines Mörders.

Einen Augenblick lang fragte ich mich, was wohl der Geist des getöteten Kindes seinen Kameraden, den Engeln, sagte? Während sie über uns, im Himmel, weilten.

Er sagte ihnen gar nichts – sagte ich mir und lächelte traurig.

„Wo sind denn die Kleider von Dem mit dem Kind abgeblieben, weißt du's, Terzi?", fragte mich fünf Tage später die Leiterin der Geschlossenen Männer.

Dem mit dem Kind ging es deutlich besser, nach fünf Tagen schweren Kampfes um sein fragwürdiges Leben hatte sich sein Zustand stabilisiert.

In diesen Tagen rieb ich mir die Hände. Ich hatte mit dem Gefühl, eine moralische Überlegenheit über das ganze spießbürgerliche Pack der normalen Menschen zu erlangen, um sein Leben gekämpft. Ich wusste, dass die einem solchen Menschen niemals geholfen hätten. Während ich – der Mistkerl und Verbrecher – ihm half. Ich fühlte mich um einiges größer als sie. Als die Normalen. Und wusste doch, dass ich nicht größer war. Ich wusste, dass auch sie helfen würden.

Mehr noch, ich wusste, dass es überhaupt keine Normalen gab.

Alle sind bloß traurige menschliche Wesen. Verwirrte Wesen. Trotzdem fühlte ich mich über die kleingeistigen Leute erhaben. Über die ebenerdigen Dinge.

„Woher soll ich denn wissen, wo seine beschissenen Kleider sind!", lachte ich. Einen Augenblick lang überlegte ich, wo wir sie hingelegt hatten, und mir fiel ein, dass er beim Ausziehen in die Hosen geschissen hatte. Sprich, der größten Wahrscheinlichkeit nach waren seine Kleider entweder weggeworfen worden oder in der Waschmaschine.

„Weil er sie wiederhaben will und gesagt hat, dass er uns verklagen wird, wenn wir sie ihm nicht zurückgeben – dich und die Klinik."

„Ha! Verdammt noch mal! Ich rette dem das Leben, und er will mich verklagen!", lachte ich hart auf. Zündete mir eine Zigarette an und verließ das Sprechzimmer der Stationsleiterin. Dann ging ich zum Bett von Dem mit dem Kind. Er schlief. Was für ein seltsamer Mensch, sagte ich mir.

Danach machte ich mich zum Sprechzimmer von Iv auf. Unterwegs dachte ich, dass ich genau das wollte! Von diesem Menschen angeklagt werden … Weil er im Recht war! Das wollte ich. Wieso um Himmels willen sollten wir, die wir sowieso einfach nur unsere Arbeit tun, indem wir ihn pflegen und retten, seine Kleider stehlen dürfen?

Ich ging auf Ivs Sprechzimmer zu und spürte, dass ich auf der Seite von Dem mit dem Kind war. Er hatte eine Art moralische Überlegenheit, er war im Recht.

Er hatte das heilige Recht, seine Rechte einzuklagen. Sein Recht, ein Mensch zu sein, den man, trotz aller Kindsmorde der Welt, *nicht ausraubte und nicht erniedrigte,* zu wahren.

Ich stand auf seiner Seite.

Das passte mir. Ich wünschte mir wirklich, dieser Onkel würde es schaffen, mich und die Klinik wegen seiner gestohlenen Kleider verurteilen zu lassen. Denn so – durch ihn – hätte das Recht der Ausgestoßenen und Aussätzigen, ihre Würde zu bewahren, gesiegt.

Ich hätte durch ihn gesiegt. Weil auch ich, zum Teufel, so etwas wie ein Kindsmörder war. Ich hatte mein samtenes kleines Töchterchen unglücklich gemacht. An sie musste ich denken. Wenn auch nur einen kurzen Augenblick.

Ja, durch Den mit dem Kind wäre ich mit mir selbst ins Gericht gegangen! Und hätte mich freigesprochen.

Dann trat ich bei Iv ein und tätschelte sanft und zärtlich ihre Wange.

Ade

Ich hatte in dieser Klinik wirklich nichts mehr zu suchen. Ich war ein zerrütteter Mensch. Das Einzige, was ich tun konnte, war, schnell zu sterben und wiedergeboren zu werden.

Stellt euch einen dreißigjährigen Mann vor: einen Meter sechsundsiebzig groß, mit breiten, herabhängenden Schultern, vornübergebeugt vor ständiger Scham; ungeschickt und langsam; einst schwarzhaarig – lockenköpfig und heiter – wie ein Waldgeist; in letzter Zeit ein erschöpfter Arzt ohne Hoffnungen; der kürzlich seinen zweiten Großvater verloren, aber noch eine Oma hat, die lebt und mindestens tausend lustige Geschichten zu erzählen weiß; sowie eine vierjährige Tochter, die sich manchmal an seine Schulter schmiegt, abends, wenn er sie in den Arm nimmt; der Drehbücher für Fernsehsendungen schreibt, verzweifelt ist und verliebt und seine Frau verlassen hat.

Eine trostlose Geschichte.

Ich war voller Enthusiasmus. Verrückt. Ich war verrückt. Die ganze Welt fragte sich, was tun, die ganze Welt war im Wandel begriffen und wusste nicht, was aus dem Ei, das sie war, schlüpfen würde. Denkt darüber nach: das Jahr 2000!

In den letzten Jahren betrachtete ich diese meine Welt mit besorgtem Erstaunen. Wahrscheinlich sie mich auch.

Ich war ein verzweifelter und von Hoffnung erfüllter Verrückter. Gleichzeitig fühlte ich mich, als wäre ich der einzige normale Mensch auf der Welt. Ich allein begriff, dass ich genau und nur das tun würde, was ich wollte – und nichts anderes. Ich wusste nicht, was genau ich wollte. Ich wusste aber, dass klare Wünsche zu haben unwichtig war. Wichtig war, dass die Wünsche und Ziele meine eigenen waren.

An diesem Morgen blickte ich mit einer für mich äußerst erstaunlichen Gelassenheit auf den Kalender. Auch früher hatte ich schon an einem sonnigen Morgen auf den Kalender geschaut, mit der Gelassenheit eines Menschen, der wusste, dass er keine der hässlichen Pflichten des Lebens erfüllen würde. Mit einer tiefen Zuversicht. Der Zuversicht, dass er weder zur Arbeit noch sonst wohin gehen würde. Auch früher hatte ich schon mit einer absoluten Verantwortungslosigkeit auf Kalender und auf Uhren geschaut. Jetzt aber schaute ich dorthin, als zöge irgendein kleiner Teufel meinen Blick darauf – damit ich mir das Datum einprägte und es als etwas Gewichtiges in meinem lahmen Gedächtnis speicherte. Es war der 20. Mai. Offenbar sollte ich mir das merken.

Vor einigen Tagen hatte ich einen mündlichen Vertrag mit dem Produzenten einer ziemlich renommierten Sendung geschlossen. Und hatte damit eine gut bezahlte Arbeit, beinahe sicher sogar, zumindest für die kommenden sechs Monate.

In den vergangenen drei oder vier Nächten hatten Iv und ich zu viel getrunken. Wodka. Weißwein und Wodka. Wir hatten über unsere Zukunft gesprochen, aber nichts erreicht mit diesem Gespräch. Unsere Zukunft würde sich von selbst fügen. Nun hing sie wie der Zigarettenqualm von letzter Nacht in der Luft und wartete darauf, herabzusinken. Heute Morgen waren die Aschenbecher voller langer Zigarettenstummel, trockener Zigarettenstummel. Ein Beweis für die langen, trockenen Schweigepausen zwischen den Worten, die wir einander gesagt hatten. Nun waren wir nicht mehr so verzweifelt wie vorher.

Um Iv vibrierte sogar etwas wie eine fiebrige Hoffnung. Die Hoffnung einer Frau, die sich daranmacht, ins Wasser zu springen. Ins dunkle Wasser. In die Tiefe eines Gebirgsflusses voller namenloser Schrecken. Allerdings auch voller Aussichten auf Glück. Ziemlich furchterregend, in der Tat.

Als ich mich vom Bett erhob, das Datum hatte ich mir bereits eingeprägt, war ich mir über eines im Klaren: Heute werde ich der Klinik kündigen. Traurig, aber wahr. Vier Jahre meines Lebens würden nur noch Vergangenheit sein. Ungern verlor ich ganze Teile meines Lebens. Ich war überzeugt, dass keiner das mochte.

Es waren zudem nicht nur vier, sondern zehn. Denn die Kündigung bedeutete ziemlich sicher, zumindest für den Moment, dass ich auch der Medizin den Rücken kehrte. Der größten aller Geliebten, gleich einem Eiffelturm aus Skalpellen und gewundenen Arterien. Sie wollte, dass ich ihr gehörte, und fragte nicht, was ich wollte. Ach, Unsinn. Die Medizin war ganz wunderbar. Die Zeit war unsinnig.

Die Zeit …

Hätte ich nicht besser vernünftig sein sollen und aufhören, die Zeit und die Medizin verantwortlich zu machen, und nur mir die Schuld geben?

Ich ging zum Telefon und wählte, vom Scheitel bis zur Sohle erfüllt mit entsetzlichem Abscheu und von bestürzten Schuldgefühlen, die Nummer der Klinik. Die Telefonistin ging ran. Ich bat, mit Sami verbunden zu werden.

„Hallo, Sami! Ich habe vor zu kündigen", sagte ich mit einer Stimme, die so klang, als würde ich einen toten Menschen auf dem Rücken tragen.

„Waaarum?" Sami dehnte das Wort albern in die Länge. Er war ein Meister der Gelassenheit. Er ließ nicht zu, dass seine armenische, würdevolle, katzenhafte Gestalt auch nur einen Hauch Erstaunen zeigte. Vermutlich staunte er aber auch wirklich nicht. Vielleicht war er gegenüber Eigentümlichkeiten aller Art fühllos geworden. Wie ein Magier mit seiner alten Kiste – ungerührt von allen Wundern und unglaublichen Zaubertricks, die in ihr stecken.

„Weeeeil", ahmte ich ihn ungewollt nach, und es klang ebenso albern, „ich eine Arbeit gefunden habe. Beim Fernsehen …", dann wurde ich sehr traurig und ernst, „und … weil ich überhaupt keine Lust mehr habe, in dieser … Klinik zu arbeiten, Sami", sagte ich, legte rasch auf und brach in Tränen aus. Das war's.

Kurz darauf rief ich noch einmal an und erklärte Sami, dass ich nicht vorbeikommen würde, um meine Kündigung einzureichen. Mein Hals zog sich wie damals zusammen, als ich ein kleiner Junge war und hinfiel, meine Knie furchtbar aufschürfte und mein Körper sich zu einer Kugel zusammenrollen wollte – weil die ganze beschissene Welt so voller Schmerzen war.

„Ich werde keine Papiere einreichen, Sami", sagte ich ihm. „Das ist erniedrigend. Ich werde kein Kündigungsschreiben einreichen. Ich habe nicht vor, mich schriftlich zu erklären."

„Guut!", sagte er.

Zwei Tage später traf ich Doktor G. Er wollte mich trotz allem sehen. Wir trafen uns in einem Restaurant. Wahrscheinlich wollte er prüfen, ob ich nicht doch verrückt geworden war. Das Treffen verlief wunderbar. Ich war nicht verrückt geworden. Sondern ordentlich betrunken – um zwölf Uhr mittags. Nicht aus Angst, verflucht noch mal. Betrunken war ich nun weder aus Angst noch aus Scham, wie in den vielen vergangenen Jahren, sondern aus dem mächtigen Gefühl heraus, das mich im Angesicht meines neuen Lebens erfüllte. Des Lebens eines freien Taugenichts und Tagediebs.

Doktor G. und ich tranken noch eine Weile so weiter – sehr gemütlich. Und der Tag war um. Es war ein warmer Tag. Ein berauschter und beunruhigender Tag. Ein wunderbarer Tag.

Schließlich trennten wir uns, indem wir einander auf die Schulter klopften. Doktor G. sah mich mit seltsamer Gewogenheit an. Vielleicht gefiel ihm mein Mut. Auch mir gefiel mein Mut. Ja.

„Pass auf dich auf, Doktor Terzijski, und viel Erfolg! Erfolg bei allen Unterfangen!", rief mir von Weitem Doktor G. zu und lächelte herzlich. Er lächelte wirklich herzlich. Wie soll man sonst einen Menschen anlächeln, der aus einem rasenden Zug in die Finsternis springt?

„Danke!", rief ich ihm zu und machte mich auf den Weg in mein neues Zuhause, wo ich von diesem 20. Mai an ein neues Leben zu leben beginnen würde. So wie ich es mir selbst erbauen würde. Aus lebendem und glitschigem Lehm. Aus gefährlichem Lehm. Dieses Leben …

Epilog

Es war Morgen, und ich war frei. Frei von der Klinik, von meiner Arbeit, von meiner Familie, vom Großteil meiner Pflichten und meiner Beziehungen zur Welt.

Ich lag einfach so da.

Die Sonne schien wunderbar und warm in das bräunlich orange Zimmer meines neuen Zuhauses. Ivs Zuhause, das Zuhause unserer Liebe und meines neuen Lebens.

Ich hatte Angst, fühlte mich aber auch sehr wohl und heimelig, und dieses unendliche Gefühl von Freiheit trug mich wie einen Papierfetzen in einem stürmischen und warmen Mai-Wind. Ich hatte so viel Angst, dass ich die Beine an den Bauch zog, wie ein Kind, das sich an sich selbst schmiegt, um den Kontakt mit der Angst einflößenden Außenwelt möglichst gering zu halten. Die Angst packt einen offensichtlich direkt bei den Beinen. Darum zog ich sie an. Die Sorglosigkeit bringt Tonnen von Angst mit sich, sagte ich mir. Unter der Sorglosigkeit schwimmt die Panik vor der Leere und der Zukunft. Wie ein riesiger Wal unter dünnem, brüchigem Eis. Ja, ja. Die Angst.

Meine Vergangenheit lag hinter mir, und ich spürte, dass ich in Zukunft den Großteil meiner Kräfte darauf verwenden würde, sie zu vergessen. Der Wahnsinn gehörte meiner Vergangenheit an. Ich hatte ihn nicht verstanden.

Obwohl …

Ich manche Dinge immer noch gerne verstehen würde …

Manche Dinge.

SMS aus der Zeit der Fertigstellung des Romans
Gesendet an Elena Bratislavova

10. August 2010

Ich habe die Form gefunden: Der Wahnsinn wird in den Jahren meines Aufenthalts in Kurilo in immer neuer, wirklichkeitsgetreuer Gestalt erscheinen.

14. August 2010

Es spielt keine Rolle, auf welcher Stufe der Gesellschaft du dich befindest – der Weg zum Ab-/Grund ist gleich lang; und was ist denn überhaupt Stufe? Und was Ab-/Grund?

14. August 2010

Die kurzen 45 Jahre des Sozialismus haben in den Leuten die irrwitzige Vorstellung aufkommen lassen, dass der Mensch ein Heim, zwei Kinder und eine Familie erschaffen muss: und anderenfalls nicht normal ist. In anderen Zeiten genügte, um ein Leben auszufüllen, eine einzige, unglückliche Liebe.

17. August 2010

Ich schreite voran in Frieden mit mir. Aber ist dieser Friede gerecht?

23. August 2010

Ja! Ja! Wir fangen an!

26. August 2010

Ich fragte Buddha: Warum bist du so traurig? Weil ich sehr glücklich bin und weiß, dass das nicht ewig so sein wird.

26. August 2010

Seltsames Bild: Ich stehe in einer öffentlichen Toilette in Varna und schaue in einem Fernsehbildschirm Ivan Zvezdev[36] zu. Er macht Roulade „Stéphanie" – ich streife herum und beobachte, weiter nichts.

27. November 2010

Auch dann, wenn man am glücklichsten ist, muss man weiterleben.

3. Dezember 2010

In manchen Zeiten ist das einzig Ehrliche, was ein Mensch tun kann, sich selbst zu töten.

24. Dezember 2010

Als junger Mann interessierte ich mich für Philosophie: Ich interessierte mich einzig für das Gefühl, das mir die Tatsache, dass ich mich für Philosophie interessierte, gab.

31. Dezember 2010

Ohne Ziel ist nichts schön, aber eigentlich existieren keine Ziele! Trotzdem GIBT ES schöne Dinge! Seltsam.

7. Januar 2011

Und seht ihr? – So wie die Liebe der Lohn der Jugend ist, so ist die Güte der Lohn des Alters.

22. Januar 2011

Erwachsen bist du dann, wenn Wollen und Können eins werden.

---

36 Ivan Dimitrov Zvezdev (geb. 1975) – Koch, Showman und Moderator einer Kochsendung auf bTV. (Anm. d. Ü.)

Das einzige menschliche Gefühl, das uns noch bleibt, ist das Staunen, das Staunen darüber, was dieser dem Menschen fremde Drache – die Menschheit – mit der Welt anstellt.

In jedem Alter ist der Mensch, wenn er unbekümmert ist, ein Kind.

Schwarzes Blut   9

Wie viele Wege wohl   17

Die Klinik   30

Ein Mandarin des Iskăr   34

Die Schiffsbesatzung   39

Die Unentbehrlichen   44

Die alte Dichterin   51

Der große Sensenmann   58

Von Worten und Menschen   69

Wie sollen wir ihn nennen?   74

Was Psychiater wohl sehen   81

Die Toiletten!   86

Durch den Sumpf laufen   92

Die Pfleger   110

Das Stigma   117

Verrückte Mörder   121

Von der Wohltat, zu nehmen   131

Der Reigen des heiligen Veit   135

Wein und Weine   140

Vassil Paraskov oder von der Menschlichkeit   150

Wie sollen wir behandeln?   158

Wozu arbeiten wir?   165

Das Eine   175

Gespräch mit meiner Mutter   186

Maria   191

Silvester   198

Die Flike   209

Opa Săjko   214

Der Peiniger   222

Gefesselt   233

Atanas Nakov   240

Ein Gleichnis vom Buddha   249

Baj Munter   259

Habenichts   265

Ade   274

Epilog   279

SMS aus der Zeit der Fertigstellung des Romans
Gesendet an Elena Bratislavova   280

Titel der Originalausgabe:
Лудост (Ludost), Copyright © 2010
Калин Терзийски (Kalin Terzijski), Original edition
published by Ciela Norma AD

Erste Auflage 2016
© 2016 by INK PRESS, Zürich
www.ink-press.ch

Cover-Illustration: Loredana Sperini

Lektorat: Michael Kellner
Korrektorat: Claudia Jürgens
Reihengestaltung: Iza Hren
Satz: Ernst und Mund, Leipzig
Druck und Bindung: DZA Druckerei zu Altenburg GmbH
Papier: FocusBook
Schrift: Plantin, Nimbus Sans Novus

Printed in Germany

ISBN 978-3-906811-03-1